新一代人的思想

How Improvisation Created Language
and Changed the World

Morten H. Christiansen
Nick Chater

语言
游戏
THE LANGUAGE
GAME

［丹］莫滕·克里斯蒂安森
［英］尼克·查特
著

肖志清
译

中信出版集团｜北京

图书在版编目（CIP）数据

语言游戏 /（丹）莫滕·克里斯蒂安森,（英）尼克
·查特著；肖志清译 . -- 北京：中信出版社, 2025.
7. -- ISBN 978-7-5217-7814-4

Ⅰ. H0-06

中国国家版本馆 CIP 数据核字第 2025P9Y634 号

语言游戏

著者： ［丹］莫滕·克里斯蒂安森 ［英］尼克·查特
译者： 肖志清
出版发行：中信出版集团股份有限公司
（北京市朝阳区东三环北路 27 号嘉铭中心 邮编 100020）
承印者： 北京通州皇家印刷厂

开本：880mm×1230mm 1/32 印张：10 字数：216 千字
版次：2025 年 7 月第 1 版 印次：2025 年 7 月第 1 次印刷
京权图字：01-2025-2808 书号：ISBN 978-7-5217-7814-4
定价：58.00 元

版权所有·侵权必究
如有印刷、装订问题，本公司负责调换。
服务热线：400-600-8099
投稿邮箱：author@citicpub.com

目 录

语言游戏

语言游戏

改变世界的偶然发明

语言对人类至关重要，但人类对语言思之甚少。只有当语言无法发挥作用时，比如身处异国他乡却不会说当地话，或是因中风而失去说话能力，我们才会意识到语言在生活的方方面面的重要性。想象一下，一种神秘的病毒剥夺了我们的语言能力，将会造成何种灾难性后果：现代文明迅速让位于无政府状态，公民迷失在信息真空之中，他们无法互相协作、讨价还价、高谈阔论。或者想一想我们的祖先从未发展出语言的进化情景。人与人之间若是无法轻松传递消息、传授技能、分享想法、制订计划、做出承诺，我们将难以拥有现代人类先进的文化和精湛的技术，更别提创造复杂多元的社会。即使有一个够大的、类似人脑的大脑，也不足以做到这些。只需看看人类的灵长类表亲——倭黑猩猩、黑猩猩、大猩猩和红毛猩猩——就能知道，没有语言，我们的社会发展将会受到多大限制。猿群和人类社会在文化和技术领域的差距可能不仅仅是语言造成的；[1]但是，人类发明语言可能是引发大部分其他差异的关键因素。

尽管语言植根于日常，但它却令人深感困惑。为何仅仅依靠声音或者手势就能传达意义？语言的音、形、义是如何产生的？它们遵循怎样的模式？为什么理解语言的工作原理对众多语言科学家来说是一个巨大挑战，而每一代孩子都能在四岁之前轻松掌握母语？人类大脑如何使语言成为可能？为什么我们不能都说同一种语言？为什么黑猩猩不会说话？机器能理解语言吗？

理想的语言词义清晰明确并遵循严谨的语法规则，而我们日常使用的语言却相形见绌，显得杂乱无章——正是这种基本的误解阻碍了我们回答上述问题以及其他相关问题。事实上，这种传统的错误观念完全颠倒了事实。因为真正的语言并不是由更加纯粹、更加有序的语言系统稍微打乱形成的。相反，真正的语言是即兴表演，是找到有效的方式满足当下的交际需求。人类是风趣幽默、善用隐喻、富有创造力的交流者，其话语的固定含义是逐渐形成的。相对稳定的语法规律也并不是一开始就存在的，而是无数代人交流互动的结果。通过交流互动，语言模式逐渐变得越来越稳定。现代语言并不纯粹，各语言之间相互杂糅，语序也可能变得混乱、不守规则。但并不能说这样的语言不符合完美语言的理想，是低劣的。不同语言模式之间相互影响、相互交织，其复杂程度让人困惑。语言的这一拼凑特性是它发展过程中的产物——无数的对话在不经意间逐渐创造了今天复杂的语言系统。语言规则自发形成的故事同生命的出现一样引人入胜。

我们认为，语言就像永无止境的猜谜游戏，各次游戏松散地相互关联。每一次游戏由交际情境的需求和参与者的共同经历决定。和"你比我猜"这样的猜谜游戏一样，语言不断地被"发明"，并且在每一次游戏中都被赋予新的意义。20世纪可能最有影响力的哲学家路德维希·维特根斯坦认为，意义源于我们在交际游戏中如何使用语言。大喊一声"锤子！"，可能表示敲锤子或递锤子的意思；也有可能表示警告，"锤子要从屋顶上掉下来了，当心！"；此外，它还可能是提醒你买锤子或者不要忘记带锤子；等等。我们可以尽情地想象各种意义。哪些对象可以充当锤子，则取决于我们刚好在玩的"语言游戏"。搭帐篷时，锤子可以是木槌，也可以是唾手可得的石头；如果要拆房子，这时的锤子就指长柄大锤；但如果要打造精美的金属首饰，此时的锤子则是小巧的"嵌花锤"。维特根斯坦认为，探讨"锤子"的含义时脱离特定交际游戏中的用法，这样的做法毫无意义。一个词的意义取决于说话者在谈话中使用它的目的。[2]

从这个角度来看，学习一门语言就像学着玩"你比我猜"游戏，这个全社会参与的猜谜游戏不断上演，并且每次新游戏都基于先前的游戏。每一代的语言学习者都不是从零开始，而是在源远流长的语言游戏中学习。这个游戏传统始于何时，无人知晓。孩童或者学习第二门语言的成人都是语言游戏的玩家，他们需要进入并开启这场游戏。一关接一关地闯下来，他们逐渐掌握了具体的交流技能。学习一门语言就是学习成为一名熟练的猜谜游戏玩家。要想成功地参与语言游戏，我们需要善于应对频繁反复的日常交流，而无须学习抽象的语法体系。就像不懂物理定律也能打网球，不懂乐理也能唱歌，不懂语法我们照样能交流。实际上，我们不仅会说话，而且技巧娴熟、效果良好，做到这些未必需要精通自己的语言。[3]

我们在书中提出了革命性的观点，它将颠覆我们以往对于语言的认知。"你比我猜"游戏中禁止语言交流，但这种游戏为揭示语言运作的原理提供了深刻启示，虽然这听起来自相矛盾。在本书中，我们将解释大脑如何以惊人的速度即兴形成语言"动作"，以及人如何在瞬息万变的"当下"创造意义。我们还将探讨为何纷繁复杂的语言模式是渐进积累的结果，而不是由内在的基因蓝图或语言本能所决定的。我们将看到语言的不断演变，并深入探讨在缺乏共同语言的情况下人类迅速从零开始创造语言的过程。同时，我们还将了解语言被无数次独立发明改造的原因。语言游戏可以朝多个方向发展，这也使得世界各地的语言呈现出令人惊叹的多样性。语言的诞生意义重大。它改变了进化的本质，让人类文明，包括法律、宗教、艺术、科学、经济、政治成为可能。我们还会发现，人类语言的即兴创造力正是人工智能难以模仿人类交流的原因。这反过来又对计算机产生了深远的影响，因此我们不禁要问：在不久的将来，计算机是否真能超越人类？

我们认为语言也许是人类最伟大的成就。然而，它并非某个人设计的产品，也不是远见卓识的产物，而是人类持续进行交流游戏这一独特能力的结果。在日常交流中，我们所做的一切都是为了解决当下的对话中出现的挑战。但随着时间的推移，大量的对话催生了交流系统。人类这项最伟大的成就实际上并非有意为之，而是一种附带影响，是集体偶然的结果。

※※※

本书旨在探讨人类一次次的交流互动如何逐渐催生语言。在过去的三十年里，我们一直在一起研究语言；本书中的观点也是我们通过一次次的对话逐渐产生的。我俩都在爱丁堡大学认知科学中心（现属于信息学院）学习并拿到了博士学位。当时的主流观点认为语言受抽象的数学原理控制，而这些原理可能已经刻入我们的基因。对此我们不敢苟同，这便是我们共同进行研究的原因之一。和其他人一样，我们想要探索语言规则性的本质，它或许是更基本的原理的附带产物。

我们经历过许多难忘的对话，其中包括与哲学家安迪·克拉克（Andy Clark）在酒吧的精彩讨论（当时尼克看上去还未成年，而他的护照落在了车里，所以他不能喝酒）。我们谈了一系列有趣的话题，例如为什么剪刀适合我们的手，为什么流行歌曲总是容易上口以及语言如何演变，等等。我们还记得某次开完会后，在温哥华斯坦利公园散步的情景。那时海面上波光粼粼，突然间，我们想到复杂而又相互关联的语言模式可能是构式（construction）的结果（就像用不同类型的乐高积木搭建埃菲尔铁塔），而不是简化（reduction）的产物（就像只用一块大理石雕刻出埃菲尔铁塔）。这种观点彻底改变了我们对语言学习和语言变化的理解。后来，我们开始注意时间跨度不同的语言模式之间的深层联系。这里的时间跨度可以是几秒，比如随口说话的时间；可以是几年，比如小孩掌握一门语言的时间；可以是几个世纪甚至数千年，比如语言从无到有进而持续演变的时间。当我们在随后的会议上讨论这些想法时，我们困惑已久的其他难题也逐渐明朗起来。

三十年来，语言研究的重心发生了巨大变化。对于我俩来说，能参与推动这种变化是一次美妙的经历。然而，对于普通大众和其他领域的研究人员来说，他们所接触到的语言知识仍然停留在 20 世纪 90 年代中期甚至更早的思维模式中。事实上，从 20 世纪 90 年代开始，甚至在更早的时期，关于语言运作的新思路就已经不断涌现。神奇的思维活动和语言学习的碎片化过程奠定了我们今天所了解的语言。人类在不经意间共同创造了语言，从而主宰了这个星球。毫不夸张地说，语言改变了人类进化的进程。语言的故事就是人类的故事。本书所呈现的语言新知将会彻底改变我们对自身的认知。

第一章

语言是猜谜游戏

> "语言游戏"一词意在突出这样一个事实：语言的述说
> 乃是一种活动，或是一种生活形式的一部分。

——路德维希·维特根斯坦，

《哲学研究》（*Philosophical Investigations*，1953）

1769 年 1 月 16 日下午 2 点，经历了几天的狂风暴雨后，库克船长和英国皇家海军"奋进号"（Endeavour）考察船船员终于靠岸。他们停泊在南美洲东南端火地岛的好胜湾（Bay of Good Success），想先补充些淡水和木材，再开始为期两个月的航行。他们将穿越空无一人的南太平洋，前往塔希提岛观察金星凌日。晚饭后，库克与植物学家约瑟夫·班克斯（Joseph Banks）、瑞典博物学家丹尼尔·索兰德（Daniel Solander）博士一起，带领一队人上岸寻找水源，并像库克特意强调的那样，"与土著居民交谈"。

一上岸，他们就遇到了三四十名土著居民，很可能是一群豪什（Haush）狩猎采集者；这些人出现在沙滩的尽头，然后就离开了。班克斯和索兰德脱离了库克的队伍，继续向前走了90米左右。两名豪什人朝这些欧洲人走了大约45米，展示了一些小木棍，又把它们扔到了一边。库克一行人认为这些土著表现出了和平的意图，他们的猜测是对的。根据班克斯的说法，豪什人"做出了许多粗鲁的友好手势"，接受了库克一队给他们的礼物。其中三名豪什人甚至登船吃了面包和牛肉（虽然没有明显表现出很激动的样子），但他们拒绝喝朗姆酒和白兰地，打手势表示这些酒会带来烧喉感。班克斯写道："在船上待了大约2个小时后，他们表达了上岸的愿望，于是库克派了一艘小船来送他们。"[1]

最令人惊讶的是，豪什人和欧洲人竟然有一天会这样相遇。他们之间有着天壤之别（见图1.1）。例如，他们都认为对方穿的是奇装异服。欧洲人穿戴着他们那个时代典型的衬衫、马甲、夹克、马裤和帽子；而豪什人，无论男女都穿着用海豹或原驼（家养美洲驼的野生祖先品种）皮制成的斗篷，披在肩上，一直垂到膝盖。此外，正如库克所说："女人会在她们的私处盖一层毛皮，但男人却不遵守这样的礼仪。"豪什人住在用枝条搭建、用树枝和草覆盖的蜂窝状小屋里，小屋的一侧有一个开口，正对着篝火。女人收集各种贝类作为食物，男人则用弓箭捕猎海豹。欧洲人没有在此发现任何政府、宗教甚至船只的迹象。鉴于这些差异，库克如何能自信地与当地人开始"交谈"呢？一船欧洲探险者和一个与世隔绝的狩猎采集部落如何成功地交换礼物和食

　　　　　　　　　　　语言游戏

物呢？豪什人又怎么在到访"奋进号"后表示想上岸呢？

　　如果没有共同的语言，这两个群体之间的交流几无可能。西德尼·帕金森（Sydney Parkinson）是一名年轻的苏格兰植物插画家，因在爪哇感染上痢疾而在此次航行中去世。帕金森指出，"我们每个人都听不懂"豪什人的语言。库克一行人说英语和瑞典语，毫无疑问，他们中还有人会说一点拉丁语、法语和德语。虽然这些语言可能看起来差异很大，但它们都属于同一个语系，即"印欧语系"，并且各门语言间有很多共同之处。它们有相似的语音、词性（名词、动词、形容词、副词等），还有相通的语

图 1.1　这幅由苏格兰风景画家亚历山大·巴肯（Alexander Buchan）绘制的作品描绘了"奋进号"船员在火地岛好胜湾的海岸上给水桶加满水并与豪什人交流的场景。

法、词汇甚至文学传统。事实上，只要追溯到大约五千年前，就能找到"奋进号"船员所操各种语言的共同祖先。

人们对豪什语所知甚少。在任何时期，讲豪什语的人数量可能都不过几百，而且直到最后一位讲豪什语的人于 1920 年左右去世，都没有人将该语言记录下来。班克斯称这种语言为"喉音语言，尤其是在表达一些特定的词语时，发音好似英国人在清嗓子"。关于豪什语与印欧语系的差异，可以从研究得更充分的邻近语言奥纳语（Ona）得到进一步的线索，奥纳语属于更广泛的崇（Chonan）语系。奥纳语中只有 3 个元音，有 23 个辅音，其中许多辅音对欧洲人来说是完全陌生的。不同于印欧语系有各种常见的词性，奥纳语只有两种词性：名词和动词。在英语中，标准的语序是主—谓—宾（例如：John eats porridge［约翰喝粥］），而在奥纳语中，该句语序颠倒为宾—谓—主（porridge eats John［粥喝约翰］），在豪什语中可能也是这样。[2]

因此，欧洲人和豪什人之间的交流似乎是无法实现的。他们不仅没有共同的语言，而且生活经历、传统习俗和对世界的认识也截然不同。双方都无法确定一杯酒究竟会被解读为饮料还是毒药（回想一下，豪什人几乎没喝就把几杯烈酒递了回来），也无法确定什么会被视为礼物，什么可能被看作武器。然而，预期的沟通与合作都实现了。不知为何，交流的动力能够跨越看似不可逾越的鸿沟。

试想一下，这两名欧洲人和两名豪什人无疑都怀揣着一些忐忑不安，在海滩上向对方走近。这里传递了一个信息：我们故意让自己变得弱势，不准备发起攻击，因为我们希望进行友好的交流。请留意豪什人是如何展示并扔掉他们的棍子的——以此传达他们有武器但无意使用的信息，从而表明他们的和平意图。双方正在玩一场高风险的跨文化、跨语言的"你比我猜"游戏，用手势动作代替语言。

双方虽然没有共同的语言，但毫无疑问都知道对方有一种口头交流的方式，尽管听不懂。在谈到学习豪什语的困难时，班克斯也预先假设了这一点："和他们相处期间，我只能学会两个词，一个是 nalleca，意思是珠子……还有 oouda，意思是水。"班克斯的假设是有道理的。人类社会在技术、农业和经济方面表现出了极高的复杂性，但世界上没有一个人类群体是没有语言的。的确，正如我们将在后文看到的那样，如果不同群体之间没有共同语言，一种新的语言系统就会被迅速拼凑起来。

在马克斯·普朗克研究所重现猜谜游戏

在荷兰奈梅亨市拉德堡德大学附近的森林中，坐落着一栋风格雅致的现代主义建筑，马克斯·普朗克心理语言学研究所（Max Planck Institute for Psycholinguistics）就位于其中。该研究所的研究团队综合运用理解人类语言的不同方法，汇集了研究非西方语言的人类学家、研究语言大脑机制的认知神经科学家、将语言和基因联系起来的遗传学家、研究儿童如何学习语言的发展心理学家，以及探索语言和思维关系的语言学家。根据我们的经验，该研究所对访客也非常欢迎。

到了晚上，研究所内空无一人，但访客们仍在空地交谈。光线渐暗，从这片空地可以俯瞰下面的树林。2011年6月的一个晚上，我俩闲聊着猜谜游戏。人们竟然可以用陌生的手势和夸张的动作相互交流，我们对这种奇怪现象陷入沉思。我们不仅发现共享知识非常有用（试着向听众描述他们从未听过的电影名总是十分困难），还注意到每一个瞬间的手势（例如，挥手表示国王或大海）是如何在下一个回合，甚至在第二天被重复使用的。至关重要的是，我们认真思考了这些手势是如何快速简化的。如果你和同样的人玩"你比我猜"，不管玩多长时间，线索都会变得越来越模式化。局部的、存在冲突的惯例开始出现。简而言之，一个交流系统开始形成。

在那一刻，我们意识到自己偶然发现了一个关于语言起源的新假设。面对沟通的直接挑战，库克一行人和豪什人当即创造了手势和符号。人类如果要传达信息，但手头却没有任何语言资源，那么就会即兴想出一个特别的交流方法，无论是通过声音、手势还是面部表情。但在此过程中，他们不经意地为未来的交流创建了资源，而且可以根据需要再次使用和调整这些资源。同样，在尼克家以前玩的一次"你比我猜"游戏中，把双手指尖放在一起搭成教堂尖塔的样子，再水平移动双手，并做出波浪状的动作模仿在海洋中上下起伏的船头，这表示"哥伦布远航美洲"。在后来的游戏中，这个手势可以帮助人们猜出"哥伦布"、"美洲"和"船只"，还可以加上适当的手势表示下沉和灾难——"泰坦尼克号"。

但库克一队人和豪什人之间这种"你比我猜"式的互动真的能被视为一种语言的起源吗？这两个群体间的交流虽然取得了一定的成功，建立了友好关系，分享了食物，实现了互访，但仍有许多事情无法"谈论"。他们不能朗诵诗歌、谈论八卦，甚至无法闲聊。当然，"奋进号"只在好胜湾停留了五天，所以两个群体没有太多时间改进"你比我猜"式的交流，更不用说学习对方的语言了（除了班克斯学会的几个单词）。然而，假以时日，这两个群体之间的互动很可能演变成一种更接近于语言的东西。

在人类历史上，语言截然不同的群体曾多次因大势所趋（通常是在殖民背景下）不期而遇，因此需要进行交流。从本质上讲，这就是库克的船员和豪什人的处境，并且持续了多年。不幸的是，这往往给原住民带来了灾难性的后果。[3] 在这种情况下，通常会出现一种简化的语言系统，即皮钦语（pidgin）*，这种语言的词汇和语法都很少。最初，皮钦语的功能有限，主要用于进行工具性交流（做什么和怎么做）和指称性交流（在哪里和用什么方法）。和火地岛上的经历一样，早期的皮钦语中基本没有诗歌、八卦和闲聊。但随着时间的推移以及人们的反复学习和使用，皮钦语可以演变成一种更丰富的语言，即所谓的克里奥尔语（creole），它的词汇量扩大，语法更复杂。例如，海地克里奥尔语出现于 18 世纪，由殖民时期的法语和西非奴隶的语言混合而

---

* 近代形成于上海等通商口岸的洋泾浜英语就是一种皮钦语。——编者注

成，现在有超过一千万人使用。在这些更加成熟的语言中，出现了各种各样的语言用法，既有爱与绝望的诗意表白，也有对邻居的闲言碎语，还有关于天气的日常闲聊。[4]

语言猜谜游戏

由于"你比我猜"游戏需要通过示意动作（通常是用手）来完成，因此对口语而言，语言就像"你比我猜"的这种观点似乎并不成立。毕竟，在"你比我猜"中，口语或任何形式的发声一般都是不允许的。语言源自"你比我猜"游戏的观点是否意味着人类各语言都可以追溯到某种形式的手语？迈克尔·托马塞洛（Michael Tomasello）来自北卡罗来纳州的杜克大学，是一位颇具影响力的灵长类动物学家和发展心理学家，他认为事实可能正是如此。

托马塞洛设计了一个令人信服的思想实验。[5] 他让我们想象有两组年幼的孩子分别在不同的孤岛上快乐成长，没有任何外部语言输入，也没有任何成年人在身边（暂不考虑这在实际中是如何发生的）。一个岛上的孩子们只能用手势交流（不能发声），而另一个岛上的孩子们只能发声交流（不能比画手势）。我们分别称这两个岛屿为"手势岛"和"发声岛"。这两个岛上有人能想出一个有用的交流系统吗？托马塞洛认为，只有手势岛上的孩子才有机会逐渐形成类似语言的交流。手势不仅可以吸引人们对物体的注意，还可以用"形象"的方式来代表事物，就像在尼克家进行的"你比我猜"中用尖塔状的手势表示哥伦布的船。发声岛上的孩子们只能模仿"哈哈""哇"这样的情绪表达、"汪汪""喵"这样的动物声音,以及"哔""呜"这样的拟声词。托马塞洛说,发声一般无法像图像一样表达意思:很容易想象出一个手势来表示"搅动锅",其他人也不难理解,但用发声来表示这个动作似乎是不可能的。

托马塞洛的推理有相当多的实证支持——但谢天谢地,并没有邪恶的语言科学家在脱离语言和其他人接触的环境下养育大量婴儿。事实上,我们从对非人灵长类动物的"剥夺"研究中得知,这样的实验对于了解语言的起源几乎没有帮助。20世纪70年代,威斯康星大学麦迪逊分校的比较心理学家哈里·哈洛(Harry Harlow)进行了一项臭名昭著的实验。实验表明,如果恒河猴在隔离环境中长大,它们的行为最终也会受到严重干扰。[6]这些恒河猴通常与用绒布或铁丝做的"代母猴"待在一起,有时还待在一个称为"绝望深渊"的黑暗隔离室里。同样,如果将人类婴儿与人类其他成员隔离开来,这除了会影响婴儿语言发展外,很可能还会产生其他有害后果。因此,没有任何一位有声望的语言科学家会开展语言学界所认为的"禁忌实验"。[7]

不过,自20世纪70年代末以来,尼加拉瓜首都马那瓜的两所听障儿童学校进行了真实的托马塞洛思想实验。[8]孩子们在学校学习唇读和西班牙语,但收效甚微。失聪学生仍然与周围听力正常的群体,甚至与他们的老师隔着交流的鸿沟。孩子们使用所谓的家庭手语与家人沟通,这是一种简单而又特殊的手势系统,在缺乏通用手语的情况下，失聪儿童经常通过这种手势系统与听力正常的家人交流。[9]因此，在听障儿童学校里学习的孩子与托马塞洛实验中手势岛上的孩子非常相似。这些学生虽然可以发声，但并没有任何用处，因为其他孩子听不到他们的声音。他们主要是通过手势进行交流。

一如托马塞洛的推想，一种现在名为尼加拉瓜手语（Nicaraguan Sign Language）的语言逐渐出现，随着一代代失聪儿童入校，这种手语变得越来越复杂。例如，第一代学生使用各种各样的手势来表示"马"，其中一个学生做出握着缰绳的动作，双手上下移动，就像骑马一样（见图1.2）。[10]第二个学生首先将一只手的食指和中指张开，表示一个人，然后"跨"在另一只表示马的手（就像握手时那样伸直）上，再做出握着缰绳、拍马屁股的手势。第三个学生也做了一个人骑在马上的手势，但接着又做出了一个马尾巴摆动的手势。第四个学生只做了一个人跨在马上的手势。到了第三代学生，"马"的手势已经约定俗成，变成了单一的手势：一个人跨在一匹马上。随着时间的推移，手势最终转变为符号——最初仅仅是模仿形象的手势在约定俗成后变成了更抽象的符号。很明显，尼加拉瓜手语是一种"你比我猜"游戏。[11]

但是发声呢？托马塞洛认为，发声不同于手势，在约定俗成并最终转变为声音符号之前，不能轻易地表示形象意义，这样的想法是对的吗？英国伯明翰大学的心理学家马库斯·帕尔曼（Marcus Perlman）很想知道托马塞洛关于发声局限性的直觉是否

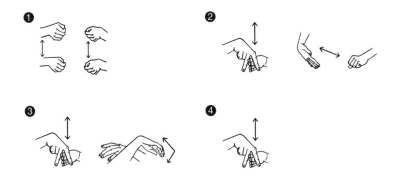

图 1.2　第一代尼加拉瓜手语使用者用来表示"马"的四种不同手势：（1）握着马的缰绳，手上下摆动；（2）首先是一个人跨骑在马上，接着做出手握缰绳（左手）、拍马屁股（右手）的动作；（3）同样是一个人骑在马上，接着做出马尾巴摆动的动作（右手）；（4）只做出一个人跨骑在马上的手势。到了第三代，所有学生都使用了第四种"马"的单一手势。（苏妮塔·克里斯蒂安森［Sunita Christiansen］绘图。）

正确，所以进行了相关测试。在一系列巧妙的实验中，帕尔曼邀请人们玩声音猜谜游戏，不能使用任何语言或手势。[12]

　　为了弄清楚是否有可能用发声来传达不同概念，帕尔曼还举办了一场奖金为 1000 美元的声音象形挑战赛。参赛者需要提交由人类发声器官发出的不同声音，用来代表各种含义，包括名词（如刀、水、老虎）、动词（如烹饪、打猎、切割）、形容词（如坏、大、无聊），以及语法上更专门的概念（如一、多、这）。这些参赛作品里有许多有趣的发音，如"滴、滴、滴"的声音表示"水"，低沉的咆哮声表示"老虎"，"嗖"的一声表示"刀"，多次重复的嗖嗖声表示"切割"，即刀被用作切割工具（例子见图 1.3）。另一位参赛者用"哇"表示"一"，重复

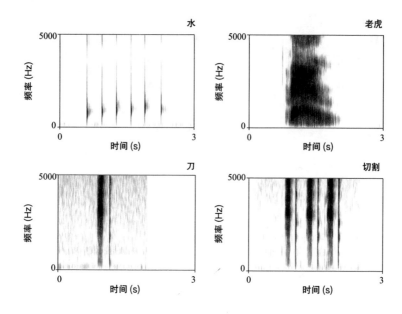

图 1.3　帕尔曼研究的四个参赛作品的可视化声谱。这些声谱图显示了每段声音在不同时间（横轴）的不同频率（纵轴）：波段越暗，声音就越大；波段在水平方向上越窄，声音持续时间就越短。左上："滴"声重复了 6 次，表示水。右上：宽波段的低沉咆哮表示老虎。左下：单次的"嗖"声代表刀。右下：刀的"嗖"声重复了 3 次，表示切割。（马库斯·帕尔曼的声谱图。）

三次的哇哇哇表示"多"，表明了"多"的概念可以简单地理解为"一"的多次重复。每个参赛作品的评估方法都是让不熟悉的听众猜测它们的意思。获奖作品的猜测正确率高达 57%（而随机猜测正确率只有 10% 左右）。

　　并不是只有美国的英语使用者才能理解这些发音。在一项巧妙的后续研究中，帕尔曼和他的同事进行了一次网络调查，询问了母语为阿尔巴尼亚语、祖鲁语、阿姆哈拉语、泰语和丹麦语等 20 多种不同语言的人，让他们猜测这些发音想表达的意义。结果令人震惊：来自世界各地的人都能猜出这些声音的含义。帕尔曼还在巴西亚马孙丛林和南太平洋瓦努阿图群岛这样的偏远地区对目不识丁的人进行了测试，也得到了同样的结果。即使是生活在这些与世隔绝之地的人，也很容易猜到这些获奖声音想表达的意思。

虽然这些研究结果令人印象深刻，但最好的作品是由研究语言进化和相关主题的学术团队花了几天甚至几周的时间精心制作的。不过，幸运的是，帕尔曼的其他研究表明，能否即兴创作有意义的发声与学历高低并无关系。事实上，母语为英语的人能够正确理解中国儿童发出的含义不同的声音，包括那些母语为标准中国手语的先天性失聪儿童。因此，人们似乎都很擅长即兴发出他人能够理解的声音——不过比起参赛作品，这些声音的猜测正确率往往要低得多。但如果允许我们相互交流（这在本质上是玩声音版"你比我猜"），正确率就会再次上升。如果让人们相互配对，轮流用声音向对方传达不同概念，再重复多个回合，那么他们发出的声音会更加精准，更容易理解，就像尼加拉瓜手语的出现一样。

帕尔曼的创新研究表明，托马塞洛关于在发声岛上无法产生交流的直觉可能是错误的。我们还没有对即兴的手势和声音进行直接的比较，但人类的声音似乎能够创造出多种声音模式，这些模式可以承载丰富的形象意义，使交流得以展开。反复通过发声进行交流会导致表达越来越抽象，最终可能形成词语。

语言是起源于手势、发声，还是两者的某种组合（比如与嗖嘎声同步的重复切割动作）？如果没有时光机，这个问题的答案可能永远笼罩在时间的迷雾中。事实上，可以想象的是，语言可能已经被不同的群体独立创造了多次。不同的群体对手势和发声的重视程度很可能不同，但无论怎样，语言都是从重复的猜谜游戏式互动中产生的。

语言是根据当下需求产生的笨拙而杂乱的产物。然而，我们为解决每一个新的交流难题而进行的即兴创作都会受到之前经验的影响，这些经验又告诉我们如何解决下一个难题。在某种程度上，系统的语言模式可以说是由部分重叠、相互关联和干扰的模式不断积累而产生的，每一种模式都由当前交际任务的迫切需求所驱动。它们是无数次即兴交流的产物，在这个过程中，无论希望传达什么，我们都在努力让别人理解自己的意思，从而达到我们的意图。所以，我们集体创造了一种语言，这一过程完全是偶然的。

瓶中信

将语言视为猜谜游戏（一种即兴发挥的协作游戏）的观点不是对现有的语言观小修小改，它意味着语言观的重大转变，这将彻底颠覆一个世纪以来对沟通本质的大量思考。目前关于我们如何沟通的理论有很多种，其中最普遍的是所谓的通信传输模型。发送方对消息进行编码，并通过信道传输给接收方，接收方再将其解码为原始形式。美国数学家兼电气工程师克劳德·艾尔伍德·香农（Claude Elwood Shannon）完美地概括了这种通信传输观点，其理论源自他在第二次世界大战期间对密码学的机密研究。[13]

香农从工程学的角度关注沟通，即消息是如何从发送端准确地传输到接收端的，无论发送端和接收端是人、计算机、电话还是卫星（见图 1.4）。特定的消息自信源发出，然后由发送器编码成信号，通过可能受噪声影响的"信道"传输给接收器。终端的接收器通过反转编码过程将消息从信号中解码出来。所以，当你用手机打电话时，你是信源，手机是发送器，数字蜂窝网络是信号传输的信道，接电话的人是信宿，接听者的手机则是接收器。这个过程中的噪声会引起一个熟悉的问题——手机信号差，导致人们在电话里大喊："我听不见你说什么，你信号

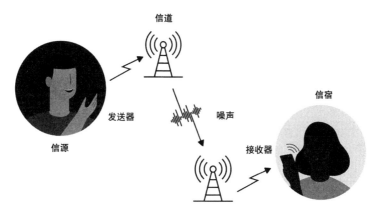

图 1.4　以手机通话为例说明香农通信模型。在这个模型中，来自信源（左边的人）的消息（通过手机）被编码为信号并通过信道（蜂窝网络）传输，传输过程中可能会受到噪声的影响，再由接收器（手机）将信源想传达的信息解码出来给信宿（右边的人）。（苏妮塔·克里斯蒂安森绘图。）

不好！"

从智能手机上的流媒体视频到与太阳系边缘的宇宙飞船通信，香农提出的信息通过信道传输的理论为当今互联世界奠定了基础，也为他赢得了"信息论之父"的称号。没过多久，心理学界便注意到了这一点，这也就推动了20世纪50年代中期所谓的认知革命，以及计算机隐喻的兴起，即大脑类似于计算机，而思维是一种对信息的处理。[14] 理解意识的计算基础成了一项跨学科的努力，将心理学、哲学、计算机科学、语言学、神经科学和人类学的研究方法统一在认知科学的旗帜下。[15] 这种研究意识的方法后来在认知和语言方面产生了许多重要的见解，但也有一些理论局限性，其中最重要的是它忽略了我们的大脑在根本上具备主动性。[16]

从信息论的角度来看，语言交流可以被视作将一系列符号从发送者传递给接收者的过程。事实上，早在香农之前，20世纪的语言学奠基人之一、瑞士语言学家费迪南·德·索绪尔（Ferdinand de Saussure）就描述了一种言语"回路"。在这个回路中，信息由说话者编码、听者解码（图1.5）。[17] 因此，香农的思想最终应用到语言中，为我们的语言互动提供了计算基础，就不足为怪了。方法非常简洁：对话被看作在对话者之间来回发送信息包的过程，就像两台计算机在互联网上交换数据一样。发送者使用一定的词汇和语法将想表达的意思转换成自己能说或能用手势表示的话语。接收者则"反向"应用同样的语言知识，从语音或手势中提取原始信息。因此，在一段对话中，双方需要

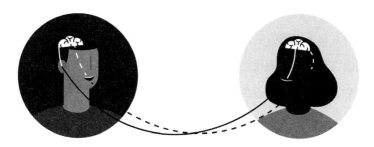

图 1.5　索绪尔言语回路的现代诠释。信息源于说话者的大脑，然后被编码成语音信号，通过耳朵到达听者的大脑，并被解码为说话者想表达的信息。（苏妮塔·克里斯蒂安森绘图。）

轮流充当发送者和接收者，对通过语言信道传递的信息交替进行编码和解码。

　　但矛盾的是，香农理论中有一个经常被忽视的假设：意义在其中完全不起作用。信息论与工程学有关，旨在解决在有噪声的情况下传递信息的问题。对于香农来说，"通信的语义方面与工程问题无关"[18]。这些信息可能是一道菜谱、一首诗、一份加密文件、一张数字化图片，或者是一阵杂乱的噪声。这种想法在工程环境中很适用，经过设计的同一套程序可以在编码消息时正向运行，而在解码消息时反向运行。但对于意义至上的人类交流来说，情况并非如此简单。

　　再想想库克一队人与豪什人之间的经历。他们的语言和生活经历截然不同，根据通信传输模型，他们之间的交流几乎毫无可能。他们对信息的编码和解码缺乏共有基础。然而，他们能够在一定程度上相互理解。通信传输观点的问题在于，它从根本上说是被动的：接收者漫不经心地等待信号，一旦信号出现，就立即解码信息。因此，信号最终背负着极大的重担，因为它必须独自跨越人与人之间的对话空隙，传达所有的交流内容。但是，如果把语言看作猜谜游戏，我们就会意识到承载交际任务的不仅仅是一个手势或声音，还在于游戏玩家的独创性——单就这个信号本身而言，它完全是模棱两可、无法解释的。[19]

即便如此，有人可能会反对说，猜谜游戏（无论练习得有多好）和语言在某个基本方面还是不同的。猜谜游戏为观众提供了一系列线索来得出答案：我们该如何看待豪什人扔掉他们的棍子，该如何"解读"搭成尖塔形的双手像一艘沉船一样向下俯冲？但在我们的想象中，语言不仅仅是提供线索，它似乎以某种方式将意思逐字储存于"瓶子"中，再通过"电波"发送给接收者，由接收者（根据某种我们不清楚的方法）拆开并组合。语言似乎直接从说话者的大脑传递到听者的大脑，不需要经过发送者或接收者的解释或创造。但这种直觉会分散我们的注意力：为了理解交流是如何真正运作的，我们必须摆脱这种"瓶中信"的观点。它无法处理日常言语的丰富性、模糊性和趣味性，更不用说诗歌、修辞、隐喻、笑话和调侃了。意义无法提炼，更不用说装进瓶子里了。

以"打开门"和"穿过门"为例。在这两个短语中，我们熟悉的词"门"代表的意思肯定是一样的，对吧？但仔细一想，其实并非如此。打开一扇门，就是通过铰链移动一个标准的实心矩形嵌板（门）。但穿过一扇门并不是指用幽灵般的方式穿透这块实心嵌板。在"穿过门"这个短语中，门指的是门道，而不是实心嵌板本身。同样的歧义也出现在我们说用手砸窗户和向窗外挥手的时候。窗户有时是指一块易碎的玻璃，有时是指一个通风孔。对于房子的窗户来说，"砸坏窗户"可能是指打破一块特定的玻璃或整个窗户，也可能是指破坏玻璃周围的框架，甚至窗户嵌板。注意，如果是车窗，"砸坏窗户"表达的意思会更加不明确：可能是打破玻璃，也可能是弄坏让玻璃上下滑动的机械装置。再想想这句话：有人挥舞着一张很显眼的浅橙色《金融时报》问道，"你认为这张报纸（paper）怎么样？"此处，paper可以指字面上的浅橙色纸张、特定的一张报纸（可能破旧不堪）、今日的版次、作为一家报刊的《金融时报》，甚至是创办《金融时报》的新闻机构（比如"玛丽就在那家报纸工作"）。它所表达的意思有各种各样的可能。如果我们将语言视为猜谜游戏，那么这正是我们应该预料到的。我们能做的就是利用手势、暗示和其他线索，希望我们的观众能够根据他们对我们和这个世界的了解，看出我们引导的方向。

将语言比喻为猜谜游戏，这表明语言并不是使用固定的代码将"瓶中信"从一头发送到另一头。相反，无论是口语还是手语，我们必须将语言视为一种能相互传递线索的手段，该手段具有丰富性、类比性、隐喻性以及潜在的高度创造性，还可能具有一定程度的独创性甚至游戏性。而对这些线索的解读不仅取决于话语本身，还取决于之前说过的话、我们对当前话题以及彼此的了解——就像破解神秘谋杀案的线索需要了解案件的当事人、他们的背景故事以及他们在死亡事件发生前后所做之事一样。如果我们（也许和同一个人）玩同样的交流游戏，这些线索的意义可能会变得约定俗成（类似于尼加拉瓜手语中出现"马"这样的单一手势）。然而，约定俗成只是偶然发生的，意义总是在很大程度上依赖于当下。我们的大脑非常擅长对语言提示进行丰富而灵活的解读，以至于根本没有意识到自己的解读行为。我们有一种错觉，认为意思是通过词语本身"透明地"传递的。恰恰相反，意义存在于观察者的眼中。

协作语言游戏

"出售：婴儿鞋，没穿过。"[20] 这个悲伤的八字故事，看起来像一则售卖一双全新婴儿鞋的分类广告，用简洁的白话唤起了大多数读者的强烈情感。我们很难不构思一些故事为其补充细节。我们可以想象，一对父母满心期待他们的孩子出生，精心购买了一双婴儿鞋，但由于流产、分娩并发症或婴儿夭折失去了孩子，最后这对悲痛的父母不得不卖掉这双鞋子。还可以想象，这对失去孩子的父母站在墓地，泪流满面地看着一个小小的棺材放到地上。我们可以感受到他们放弃那双鞋时的痛苦，可能是因为生活困苦需要用钱，也可能是因为这双鞋会让他们睹物思人，他们再也无法在家听到孩子的小脚发出快乐的啪嗒啪嗒的声音。我们可以想象，在未来几年，他们会一直感到失落和绝望，甚至可能因此婚姻破裂。不过，这些叙事细节当然没有出现在这个八字故事中，而是由我们的大脑构建的，来自我们对父母、婴儿和悲伤的了解。

关于婴儿鞋的八字故事是一篇典型的"微型小说",即特别短小的虚构作品,旨在用尽可能小的篇幅讲述整个故事。正是这些微故事,说明了我们作为读者对所写内容的解读做出了多大的贡献。短短几个字,就让我们的脑海中涌现了详细的故事情节。同样的原则也适用于所有的语言:意义并不是像瓶中信那样传递,而是必须由对话参与者协作构建。我们发出的声音或做出的手势只是我们想表达的意思的线索。我们需要根据语言线索、我们对世界和彼此的了解以及之前的交流来完全理解他人在说什么。[21] 这个意义构建过程是语言运作的核心。它在大多数情况下运行良好,但是,有时我们的理解可能会出错,这就需要通过协作解决。就像在"你比我猜"游戏中一样,我们需要与交流的人"合拍",从而达成共识。我们至少要在一定程度上读懂对方的心思,才能成功地进行语言游戏。

当我们彼此交谈时,单词、短语、句子只是我们所说的交际冰山(communication iceberg)的一角(图1.6)。语言科学的许多工作都集中在这个可见部分。但是,要让语言发挥作用,即要让我们理解别人所说的话,我们还需要了解交际冰山隐藏的、被淹没的部分。[22] 我们之所以能够为婴儿鞋的八字故事补充出详细情节,是因为我们具有共同的文化规范、习俗、价值观、惯例和期望,以及对潜规则、社会角色、关系和世界及其运作方式的事实知识的理解。我们需要掌握所有的文化、社会、事实知识以及基本的人际交往技巧来保持交际冰山的语言一角浮于水面之

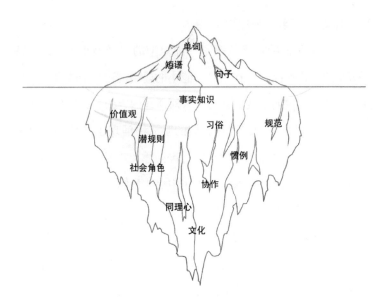

图1.6　交际冰山下被淹没的隐匿部分包括文化、社会、情感、事实知识和技能，露出水面的可见部分是语言。（苏妮塔·克里斯蒂安森绘图。）

上。没有它，我们的语言交流就会陷入难以理解的境地。

　　这种语言观点也有实际意义：无论是机修工向你描述汽车故障、医生解释疾病的治疗方案，还是科学家阐述最新的突破性成果，如果我们更关注交际冰山的隐匿部分，我们都可以成为更好的沟通者。这不是随意猜测别人在想什么。成功的沟通需要同理心——我们需要设身处地为他人着想，（尽我们所能）从他们的角度看待世界。只有越关注别人如何看待这个世界，而不仅仅关注自己想说什么，我们才越有可能被他人理解。

　　对话实际上是协作项目，目标是理解相互谈论的内容，斯坦福大学著名心理语言学家赫伯·克拉克（Herb Clark）的一项研究优雅地展现了这一点。[23] 几组成对的参与者分别坐在一张 1.8 米长的桌子两端，他们要按要求用乐高积木组装简单的模型。其中一个人为"建造者"的角色，必须按照另一个人（"指挥者"）的指示，用一堆乐高积木从头搭建模型。只有指挥者拿到了搭建的目标模型。研究人员在其中一半小组的桌子中间设置挡板，防止指挥者看到建造者的动态，而另一半则没有此设置。如果成功的对话只是被动地来回发送消息而不考虑会话语境，那么这两种参与者之间应该没有什么区别：指挥者可以直接告诉建造者将积木块搭建成成品模型所需的精确步骤。

但事实并非如此。在指挥者无法监控建造者动态的情况下，他们会花两倍多的时间来完成任务，会多费接近一倍的口舌来讨论如何完成模型。他们的障碍不仅是视觉障碍，也是对话障碍。与无挡板组相比，挡板大大降低了沟通的速度和效率。如果完全没有互动（指挥者只是录下口头指令，再放给建造者听），结果就更糟糕，会出现很多复制错误。实验带来的启示是，对话就像"你比我猜"一样，是一种相互照应的游戏，我们需要对他人的观点、对方了解什么和不了解什么保持敏感，这样才能给他们正确的线索。

即兴表演（improv）的应用进一步支持了这种换位思考的重要性，这种表演的目的是改善科学传播。即兴表演是一种常常带有喜剧元素的戏剧表演，其中的表演和对话没有剧本，而是由演员实时共同创作的。在某种意义上，它可以看作一系列猜谜游戏，带有即兴创作的连续故事情节。即兴表演要演好，演员们需要步调一致，以理解对方的想法和即兴创作。即兴练习旨在帮助人们统一步调、顺畅合作。例如，在镜像练习中，两个人轮流模仿对方的动作，越接近越好。一开始，"模仿者"远远落后于"被模仿者"；但经过练习，他们的动作几乎一致：双方都在"解读"对方的想法，因此能够预测对方的下一个动作。最终，他们甚至可能会共同计划出下一个动作。这样的即兴练习不仅可以帮助演员更好地相互协调，还有利于捕捉到观众可能表现出来的情绪。通过即兴表演练习，并非演员的人是否也能注意到观众的需求，从而提高沟通技巧呢？实际上，演员、导演、编剧兼作家艾伦·艾尔达（Alan Alda）就是这么想的。[24]

艾尔达最出名的角色应该是在长篇电视剧《陆军野战医院》（*M*A*S*H*）中扮演的风趣军医鹰眼皮尔斯（Hawkeye Pierce），这部电视剧是关于朝鲜战争期间的一所野战医院的。但他也对面向大众传播科学知识有着浓厚的兴趣，主持了 12 年的《美国科学前沿》（*Scientific American Frontiers*）电视节目。他在和科学家的交往中注意到，尽管许多科学家对自己的工作充满热情，但他们很难与观众建立联系。艾尔达认为问题在于科学家没有和他们的观众"站在一起"——没有从观众的角度看世界。科学家只是对着观众讲话，而不是与他们进行合作式交流。他认为演员用来训练与剧院观众互动的方法或许也能为科学家提供帮助。他让科学家进行镜像练习等即兴表演后，他们的确变得更擅长理解他人。科学家对观众的需求变得更加敏感，他们不再是居高临下地对观众说话，而是怀着同理心考虑观众的感受，从而确保了成功的沟通。艾尔达的方法现在已用于石溪大学（Stony Brook University）的艾伦·艾尔达科学传播中心，该方法极具影响力并被广泛采用，尤其是在美国的大学和研究机构中。

无论我们是在谈论科学、讲述故事，还是只是为他人指路，我们都需要关注受众的背景以及需要我们做什么。我们需要牢记沟通不是"单行道"，这样才能提高我们与他人互动的能力：如果我们密切关注他人能理解什么而不是过多关注我们自己想说什么，沟通就更容易成功。这也反映在即兴表演的黄金法则中，"是的，而且……"意味着无论一个人说什么或做什么，都会被自然而然地接受并推动进一步互动。如果我们愿意尊重和承认对方的意图、想法和关切，我们的对话就会更加顺利，对双方也都有利。

※※※

将语言视为猜谜游戏有助于我们摆脱对语言运作方式的直觉和错误认识。猜谜游戏在本质上是一种协作游戏。我们不会等到别人做完手势才开始猜测——我们会从一开始就猜测对方的意图，同时辅以点头、微笑，或做出其他反应，从而帮助玩家调整手势，确保交流的方向"正确"。在豪什人与"奋进号"船员的相遇中也发生了非常相似的事情——信号的来回传递表明双方"处于同一波长"，例如，在交换物品方面双方都表现出了友好的意图或兴趣。

语言是猜谜游戏的观点颠覆了半个多世纪以来社会科学和认知科学对人类沟通方式的研究。如果把大脑想象成一台计算机，我们就会误以为语言的运作原理就和计算机之间的通信一样：信息被整齐地捆绑在不同的包中并通过电线传输，而对话可以看作一场网球比赛，信息在两个大脑间来回传递。与此相反，语言就像一场猜谜游戏，人们相互协作，不断进行即兴创作，逐步建立共同的理解。单个的信号并不承担全部的交流任务——它们是将之前发生的事情、当前的期望以及我们对世界和对付的了解结合起来的线索。沟通取决于所有对话伙伴的创造力，这个过程需要利用我们共同拥有的知识、直觉和以前玩游戏的记忆。

但是，如果不首先放弃计算机隐喻强加给我们的另一个假设，我们就无法充分理解语言的协作性质。计算机可以以闪电般的速度相互发送大量的"信息包"，而信息包到达的顺序并不会有太大影响（不过如果我们正在线观看电影，可能会有影响）。这些信息包不仅可以下载、存储，还可以在眨眼间运行几百万次计算进行全面检查。关于人类如何产生和理解语言的最有影响力的理论都借鉴甚至采纳了这种观点——他们运用现代计算的全部力量来思考人类大脑是如何处理语言的。然而，这种观点忽略了一个重要的细节：与计算机不同，人类的记忆是非常有限的。如果我们没有立刻理解听到的内容，那么我们对这些内容的记忆很快就会被之后滔滔不绝的话语淹没。如果我们没有即时利用语言，那么信息就永远丢失了。事实证明，这一观点对于理解语言的运作方式至关重要。

第二章

语言的转瞬即逝

一个人刚开始学习无线电报代码时，他听到的每一声嘀嗒都是单独的语块。很快，他就能把这些声音组成字母，随后又能把这些字母作为语块来处理。再之后，这些字母又组成单词，成为更大的语块，这时，他就能听出整个短语了。

——乔治·米勒（George A. Miller），《神奇的数字：7±2》

（*The Magical Number Seven, Plus or Minus Two*, 1956）

1942 年 8 月，战争在世界各地肆虐。在太平洋战区，窃听盟军军事通信的日本情报人员突然目瞪口呆，因为他们听到的不是熟悉的英文代码，而是令人费解的奇怪杂音：toh-bah-ha-zsid ah-ha-tinh ah-di tehi bilh-hash-ahn dzeel be-al-doh-sid-da-hi al-tah-je-jay jo-kayed-goh nal-dzil tshin-tliti dzeh a-chin d-ah klesh shil-loh。[1] 他们听到的声音来自"风语者"（Windtalkers），这是盟军

新型秘密武器的代号。

太平洋战争似乎正向有利于盟军的方向发展，但他们仍经历了许多重大挫折。有一段时间，日本人一直在窃听盟军之间的电子通信。许多日本情报人员都曾在美国接受教育，因此他们能够破译英文代码，得到关于盟军作战计划的预警。但是，美国海军陆战队在瓜达尔卡纳尔岛登陆时，使用了一种巧妙的对策：征召纳瓦霍人担任密码员，让纳瓦霍语成为不可破译的密码。[2]

盟军正是利用了我们大多数人都曾有过的经历。如果我们听到一门陌生的语言，滔滔不绝的流利口语会让缺乏经验的我们感到困惑，就像密码一样难以破译。这些密码员使用他们的母语纳瓦霍语，通过无线电和电话线"明码"传递关于军队动向、战术和其他战争细节的信息。即使敌人监听到这些信息也无关紧要，因为他们只能听到由每分钟几百个完全无法理解的声音组成的语音流。对于日本人来说，试图理解纳瓦霍密码一定有点像和一只章鱼玩"你比我猜"，只见章鱼的八只触手快速摆动着完全陌生的动作——这是一个不可能完成的任务！然而，按照通信传输模型，语言就是这样运作的。发送方使用自己的密码对消息进行编码，并将其传输给接收方，接收方再使用完全相同的密码对其解码。日本人无法破解这个密码，因为他们（以及他们的盟友）对纳瓦霍语一无所知。

由于纳瓦霍语的语法和语音体系极为复杂，并且没有书面形式，因此它提供了一种快速且安全的战地通信方式。为了进一步阻挠敌方的密码学家和语言学家，他们甚至在密语中设置了代码：纳瓦霍语中没有什么军事术语，所以这些密语者使用了熟悉的词汇进行代替。例如，在纳瓦霍密码中，"战舰"变成了 lo-tso，直译过来就是"鲸鱼"；besh-lo（铁鱼）表示"潜水艇"，而 ca-lo（鲨鱼）表示"驱逐舰"。600 多个这样的代码汇编成了纳瓦霍密码词典，"风语者"将其牢记于心。

常用词在词典中有自己的代码，其他不常用的词则是用一组特定的纳瓦霍语单词进行组合的，与英语单词中的每个字母对应。这些单词的含义都是密语者所熟悉的，比如 tse-nill（axe，斧头）对应字母 A，shush(bear，熊)对应字母 B，moasi(cat，猫)对应字母 C。为了防止敌人通过字母频率来破译密码，每个英文字母都对应多个纳瓦霍语单词（例如，还可以用 wol-la-chee[ant，蚂蚁]和 be-la-sana[apple，苹果]来表示字母 A）。所以，"语言游戏"（L-A-N-G-U-A-G-E G-A-M-E）的代码可能为：

nash-doie-tso tse-nill tsah klizzie shi-da wol-la-chee jeha ah-nah ah-tad be-la-sana be-tas-tni dzeh

使用了以下单词对字母的代码：

nash-doie-tso	L（lion，狮子）
tse-nill	A（axe，斧头）
tsah	N（needle，针）
klizzie	G（goat，山羊）

shi-da	U（uncle，叔叔）
wol-la-chee	A（ant，蚂蚁）
jeha	G（gum，口香糖）
ah-nah	E（eye，眼睛）
ah-tad	G（girl，女孩）
be-la-sana	A（apple，苹果）
be-tas-tni	M（mirror，镜子）
dzeh	E（elk，驼鹿）

今天，我们习惯了把计算机看作擅长破译密码的奇才，但在那个时代，纳瓦霍密语者彻底击败了当时的密码机。在 20 世纪 40 年代，这些密语者可以在 20 秒内对 3 行英语进行编码、传输和解码，而传统的密码机则需要 30 分钟才能机械地处理相同的信息。虽然日本人能够破解其他更传统的美国密码，但他们从未破译过纳瓦霍密码。甚至当他们强迫一名被俘的纳瓦霍士兵（并非风语者）翻译截获的密码时，由于双重密码的复杂性，他也完全搞不明白这串文字的意思。事实上，纳瓦霍密码从未被破译，直到 1968 年解除机密人们才发现它的存在。

日本人面对"风语者"的困惑揭示了我们在试图理解语言时都会面临的困难，但我们都没有意识到这一点，除了在听外语时——由于大脑的局限性，我们在与他人交谈时本应几乎无法理解对方。我们不像日本情报人员那样经常感到困惑，这堪称一个奇迹。

首先，我们对声音或视觉输入的感官记忆非常短暂，持续时间通常不到十分之一秒。除此之外，我们还不断地感受来自听觉和视觉的冲击，威胁着我们极其短暂的感官输入记忆。记住一个电话号码已经够难的了，我们怎么可能记住一整句话呢？更糟糕的是，我们也很难分辨顺序。听到一堆脏盘子倒在水池中发出的叮当撞击声，我们不知道先传来的是哪一种声音。这是一片混乱的嘈杂声，几乎没有可辨认的元素，也没有可识别的顺序。所以，尽管我们有时会想象我们对声音的记忆就像一个心理记录设备，但事实并非如此。几十年的记忆研究已经揭示，我们对视觉或听觉序列的短期记忆不仅非常短暂，而且仅限于三到五项。[3]然而，奇怪的是，我们在说话时根本不担心这一点。无论是用声音还是用手（例如手语），我们说话的速度都快得惊人，通常每分钟超过 100 个单词。但令人惊讶的是，从蹒跚学步的孩子到他们的曾祖父母，我们的听众明显都能轻松地接受和理解滔滔不绝的话语，并没有感到不堪重负。

这一惊人成就的奥秘就在我们眼前：我们一生中花费了大量的时间来使用和磨炼我们的语言技能。就像我们练习小提琴和反手打网球或者即将到来的商务演讲的次数越多，表现会越好一样，我们的语言技能也会在每天的反复练习中不断提高。无论是和别人聊天、听广播和有声读物、看电影、阅读、写作，还是自言自语，我们大多数人在清醒时几乎都沉浸在语言中。毫不奇怪，我们的语言技能已达到炉火纯青的地步。如果没有这种反复练习，语言交流就会变得缓慢、吃力甚至无效。

难以忽视的真相

不管我们说的是纳瓦霍语、英语，还是世界上其他 7000 种现存语言中的哪一种，我们都能不假思索、毫不费力地说出来。[4]然而，我们如果去一个语言不通的国家旅游，会突然觉得每个人的语速都快得离谱。事实上，认为外国人讲话比我们快得多是一种错觉。[5]通常情况下，讲话者平均每秒发出 10 到 15 个语音，或称音素，这样的速度我们很容易听明白。但是，我们如果面对一系列同样频率的非言语声音（比如盘子掉落在水槽里的哗啦声），会感到这些声音似乎都融合在一起，成了一种模糊不清的嘈杂声。我们完全无法区分单独的声音，更不用说听出它们的先后顺序了。[6]即使在正常的语速下，语言似乎也远远超出了人类大脑的极限。

不只是语言受到记忆的严格限制，记忆还束缚着我们的认知系统。莫滕在康奈尔大学的前同事、已故的迪克·奈瑟尔（Dick Neisser）率先揭示出，我们对世界的感知比我们想象的要狭隘得多。[7]奈瑟尔对心理研究做出了众多贡献，其中之一是他开创性地证明了后来被称为"非注意视盲"（inattentional blindness）的心理现象。[8]他让人们观看一段视频，视频中有两组球员，每组球员相互传球。参与者需要专注于其中一组，每当该组的球员将球传给同组另一名球员时，就按下按钮。这项任务并不难，但需要注意力高度集中在这一件事上。因此，当一个女人出乎意料地出现在屏幕中，突兀地打着一把伞走过时，很少有人注意到她。我们会凭直觉认为自己在不断地"领会"视觉世界的所有细节，但显然不是这样！否则我们怎么会错过这样一个明显的奇怪事件呢？事实上，心理学家丹·西蒙斯（Dan Simons）和克里斯托弗·查布里斯（Christopher Chabris）重复了奈瑟尔的研究，但进一步提高了不协调的水平。这次意外闯入的是一个穿着大猩猩服装的人，他走到舞台中央，停下来捶打自己的胸部，再悄悄走开。[9] 同样，观看球队接球的受试者大多没有注意到大猩猩。事实上，重播视频后，他们大多难以相信自己错过了这样异常的情况。

受奈瑟尔研究的进一步启发，西蒙斯与丹·莱文（Dan Levin）进行的另一项研究同样揭示了一个违反直觉的结果。[10] 在康奈尔大学的校园中，一名实验人员走近行人，向他们问路。另外两名抬着门板的实验人员会十分无礼地穿过正在交谈的实验人员和行人。混乱之中，其中一个抬门的人与第一名实验人员偷偷地互换了位置，然后继续和行人交谈。当行人指完路后，问他们是否注意到什么异常。出乎意料的是，尽管一直在直视对方，还是有一半的人都没有注意到和他们说话的已经换了个人。而当西蒙斯和莱文打扮成建筑工人重新进行实验，走近大学生年龄层的行人时，只有三分之一的人注意到了变化（这暗示了社会类属可能对我们如何看待他人产生影响）。大多数人都认为自己获得了周围世界的丰富知觉表征，认为我们可以在短短几秒内相当准确地记住一个人的外表，但我们大错特错了。我们感知的丰富只不过是一个假象，是由我们的大脑为理解世界而虚构的故事。[11]

尽管我们大多没有意识到注意力和记忆力的显著局限性，但我们都体验过它们对语言的影响，例如短暂的注意力不集中就会让我们完全失去谈话的思路。由于我们的感官和记忆具有严重的局限性，因此这并不奇怪：这些限制共同形成了一个极为狭窄的瓶颈，语言必须通过这个瓶颈进行传达。因此，如果我们的注意力从当前的对话转移到其他令人分心的、可能一时更有趣的想法或事件上，那么这短暂的分神将阻碍我们的大脑理解汹涌而来的语言洪流，而我们想要记住"刚才所谈论的事情"就会变得异常困难。

　　真正的难题不是我们对语言的理解会脱轨，而是我们到底能不能跟上语言的冲击。要想成功应对，大脑必须在声音或手势出现后、永远消失前立即理解。我们称这个狭窄的区间为"事不宜迟瓶颈"（Now-or-Never bottleneck）。[12] 我们如果想理解任何东西，无论是口语还是手语，都必须迅速挤过这个狭窄的思维瓶颈。

　　当我们两个人刚开始思考这个瓶颈对大脑处理语言的潜在影响以及语言本身的本质时，我们以为现有的理论会对语言如何挤过这个瓶颈给出某种解释。但我们了解得越多，就越惊讶地发现瓶颈问题并未得到巧妙的解决，甚至没有被巧妙地避开。相反，它几乎被完全忽视了：语言科学的研究人员就像集体失忆一般，在很大程度上掩盖了这个难以忽视的真相。

语言突破瓶颈

这个极其狭窄的"事不宜迟瓶颈"只能容纳几个词,要获得更多的信息似乎是一种奢望,更不用说复杂的哲学思想,汇编成《贝奥武甫》(*Beowulf*)、《奥德赛》(*Odyssey*)或《摩诃婆罗多》(*Mahabharata*)的口头故事,甚至连打听最近的超市怎么去也很困难。由于受到用计算机隐喻大脑的误导,语言学和语言心理学的许多理论过去一直认为大脑可以先接收并保存长串的语言材料,然后再弄清楚这些材料是如何组合在一起的。毕竟,一台传统的计算机不仅可以完全准确地存储大量信息,如果安装了合适的软件,还可以在待机时检查隐藏在数据中的模式。然而,大脑的工作方式并非如此——大脑并没有硬盘,无法方便地下载并存储声音文件便于以后的检索和审核。那么,我们如何能够通过这个狭窄的瓶颈获得更多的语言呢?

6月的那个重要夜晚,我们在马克斯·普朗克心理语言学研究所仔细琢磨着"语言是猜谜游戏"的想法,随后得出了一个重要的结论:"语言是猜谜游戏"这一观点侧重于合作和即兴创作,为我们了解大脑解决瓶颈问题的方式提供了关键的见解。如果要猜测某人想要模仿什么,那么我们需要将他们头、手、胳膊和腿的不同动作拆分成我们能够理解的独立单元。再想想尼克家将手指搭成尖塔状代表船头的例子。双手可以上下晃动,表示一艘船正在横越大洋(甚至表示哥伦布的航行);也可以向下俯冲,表示这艘船正在沉没(可能是指"泰坦尼克号")。在这两种情况下，表示船的手势都需要与这两种类型的动作分开考虑。我们需要将手势拆分为可重复使用的不同要素。通常情况下，就像一般的交流一样，如果单独考虑这些不同的手部动作，那么它们表示的含义是非常模糊的。如果我们不把手指搭成尖塔状，而是把双手稍稍分开，假装握着方向盘，那么上下晃动的动作就可以表示通过一连串减速带，而向下的动作可以表示从一座极其陡峭的山峰开下来（如果再加上适当的恐惧表情，甚至可以表示越过悬崖）。一个连续的动作可以分解为单独的小块，即单个手势和动作，再进行灵活处理并加以创造，就可以在不同语境中重新使用并得到理解。

　　适用于"你比我猜"游戏的方法一般也适用于语言游戏。克服"事不宜迟瓶颈"的秘诀是时刻"组块"：这是一种基本的记忆过程，我们可以通过这种方法将两个或多个元素组合成一个单元（例如将一串 11 位数的英国电话号码分成三个小块，分别对应区号、交换码和线路号码）。通过将输入的语言材料组合成更大的单元，我们便能在遇到它时立即理解。然后，这些语块可以传递下去以用于其他更复杂的分析，并可能进一步组合成更大的单元。为了直观地感受语块的作用，请大声朗读以下一串随机字母，然后闭上眼睛，试着按正确的顺序回忆尽可能多的字母：

m u e g a g l e g a n a

大多数人只能想起四五个字母。事实上，我们从几十年的研究中得知，短期记忆仅限于少数几项信息，所以要回忆起全部的12个字母是一项不可能的任务。现在，试着再次完成相同的任务，但此次字母顺序进行了重组：

languagegame

这12个字母的字符串突然变得好记多了，因为我们可以把它分成 language 和 game 这两个熟悉的单词。要记住第一个字符串中的12个随机字母几乎是不可能的，但是你只需要记住两个单词，再把它们拼写出来，就可以重建第二个字符串。实际上，限制我们短期记忆的并不是字母或单词这种特定类型的元素，而是"语块"。组块可以帮助我们把较小的元素归并成更大的元素，从而减轻记忆和注意力的压力。

但是组块需要进行大量的练习。如果没有经过数千小时的广泛阅读练习，如果没有掌握大量的英语单词，那么你不可能记住第二个由12个字母组成的字符串。如果不识字，你甚至不会认为这是12个字母，而只是陌生且无法解释的弯曲线条——在这种情况下，记住并复述哪怕一个字母都可能是一种挑战。正如"古希腊七贤"之一的佩里安德（Periander）的名言："练习即是一切。"（Practice does everything.）[13]

如果这句话是正确的，那么我们也许能通过将数字组合成有意义的、更便于记忆的组块，并不断地练习这个方法，以此记住一长串无意义的数字。实际上从古希腊演说家时代起，将模式强加于毫无意义的材料就一直是记忆方法的核心。在 20 世纪 70 年代末，一个名叫史蒂夫·法隆（Steve Faloon）的年轻本科生——其姓名缩写 SF 在记忆文献中更广为人知，证明了这种方法可以产生惊人的效果。大多数人能记住 5 个左右的数字，而他可以记住多达 79 个随机数字！当法隆同意参加由卡内基梅隆大学的记忆研究者、后来的知名专家安德斯·埃里克森（Anders Ericsson）进行的实验时，他只是一名普通的本科生，没有出众的记忆力，也没有学习任何专门的记忆技巧。[14] 他并不是轻而易举就拥有了惊人的记忆力：他在实验室里花了几百个小时乏味地记忆随机的数字串，听到的数字以每秒一位的速度读出。随着时间的推移，他学会了将数字组合成更大的数字串，比如将数字与跑步时间（法隆酷爱越野跑）或者著名的日期（如 1944 代表"第二次世界大战即将结束"）对应起来。后来，他发展出将这些数字串集合成更大的"超级组块"的方法，每个超级组块由多个跑步时间或日期组成。通过一次又一次地练习记忆数字、学习构建小组块和超级组块，法隆最终能够记住近 80 个随机数字，这看起来是常人不可能完成的。同样，我们的大脑会采用类似的多层组块策略来处理不断输入的语言。

那么这种策略是如何起作用的呢？在口语中，这个组块过程从到达我们耳朵的不断变化的复杂声音信号频谱开始。输入的内容不仅包含我们感兴趣的言语，还包括大量的背景对话、音乐和混杂其中的各种噪声，大脑必须把说话人的声音从背景杂音中分离出来。确定声音的方向尤其有用。大脑可以通过一系列线索大致判断声音的来源，其中最重要的是声音到达左耳和右耳的时间差。在播放立体声录音时，我们也会用到这个方法。例如，当我们戴着立体声耳机听交响乐时，管弦乐队的不同组成部分听起来就像是在不同的位置。因此，从单声道录音中分辨一个人在背景噪声下说的话往往出奇地困难，因为关于声音来源的三维空间位置关键线索已经丢失了。

一旦说话者的声音信号从背景中分离出来，就会从复杂的声波转换成基于小块的初始格式，比如简单的音素（单个语音）或音节。我们已经知道，在流利的话语中，这些基于声音的单元出现的速度惊人，因此很快就开始相互干扰（就像 12 个字母组成的那个字符串那样）。解决办法是将这些声音组成单词（language 和 game）。这个技巧为大脑提供了更多的时间来处理输入信息，但在迎面而来的语言洪流中，单词很快就会开始相互混淆甚至完全丢失（想想我们对一系列随机单词的记忆有多差）。因此，大脑需要重复组块过程，快速地将单词组合成多词语块或短语。这又为我们争取了更多时间，直到干扰再次出现，组块过程必须再次重复，先组成完整的句子，最终组成更大的有意义的话语单元，成为会话交流、故事或指令。

为了说明这种组块化过程，让我们看看下面的例子。在这个例子中，为了模拟语音流的连续性，删除了单词之间的空格，并且使用了非字母符号来表示声音输入中混入的非言语声音（我们在这里忽略了音素并不与字母直接对应这一更复杂的问题）：

W@ec%hunks#peechr&epeate%lyintoe@#verbigg$erchunk&s
ofinc#reasi%ngabstr@action

第一步，将语音信号与噪声和其他环境声音分离：

Wechunkspeechrepeatedlyintoeverbiggerchunks
ofincreasingabstraction

由于无法长时间记住语音信号，所以我们一听到就会很快将其分割成音节：

We chunk speech re peat ed ly in to ev er big ger chunks
of in creas ing ab strac tion

但是音节一旦出现，哪怕只有几个，它们之间都会相互干扰，因此我们会尽快将它们组合为单词：

We chunk speech repeatedly into ever bigger chunks
of increasing abstraction

这些单词又会进一步组合成短语，为我们的记忆争取更多时间：

语言游戏

[We chunk speech repeatedly] [into ever bigger chunks]
[of increasing abstraction]

　　这些不同层次的组块过程是并行的，同时我们也逐渐将单词的意义、它们在当前语境中的含义以及我们对世界其他方面的了解纳入进来。最终，我们对整句话的理解会被吸收到我们对当前对话的记忆之中。因此，我们所拥有的是一系列连续、并行的心理活动。为了应对语言的快速输入，我们需要将新材料尽可能快地组合成更大的单元，再将这些语块立即传递到下一个抽象"层次"进行进一步分析和组块，从音节到单词到短语，再到更大的语块。

　　我们必须从一开始就准确地进行组块：由于"事不宜迟瓶颈"一直存在，我们很难撤销之前创建的语块，将其分解为更小的子单元（例如，将组块的单词还原为组成该词的声音），再用不同的方式重新组块。一旦我们创建了一个语块，组成它的原始要素很快就会消失，无论是文字还是口头的形式，我们只会保留原始输入的大意。[15] 但是，由于人类语言普遍具有模糊性，所以我们不能仅仅依靠输入信息来构建正确的语块。想一想听到某人说出以下短语（用英语字母标音，试着大声朗读）：tOOrEkuhnlEspEEch。这段声音至少可以用两种不同的方式进行组块，分别会产生截然不同的解释。在当前的语境中，将这句话组块为 to recognize speech（识别语音）似乎更好。但是，如果我们是在海边散步时听到的，而那里正好在修建一个大型石油码头，我们可能会把这句话组块为 to wreck a nice beach（破坏一片美丽的海滩）。[16] 因此，为了确保一次就能正确组块，我们必须使用所有的可用线索。就像玩"你比我猜"一样，正确的解释取决于交际冰山的淹没部分。如果将这句话解释为破坏一片美丽的海滩，那么线索可能来自当前的对话（我们正在谈论建筑工作）、过去的对话（我们对环境的担忧）、我们周围的环境（建筑工地刚刚进入视野），或者只是对世界的背景知识（关于油轮、建筑项目、美学、游泳安全等）。只有在大脑能够利用上下文时，组块才能起作用：上下文要充分，而且组块速度要很快。

大脑需要不断地将输入的信息进行组块，并把小语块组成大语块，这就解释了为什么人类语言之间虽然有巨大的差异，但都是以分层级的单元组织起来的，比如音素、音节、单词、短语。[17] 相比之下，计算机之间的信息传输完全不是这种方式。例如，在互联网上利用流媒体技术传输一段人声录音的过程中，不会有任何元素与我们熟悉的语言单元对应，经数字压缩的声音信号是以一串 0 和 1 的数字形式传输的。人类语言的分层、块状结构并不仅仅是出于交流的需要，而是源于人类记忆的深刻局限性，以及大脑为了处理源源不断的语言洪流而必须进行的组块和再组块过程。

语言的准时生产

到目前为止，我们一直在考虑瓶颈如何影响我们理解语言

　　　　　　　　　　　　语言游戏

的方式。但同样令人困惑的是我们如何产生语言。我们是如何做到在只偶尔停下来喘口气的情况下，每分钟说出一连串的几百个单词的呢？我们常常觉得自己在"对着空气说话"，当我们说出第一个词时，并不确切地知道会说出怎样的句子。关于人们如何产生言语的研究发现，这种直觉不无道理。尽管我们可能在开口前对自己想说的话有一个粗略的想法，但我们的大脑并没有从一开始就准确地计划好我们要怎么说，究竟是一个音节接一个音节、一个词接一个词，还是一个词组接一个词组地说。恰恰相反，从特定的词语选择、时态标记、韵律模式，到我们呼气和振动声带时嘴和舌头的微调动作，最终表达我们思想的一系列步骤都是在匆忙中即兴发挥的。如果我们试图提前计划好一切，最终会出现语词杂拌（word salad）：最初的短语会干扰之后的短语，前面的单词会干扰后面的单词，而音素之间也会相互干扰。这是因为"事不宜迟瓶颈"在我们说话时和听他人说话时同样存在。事实证明，理解言语和产生语言的过程互为镜像。[18] 当我们听他人说话时，我们会从小的语块（语音）开始，然后将它们构建成更大的单元；而当我们说话时，我们会从大的语块（大概是我们想说的大意）开始，然后把它们分解成更小的单元，最终做出产生语言的特定动作（无论是口语还是手语）。

为了在说话时避开瓶颈，我们的语言系统采用了一种策略，这种策略出乎意料地反映了准时制（just-in-time）汽车生产的高效风格。[19] 20 世纪 60 年代，日本丰田汽车公司开创了这种革命性的生产策略，通过最大程度地减少零部件和其他材料的库存积压来节省资金：只有在即将生产时，工厂才会从供应商那里收到零部件。换句话说，零件最好不要提前送达，而是应该准时送达。这一策略取得了很大的成功，因此通用汽车后来派了一些经理前往日本，专门向丰田学习如何在自己的美国工厂里实行准时制生产。事实证明，我们在说话时采用了类似的准时策略，任何时候都只在记忆中保留几个语块，以防它们相互干扰。就像在制造业中积压大量的零部件库存既昂贵又占用空间一样，"事不宜迟瓶颈"也意味着我们的记忆无法保存音素、单词或短语的"库存"。

当我们试图说出不熟悉的单词或很长的单词时，我们就可以看到组块在起作用。一个典型的例子来自 1964 年的迪士尼电影《欢乐满人间》（*Mary Poppins*）的插曲 *Supercalifragilisticexpialidocious*。[20] 这个新造词本意是"非常好的"或"美妙的"，不过它十分拗口，第一次见到该词的人几乎不可能念对。我们需要把这个拗口的单词分解成更容易发音的部分。最初，我们可以这样划分（一对括号 [] 表示一个语块）：

[Super] [cali] [fragi] [listic] [expi] [ali] [docious]

但通过更多的练习，可以将这些语块组合成更大的语块：

[Supercali] [fragilistic] [expiali] [docious]

重复这个过程，我们最终可能会得到如下两个大语块：

[Supercalifragilistic] [expialidocious]

莫滕的女儿从小就是《欢乐满人间》这部老电影的忠实粉丝，她看了一遍又一遍，所以莫滕可以证明这样一个事实：通过足够的练习，最终我们都能学会 Supercalifragilisticexpialidocious 的发音，并且语速快、准确性高（同时可能在语调模式中保留组块痕迹）。

要想流利说一门语言，学习和练习至关重要。婴儿出生后的第一年，他们的大部分时间都在学习如何让嘴巴和舌头协调配合，从而说出第一个单词。但过不了多久，他们的平均语速就能达到每分钟 300 到 350 个音节，也就是约 150 个单词。有些人的语速甚至可以更快。[21] 美国人弗兰·卡波（Fran Capo）是有记录以来英语语速最快的人，她每分钟能说出的单词超过 667 个，是普通人的四倍多。排名第二的是来自加拿大的肖恩·香农（Seán Shannon），他每分钟能说出 655 个英语单词。他能在 23.8 秒内背诵哈姆雷特长达 260 个单词的独白"生存还是毁灭"！幸运的是，我们大多数人并没有速语症。在这样的速度下，要听懂这些快嘴在说什么并不容易，也许只能听懂一两个词。

要想达到弗兰·卡波和肖恩·香农这样快的语速，需要投入大量的时间。这些语速飞快的人似乎特别擅长将多词组合进行组块（与 SF 处理数字的方法类似）。但事实上，我们都经常依赖于大量的常用词组合。计算语言学家利用计算机梳理了几百万个口头语和书面语单词，发现我们所说的话有一半都是由多词语块构成的。[22] 它们有多种形式，包括 everything but the kitchen sink（几乎所有东西）和 kick the bucket（一命呜呼）这样的习语，还有像 I think（我认为）和 come in many shapes and forms（多种多样）这样经常使用的固定单词序列，carsick（晕车）和 fire-engine red（鲜红色）这样的复合词，以及 nice weather we're having（今天的天气很好）和 how are you（你好吗）这些老生常谈的社交用语。因为我们已经记住了经常遇到的大部分多词组合，所以我们在说话时可以轻松地将它们作为"预制语块"来使用。

这对母语人士和非母语人士都是如此。迈克尔·斯卡平克（Michael Skapinker）参考了莫滕和他在希伯来大学的同事因巴尔·阿尔农（Inbal Arnon）的一篇文章，在《金融时报》上发表了一篇关于英超球队的外籍经理使用多词语块的文章。[23] 他指出，这些经理在试图快速拼凑单词时会犯各种各样的错误，但如果他们使用经常在足球语境中出现的多词序列，便不会犯任何错误。比如，伦敦托特纳姆热刺（Tottenham Hotspur）前足球俱乐部经理、阿根廷运动员毛里西奥·波切蒂诺（Mauricio Pochettino）在一次采访中说了一句不标准的话："We miss a little bit to be more aggressive（我们错过一丁点就更有侵略性了）。"然后，他继续说了一句体育行话中常用的完美多词语块："I think we need more consistency（我认为我们的状态需要更稳定）。"结论是，无论我们是母语人士还是非母语人士，在面临"事不宜迟瓶颈"压力时，都会利用多词语块让讲话更加流利。

我们讲话虽然通常都很流利，但也绝非毫无瑕疵。就像其他技能一样，无论我们是否说母语，都会不断地犯错误。不过，作为听众，我们通常专注于理解他人想表达的意思，而不会在意他们是如何表达的，所以这些小口误大多不会引起注意。一名成年人大约每说 1000 个词就会发错一个音或用错一个词，而儿童出现错误的次数是成年人的 4 到 8 倍，也就不足为奇了。[24] 如果我们以正常语速说话，每分钟大约会说 150 个单词，也就是说我们平均每 7 分钟就会出小差错。这个估算还不包括说话时常犯的其他错误，比如中途停顿，重新措辞来修正我们刚刚说过的话，或者在犹豫和停顿（这种现象普遍存在）时拼命用"嗯、哦、呃"来填补空当。可以想见，我们在疲劳、紧张时或在吃了药、喝醉酒的情况下，说话更容易出错。

然而，心理学家认为这些语言错误是一个信息宝库：口误如何产生揭示了语言准时生产的一些内部机制。事实上，这些口误与不同层级的组块完全匹配，表明了语块产生之前存在相互干扰的现象。我们会在个别发音上犯错误，如 m 音发得太早，把 a real mystery（一个真正的谜）说成 a meal mystery（一顿饭的秘密）；我们还会颠倒词序，如把 a job for his wife（他妻子的工作）说成 a wife for his job（他工作的妻子）；我们甚至会互换短语，如将 if you'll stick around, you'll meet him（如果你待在原处，就会遇到他）说成 if you'll meet him, you'll stick around（如果你遇到他，就会待在原处）。[25]

对话舞蹈

仿佛"事不宜迟瓶颈"给我们的语言系统带来的困难还不够，我们还面临一个更大的挑战：对话以极快的速度来回切换，我们每个人都快速地轮流说话和倾听。正如猜谜不是一个人的游戏，语言也不是一个人的独白。[26] 对话不仅仅是一连串的独白；相反，语言类似于即兴双人舞，其中快速、协调的交流是关键。但是，和"事不宜迟瓶颈"一样，语言科学直到最近还是倾向于忽视我们的对话舞蹈（conversational dancing），把语言当作我们的自言自语，就像莎士比亚笔下的哈姆雷特，独自说到深夜，没有任何人回应。[27]

但日常语言的实际情况却大不相同。斯蒂芬·莱文森（Stephen Levinson）是一位语言人类学家（也是一位天才雕塑家），他的研究完美地展示了两者之间的差异。他和同事一同证明，在不同的语言和文化背景下，从丹麦语和荷兰语到老挝语、耶里多涅语（Yélî Dnye），人们话轮转换（turn-taking）的速度惊人：平均而言，从一个人说完话到另一个人开始说话的间隔只有五分之一秒（200 毫秒）。[28] 作为参照，我们的大脑识别一张熟悉的面孔所需的时间大致相同；大声说出一个书面语词需要大约半秒；说出图片上某个熟悉物体的"名字"，比如一只狗，需要整整一秒。因此，为了在轮到自己时能够"准时"讲话，听者需要在说话者说完之前就开始准备。

为了实现这种快节奏的话轮转换，我们首先必须足够了解说话人在说什么，才能正确地回应：说话人所说的是一个请求、一个问题，还是某种形式的陈述？具体的请求、问题或陈述是什么？接下来，我们需要找到各种"话轮结束"的线索（内容、音调，甚至面部表情），以此预测说话人停止说话的时机，这样我们就可以在他们讲话结束后开始说话了（图 2.1）。与此同时，我们必须不断地将说话人当前在说的话与以前说过的话，以及我们对说话人和世界的了解结合起来。我们需要迅速做出反应，否

图 2.1　话轮重叠的时间进程图示。在说话人开始讲话后不久，（1）听者开始计划自己的说话轮次，（2）预测当前话轮何时结束，（3）利用当前话轮结束的线索启动自己的话轮。灰色竖条表示话轮之间大约有五分之一秒的短暂停顿。（苏妮塔·克里斯蒂安森绘图，改编自莱文森在 2016 年绘制的版本。）

则，任何延迟都可能会被解读为别有含义。例如，如果说话人提出请求与我们的回应之间有较长的停顿，那么即使我们愿意提供帮助，对方也可能认为我们并不情愿。快速的对话转换并不罕见。随意的谈话通常都像连珠炮似的，主要由每轮两秒左右的短对话组成。然而，尽管处在如此大的时间压力下，我们的话轮转换通常也不假思索，而且表现得非常出色，我们甚至可以（经常有点烦人）提前说出对方想说的话。

尽管面临各种挑战，人类却是技艺娴熟的对话舞者，完全能够应对复杂的情况。但有一个问题：旋风般的话轮转换速度以及"事不宜迟瓶颈"带来的压力，常常会让我们无法真正领会所听内容的细节，而只有一个粗略的印象。事实上，我们的理解往往极其肤浅。[29] 例如，当被问到"摩西在方舟上带了多少种动物？"时，大多数人回答"两种！"，没有注意到任何异常。在方舟上的当然是挪亚而不是摩西，但我们的大脑只是对所听到的话进行"足够的"理解，将其对应上正确的《圣经》故事，这通常就"够好"了。

猜谜是为了传达我们的信息。同样，在处理语言时，我们并不关心听到的每一个词及其意思，而是关注说话内容的整体要点。我们并不试图完整地理解听到的每句话，而是得出一种足以应对手头任务的解释。这个策略在大多数情况下都很有用。如果这个策略没有发挥作用，那么我们可以要求对方澄清，做出困惑的表情，或者使用一个容易发音的简短单词表示疑惑，比如英语中的"huh?"、西班牙语中的"eh?"，还有韩语中的"응?"。

在各种不同的语言和文化中，都有这种表示我们在前一轮对话中错过了一些信息的词。[30]

当然，这意味着正常的日常对话完全不像我们在书中读到的或在电视节目和电影中听到的对话那样，有序甚至充满诙谐。现实生活中的交流比较凌乱，有时人们话只说一半，有时谈话会被打断，有时人们会自说自话，不管别人说什么。以下是丽莎、凯文这对兄妹和丽莎的朋友玛丽在新墨西哥州的阿尔伯克基进行的面对面交谈。[31] 对话围绕着玛丽最近带生病的孩子去急诊室这件事展开（对话中时间重叠的部分用括号 ［ ］和缩进表示）。

玛丽：	唉，他的体温高达 40（摄氏）度。
丽莎：	……那也太高了。
凯文：	他很幸运 ［没有］——
丽莎：	［他在］那待了多久？
丽莎：	那么 ［高］。
凯文：	［多］久，
凯文：	……你知道吗？
玛丽：	呃，是问他烧多久了？
凯文：	［对］。
玛丽：	［我不］知道。
凯文：	……那太危险——
凯文：	我是说 ［太……］——
玛丽：	［医生］说，

丽莎：　　　　　　［因为他可能会］，

丽莎：　　　　　　　　　　　　脑损伤。

　　在这段对话中，话轮快速转换，说话者互相打断对方，整个交流只持续了不到 12 秒，因此他们在多个单独的话轮中都想继续说自己想说的话。为了让对话正常进行，参与对话的人使用了"反向通道"（back-channelling）等各种技巧，从而表示他们的意见一致（比如说"哼""嗯"这些语气词，还有像凯文所说的"对"）；还采用了"修正"策略以修复潜在的误解（如前面提到的"嗯"或提出澄清的请求，比如玛丽问的"呃，是问他烧多久了？"）；以及"交互协同"（interactive alignment）技巧，即说话者借助完全相同的单词、具有相同含义的其他单词或类似的多词语块来循环使用彼此的语言形式（比如凯文和玛丽都使用了"知道"这个词，丽莎和凯文都说了"多久"）。这些会话策略不仅仅是口头上的，通常还包括手势和面部表情，比如点头表示同意，皱眉表示困惑。总之，这些合作手段可以帮助我们理解对方，并在我们的话轮通过"事不宜迟瓶颈"时迅速纠正误解。

※※※

　　我们很容易把看似混乱的随意对话想象成优美文章的一种劣化形式，但语言的自然状态是互动对话，而不是独白。然而，这样混乱的互动怎么能具有意义呢？仅仅是复杂的互动本身肯定是不够的。否则，我们就不得不将意义赋予太阳系中的行星，因为它们围绕太阳沿着椭圆轨道转圈，跳着复杂而协调的舞蹈。再一次，我们将在猜谜游戏中寻找答案。

我们不会先把想说的话在心里想清楚，再决定如何把我们的想法翻译成英语、印地语、斯瓦希里语或我们说的任何语言。相反，我们会在当下共同即兴创作意义，通过"事不宜迟瓶颈"来解决当下的沟通问题。虽然我们只注意到构成交际冰山一角的单词、短语和句子，但隐藏的部分，即我们对文化、社会结构、世界、彼此的了解，对我们的相互理解至关重要。事实上，只有首先将语言视为对话，其次才是独白，我们才可能理解语言的意义。从根本上说，语言的核心是互动、流畅、合作：语言猜谜游戏是优美协调的对话舞蹈，一步一步合拍地与他人在匆忙中共同创造意义。

第三章

不能承受的意义之轻

> 想一想我们称之为"游戏"的过程。我指的是棋盘游戏、纸牌游戏、球类游戏、奥林匹克运动会等等。它们的共同点是什么？……不要用大脑去思考，用眼睛去观察！……通过观察，我们看到了一个各部分相互重叠交错的、复杂的相似性网络——有时是整体相似，有时是细节相似。……我想不出比"家族相似性"更好的表达来描述这些相似性了。
>
> ——路德维希·维特根斯坦，《哲学研究》(1953)

捷克小说家米兰·昆德拉在其成名作《不能承受的生命之轻》中探讨了人生在世面临的短暂、无常和不确定带来的迷惘。这是每个人"不能承受的生命之轻"，是第一次也是唯一一次的戏剧排练，没有创作者，也没有终场谢幕——如果这场戏剧有意义的话，我们只能模糊地感知。[1] 但是，语言意义之"轻"不亚于生命意义之"轻"，语言具有惊人的灵活性、创造性、隐喻性。这种"轻"不仅仅存在于诗歌或抽象思维；在日常对话中，它无处不在，以至于我们几乎没有注意到它的存在。[2]

让我们以表示"轻"的 light* 这个词本身为例。我们可以用 light 形容一个早晨、一个房间、一场戏剧、一段音乐、一个包裹、一架飞机、一挺机枪、一个步兵营、一顿饭、一抹红色、一杯啤酒……它能形容的事物似乎不计其数。然而，所有这些能用 light 修饰的事物有什么共同点呢？哲学家和语言学家倾向于认为每个词语都有一个共同的"本质"。这个共同的本质可能是一个概念，并以某种方式呈现在我们的头脑中；也可能是一种现实存在的属性。因此，从这个角度来看，人们认为每个词的意思都以某种方式与语言之外的东西联系在一起，无论是我们思想的组成部分还是外部世界的属性。[3] 事实上，自柏拉图时代以来，哲学的主要关注点一直都是找出那些有助于理解人类状况的重要词语的共同本质。如果我们能够弄清楚"真理""价值""正义""善"以及"意义"本身的含义，那么似乎就能解决困扰我们的许多重要概念问题，并从总体上理顺我们混乱的思维。但是，我们很快就会看到，有关共同本质的这个想法是不切实际的，即使是像 light 这样的日常单词也如此。

一直到 20 世纪，哲学家大多遵循常识，即文字直接"指向"

---

*   light 作为形容词，大部分用法可以与中文"轻"对应，但有时也翻译为"明亮的""淡的""少量的"。——编者注

世界上的相应方面。毕竟，《创世记》中讲述了一个有关名字和事物的故事，情节简单但令人安心。这个故事可以一直追溯到亚当时代："神用土所造成的野地各样走兽和空中各样飞鸟，都带到那人（亚当）面前看他叫什么。那人怎样叫各样的活物，那就是它的名字。"[4] 圣奥古斯丁在解释如何向下一代传达词语的意义时，也采用了类似的观点："当他们（我的长辈）给某个物体命名，再相应地走向这个物体时，我观察到，并且意识到如果他们想指出某个物体，他们发出的声音就是这个物体的名字。"[5]

仅仅给特定的物体贴上语言"标签"，并不能解释这个词的含义。所以，当我们把一只叫菲多的狗叫作"狗"的时候，并不能告诉我们什么信息。"狗"是泛指所有狗、特定的这条狗、菲多所属的狗种，还是指家畜乃至哺乳动物这样的大类，甚至所有的生物？还有，为什么"狗"这个字指的是整个菲多，而不是指它的皮毛、胁腹、躯干、体形或吠叫的习性？[6]

不仅如此，用单词命名可见的物体或可观察到的动作，这一简单想法还有进一步的问题：在我们掌握的词汇中，许多单词都具有高度抽象的意义，不可能指向某个具体事物。就以刚讲的这句话为例，请注意，按照前面的命名方法来解释"不仅""还有"以及这句话中其他任何词的含义都相当困难。这些词是通过与其他词语的关系来体现其意义的——它们不只是使用了表达我们可以摸到、看到、听到的真实世界的"语块"。

尽管如此，人们还是很容易认为，每个单词（至少名词和动词）都一定有某种"东西"与之对应，即使它是模糊和神秘的。毕竟，我们在学校学过，名词应该表示事物，动词应该表示动作。每个词不是都有一个明确含义，对应外部世界的某个方面吗？[7]哲学家路德维希·维特根斯坦是我们在前言中讨论的"语言游戏"这一概念的提出者，他对这种想法提出了警告。很少有单词有某种主线含义或统一定义，将一个单词的所有用法联系在一起。例如，light 这个词的主线含义是什么？充其量在淡啤酒和淡奶油、轻风和轻松的言论、股票市场交易量小和交通流量小之间可能存在某种松散的隐喻联系。

不过，与猜谜游戏相似，这已经足够了：松散的隐喻联系足以让我们有效沟通。本章开头引用了维特根斯坦的著名隐喻，即语言包含了一种复杂的家族相似性模式。一些家族成员有独特的下巴，一些有共同的体形或步态，一些有特定形状的鼻子，诸如此类的不同组合。各成员间没有共同的本质，彼此都存在少量差异，它们之间只有交错重叠的相似模式。

清淡的三餐和小零食（light snack）显然密切相关，因为它们的热量都不高。同样，轻型坦克、轻型护卫舰和轻步兵在机动性强、移动速度快和装甲不足方面也有关联。纳瓦霍密语者对军事术语的命名也体现了我们调动语言资源的灵活性。例如，da-he-tih-hi（蜂鸟）指的是战斗机，而 jay-sho（秃鹰）指的是轰炸机；而 ca-lo（鲨鱼）指的是驱逐舰，lo-tso（鲸鱼）指的是战列舰。纳瓦霍语中没有军事术语，但考虑到人类玩猜谜游戏的能力，这些术语可以很容易地从现有词汇中选出来。就这一点而言，关于军事装备的词汇也经历了同样的过程。飞机"战斗"的概念是人类战斗的隐喻性延伸，而"战斗机"则是更进一步的延伸。战列舰当然是一种作战（最初用于陆战，后来扩展到海战）舰艇，这个相当笼统的描述被用来指代某种特定类别的大型军用船只。正是意义之轻、形式之变和隐喻特性，才使得现有词汇的意义能够跟上这个不断变化的世界。如果需要新的词汇，我们的猜谜能力能让我们构造出新词（通常是用旧的成分）。

我们通常不像昆德拉那样谈论生命之轻，也不谈论真正的意义之轻，但我们也可以大致理解这些更新颖的用法。而且，和"你比我猜"游戏一样，只要有"够好"的交流就能完成当下的任务。比如说，在"你比我猜"中，对方试图模仿在帝国大厦顶层拍打飞机的动作或者努力重现费·芮（Fay Wray）特有的尖叫，即使我们不太理解这些动作或声音，我们或许也能猜到这部电影是《金刚》（*King Kong*）。[8]

即使是最简单的单词，其复杂而又不确定的含义也让人感到既熟悉又困惑。毕竟，单词在词典里都有释义，而且释义相当简洁。难道我们不能通过查词典来了解一个新单词的意思吗？但仔细一看，就会发现并非如此。在《牛津英语词典》中，关于形容词 light 的词条有 20 多种含义，大部分又被进一步划分为更具体的义项。其中包括：

- 适用于比重（或原子序数）相对较低的元素；轻金属，即比重低的金属，尤指铝或镁。
- 承受小或相对较小的负荷。指船舶：载重少的，或

（通常意义上）空载的，没有货物的。

- 几乎没有动力或力量，温和的、不猛烈的；行动轻柔的，在无巨大压力或暴力的情况下移动、推动或操纵某物。尤其可以指巧妙的手段、轻快的步伐、轻风、少量用药。

还要注意，light 不仅仅是一个形容词。它还可以作为名词（turn on the light［开灯］，have you got a light?［你有火吗?］，seeing the light［最终明白］，the light of reason［理性之光］）和动词（light the fire［生火］，light a movie set［照明电影布景］，light the Christmas tree［点亮圣诞树］）和副词（treading lightly［轻轻地走］，snowing lightly［下着小雪］）使用。意义的多样性和它们之间纵横交错的隐喻联系十分显著。

词典中的词条并不是要提炼出该词单一的、本质的字面意义，而是要对它各种各样的用法进行概括，并主要通过例证加以解释。因此，在任何特定场合解释 light 时，我们都需要利用交际冰山中的隐藏部分：我们对特定场合具体情况的共同经验、对彼此的了解、关于世界的背景知识，以及之前遇到 light 一词时所处的语境。不仅如此，如果不触及交际冰山的隐藏部分，我们连词典释义本身也无法理解。毕竟，词典只是为我们提供了有用的提示和例子，期望我们"了解大意"。在力求明确的同时，词典编纂者也不可避免地被迫使用语言猜谜游戏来传达单词的意思。这就是语言的运作方式。语言的丰富性和复杂性绝不是任意的。恰恰相反，意义是一系列创造性类比的产物，比如将 light colors（浅色）、light liquids（轻质液体）和 light suppers（清淡晚餐）联系在一起。即使是最平淡无奇的词语，其意义也是通过一代又一代语言使用者的不断努力而建立起来的，我们每个人都被赋予了非凡的诗意想象力。

我们已经考虑了 light 这样的形容词。同样的观点也适用于所有类型的单词。本章开头引用了维特根斯坦的话，指出将各类游戏连接在一起的关系网十分复杂。游戏可以是竞争性的（如网球），但也不一定充满竞争；它们可能涉及团队（足球），也可能不涉及团队（台球）；可能只有单个玩家（单人纸牌游戏），也可能有几十、几百、几千名玩家（大型多人在线游戏）；游戏可能有明确的规则（象棋和围棋），也可能是开放性、协作性的（如《龙与地下城》这样的角色扮演游戏）。参与这些游戏可能需要一定的体力或口才，也可能只是在棋盘上移动棋子，或者是在虚拟世界中建造一个城市，管理一支足球队，指挥一支军队。的确，随着新型游戏式活动的出现，游戏的意义不可预测地向新的方向不断延伸。

词义的创造性变化是由日常生活中的即时交流挑战所驱动的，而不是词典编纂者精心规划的。但有些力量确实让意义在某种程度上变得有序。意思相近的词往往会分开使用，找到各自适用的场合。想想表示味道的 smell、scent、perfume、stink 之间或者表示笑的 smile、grin、smirk、simper 之间的细微差别——实际上，真正的同义词在英语或其他语言中十分罕见。和生物物种一样，没有两个词可以长期占据完全相同的位置——如果两个词都要继续存在，它们就必须承担不同的角色。例如，scent 比 smell 更令人愉悦且不易察觉，而 stink 则完全相反，令人不悦。perfume 大多是经过精心设计的，而 scent 则并非如此。类似地，grin 表示灿烂的开怀大笑，smirk 指自鸣得意的笑，而 simper 则是指谄媚迎合的笑，也许并不完全真诚。为了保持其在沟通工具箱中的地位，每个单词都需要承担独特的交际任务。

词语在松散的联系中共同发挥作用。想想 the front of（前面、正面）这样的日常短语的意义是如何随着我们谈论的内容而发生变化的。房子、信封、头部、身体、队列、硬币、手表、一个班级的学生或一群跑步者的前面或正面——所有这些用法只是松散地、以隐喻的方式联系在一起；但一旦我们知道了 the front of 的含义，便也能猜出 the back of（后面、背面）的含义。同样，灯泡、钻石、人物、对话片段、电影配乐等各种各样的东西可以是辉煌夺目的，也可以是相当乏味的；一部喜剧，一种情绪，或者某个冬日，可以是光明的，也可以是灰暗的。这种模式是局部且不规则的。我们可以说 the front of a shop（商店的前面）和 the back of a shop（商店的后面）——虽然也有 shop fronts（店面）的说法，但出于某种原因，并不存在 shop backs（店背）这种说法。我们可以触摸头的前面（front）、后面（back）、侧面（side）；某个想法可以萦系在我们的心头（in the front of our mind），也可以被我们置之脑后（in the back of our mind），但不能说在我们的心侧（in the side of our mind）。因此，当词语从一种语境转移到另一种语境时，词语之间的这些竞争力量就会不断地使相关单词的含义达成部分一致。这样，语言就不仅仅是随意的单词组合，而是变成了一个部分连贯的系统，传达出我们想说的话。这些部分连贯的意义网络在不同的语言中以不同的方式发展：light blue（浅蓝色）在西班牙语中是 azul clara；a light jacket（一件轻便夹克）是 chaqueta ligera……这就使得每种语言都非常独特。因此，永远不可能有完美的翻译，并且计算机对人类语言的理解很难超过大致的层面（本书后面会提到）。

我们用一大堆凌乱的隐喻来描述世界，并且经常使用物理世界的语言来帮助描述更抽象的领域，这很好地体现了语言的局部模式。[9]当我们说某个想法萦系在我们的心头或被我们置之脑后时，就会出现这种情况，我们描述的显然是一个非空间实体。与之类似，我们会说想法或记忆"埋藏"在我们的脑海深处，偶尔会浮现到"表面"，从而变得易于理解；想法藏得越深，就越难显露出来。[10]我们会想象，想法一旦到达精神层面，就可以用语言包装起来，"发送"给另一个人（或"传播"给许多人），它们被拆开并放置在接收者的大脑中——之后可能会被埋藏起来，也可能就此遗忘在接收者的脑海"深处"（正如我们在第一章看到的，这种关于交流运作方式的观点会给人带来危险的误导）。

我们无时不在使用描述可观察的实体的语言来谈论抽象的概念，一旦意识到这一点，我们会非常吃惊。想一想我们是如何论辩的。我们"寻找"彼此的逻辑中的"漏洞"，就像在毛衣上找破洞一样。我们的论证可能会有需要"填补"的"空白"。论点可能"站不住脚",也可能"坚实有力"。我们在辩论中会产生推理"链"（可能会相互"纠缠不清"）或论证"步骤",其中一些可能是"牵强"的。有时,相互矛盾的论点就像卷入了一场中世纪围攻战:一个理由可能试图削弱（chip away at、undermine）另一个理由。论点可能有坚实的基础（solid foundation）,也可能完全得不到支持（unsupport）;我们的论点可能需要得到支撑（shore up）,否则就会有完全崩塌（collapse）的危险。

在谈论思想、意义、论点和其他任何事情的各种复杂方式时,我们仍然很容易以为一定有一种"正确"的方式:每个单词都必须有其真正的基本含义,并以此为源头,不断扩大为一个隐喻三角洲。也许人们会认为这个本质就是每个词的字面意思,但我们认为并没有根本的本质,只有源源不断的即时交流创作——一系列有着松散联系或部分关联、变幻无穷的猜谜游戏。和"你比我猜"游戏一样,我们的目的是利用之前的经验和创造性技巧在此时此地进行交流。我们说话和思考的方式都是混乱交错的。认为语言具有本质意义并以某种方式显示出我们如何看待世界（或我们应该如何看待世界）,这是一种错误的观念。语言并不是对单一、连贯的现实情景或模型进行封装,而是不断调用大量不同且往往不可调和的模型。[11] 在寻找词语真正含义的本质时,如果我们不考虑语言中纷繁复杂的部分,我们将一无所获。

意义的肤浅

学龄前儿童每天要学习十几个新词，他们对这些单词含义的理解足以自如交流。他们用这些词对好坏对错给出各种意见，并且动不动就大喊"这不公平！"。但是学龄前儿童和我们其他人怎么能真正知道这些词的含义呢？毕竟，几千年来，最杰出的思想家已经发现，这些日常观念——善良、是非之分、公平的本质——都陷入了概念的流沙之中。学龄前儿童如何掌握了哲学家都难以分析的概念？

答案是，哲学家在努力为"深层"概念提供一般理论，这些概念应适用于任何可能的情况和语境，从而解释善、公平、因果、思维等概念的基本含义；但儿童和成人对意义的理解只要足够应对当前特定的交际挑战就可以了。要想成功地沟通，叫喊"这不公平！"时一定要表达出一个孩子在分到一块较小的蛋糕或被迫排队等候时的愤怒。但这种交流并不需要孩子（或不幸的父母）了解关于公平的一般理论。事实上，让我们成功沟通的"意义"往往出乎意料地肤浅。

例如，想想孩子们如何使用"生"和"死"这两个字。[12]对于这个问题，哈佛大学的发展心理学家苏珊·凯里（Susan Carey）与女儿伊丽莎（Eliza）进行了以下有启发性的愉快交流。当电视节目中有人被枪杀时，伊丽莎（3岁6个月）说："我看得出来他死了，因为他一动不动。"这似乎与我们对死亡的定义非常相似。然后，苏珊问起了伊丽莎的玩具熊：

伊丽莎：……她会一直活着。

苏珊：她活着吗？

伊丽莎：不，她死了。怎么可能呢？

苏珊：她是活着还是死了？

伊丽莎：死了。

苏珊：她以前活着吗？

伊丽莎：不，她好像死了，又好像没死。她有时会动。

接下来是一个令人惊讶的问题：

伊丽莎：死人怎么上厕所啊？

苏珊：什么？

伊丽莎：也许地下有卫生间。

苏珊：死人不用上厕所。他们什么都不做，就只是躺
在那里。他们不吃不喝，所以也不用上厕所。

伊丽莎：但是他们在死前吃了，也喝了，所以他们必
须在死之前上厕所。

当然，伊丽莎对生和死并没有清晰明确的概念。她的玩具
熊没有生命。但话又说回来，她的熊有时会动，所以它一定是
活的，或者可能处于某种中间状态。而死去的人似乎仍然拥有正
常的身体机能。在另一个场合（伊丽莎 3 岁 8 个月的时候），她
惊呼道："雕像是死的，但你还是可以看到它们，这是不是很有
趣？"她补充道，自己的爷爷不在了，所以看不到他了。

显然，伊丽莎十分善于观察和推理。她还擅长玩语言猜谜

游戏。人们总是把生和死挂在嘴边，但他们说的到底是什么？死去的东西似乎不会动，我们也无法看到死去的人。从成年人的角度来看，只有生物有机体才会经历生与死的观念似乎非常重要；但对伊莉莎来说，这一观念似乎并不存在，或者说只是次要的。真正令人惊讶的是，在与学龄前儿童互动时，我们大多数人丝毫没有察觉到他们对词语的理解与我们截然不同。就像理解猜谜游戏中的动作和手势一样，孩子们学会了足够地理解他们听到的单词在当前特定语境的含义。被击中后一动不动的那个人可以被称为死去的人。我们无法再见的亲人和宠物也都死去了。学龄前儿童可以很好地使用这些词语，为周围的成年人创造自己的"你比我猜"——事实上，他们用词非常恰当，在日常对话中几乎从未出现过什么严重的概念性矛盾（比如玩具熊既是活的又是死的）。

但成年人在交流时也会出现同样的问题。"活着"到底是什么意思？典型的生物学教科书中只能给出一系列描述：生物生长、繁殖、进食和排泄，调节其内部化学组成和温度，由一个或多个细胞组成，通过基因传递特征，等等。这种定义也存在一些棘手的问题，比如病毒（不是由细胞构成的，不能独立繁殖）、类病毒（在宿主植物内自主复制的环状单链 RNA）、朊病毒（感染性蛋白质），甚至未来的机器人（没有生命的机器是否可能有意识？），它们有生命吗？生命的定义，就像善、正义、对、错的定义一样，几千年来一直争论不休，悬而未决。我们对生命的概念充满了矛盾：来生难道不也是一种生命吗？如果是这样的话，我们是否应该摒弃大部分生物标准呢？在想象的来生中，人并不是真的死了，不是吗？人体低温冷冻又意味着什么呢？生命暂停是属于生还是属于死，抑或是介于两者之间？

在我们日常交流所参与的绝大多数语言猜谜游戏中，这类问题大多无关紧要——这些棘手的情况不太会出现在日常对话中。重要的是，在处理日常生活中的实际情况时，我们能够应对自如。我们谈起活着的亲人或死去的宠物时，不需要对生命进行精神上的定义，就像我们在模仿"金刚"时不需要对大猩猩进行生物学上的定义一样。

与"你比我猜"玩家使用手势类似，学龄前儿童和成年人用充满创造性和矛盾性的方式使用词语，设法应对当前的语言游戏。在学习一门语言的过程中，我们是在学习用词语进行创造性的对话游戏。参与这些对话游戏需要关注预期的交流目的、所处的环境、之前的语言用法——交际冰山的隐藏部分与词语本身一样重要。

维特根斯坦让我们想象一个建筑工和助手之间的简单语言游戏，在这个游戏中，建筑工发出"slab!"这样的指令就足以使施工顺利进行。也许视野中只有一个模糊的板状物体，所以"slab!"指的一定是那个物体。该对话的参与者无须担心"slab"一词所代表类别的精确界限（它是否包括瓷砖、混凝土砌块、扁平的石头？），同样，也不需要精确地理解"slab!"到底说了些什么。即使只有这一个词，也可能有很多变体和含义："把它给我！""马上拿来！""把它轻轻递给我！"。在稍有不同的语境中，"slab!"还可能表示"用水泥把它固定住！""把它弄碎！"，或者只是"把它拿走！"的意思。重要的是，根据周围的特定物体和手头的任务，助手知道要去做什么。

在维特根斯坦看来，特定情境下的交流是语言的起点，是为了达到当下的目的而足够好地进行交流游戏。学习语言并不需要啃下一整本词典。正如我们看到的，即使是像 life（生命）这样的科学术语，对应的词典条目也出奇地死板老套。它们提供了提示、线索和例子，但剩下的就需要我们利用创造性的想象力和经验，克服当下的交流挑战去完成了。

我们提到过，学龄前儿童每天大约学习 10 个单词，也就是说，他们的词汇量以惊人的速度增加。但他们并不是囫囵吞枣地去理解一个个单词的意思——相反，他们在逐渐学习用越来越多的"工具"来帮助自己与周围的人交流和相处。所以，虽然孩子每天大约增加 10 个单词的词汇量，但学习如何在对话中使用单词的过程是缓慢而渐进的，"会"与"不会"不是非此即彼的。等待完全成熟的含义最终在孩子的大脑中扎根，是没有任何意义的。

语言是猜谜游戏的观点有助于我们理解一些看似费解的实验结果。请看以下情景：一名两岁的儿童和一名成年实验者正在玩各种各样的物体，有些是孩子熟悉的，有些则是不熟悉的。实验人员编造了一个孩子从未听过的词来指代某个不熟悉的东西（例如"cheem"）。孩子聪明地推断出这个词很可能指的是他不熟悉的那个东西（因为孩子知道其他东西叫什么）。在短暂的互动中，孩子能够通过排除法将"cheem"这个物体递给实验人员。但这个孩子究竟学到了什么呢？一种可能是，孩子可能就像猜谜游戏中专注的玩家一样，在这种具体的互动中理解了某个信号的意义，但孩子对这种推断的记忆十分短暂。另一种可能是，苏珊·凯里认为，也许孩子已经提出了一个有关"cheem"基本含义的假设（一个应该适用于所有语境的含义），以后每次提到"cheem"时，这个假设都会得到反复检验和更新。哪种可能性是正确的？实际上，实验数据相当明确：即使在五分钟后再次进行测试，孩子也基本上忘记了当时能巧妙理解的单词。猜谜游戏是语言的起点，但猜谜游戏在此时此刻的意义往往很快就被遗忘了（尤其是两岁的孩子）。[13]

　　意义转瞬即逝，往往只在交流的瞬间浮现（你一定是指那个奇怪的东西），但它会随着时间不断积累。在无数次的交流中，我们的大脑会逐渐将当下形成的杂乱意义整理整齐：提炼、修改、重组词语的用法。隐喻使词义跨越鸿沟（房屋前后、队列前后、心头和脑后），不仅诗歌语言如此，日常语言也是如此。经过一代一代的说话者，词语被赋予了新的含义（以前 tweet 一词只用于表示鸟类"叽喳"，而现在也可表示人们"发推特"），产生并打破了无数的模式。其结果是产生丰富的集体见解——一组意义肤浅、充满矛盾，但仍然非常有用的惯例，这些惯例不是围绕深刻的科学或哲学理论形成的，而是由我们在日常对话中实际想要传达的东西形成的。

任意性的边缘

用语言学家的行话来说，猜谜游戏中的手势通常是"象似性的"（iconic）：看起来就像它们的指示物。我们希望捶打胸脯的动作会让人想起大猩猩，我们试着模仿僵尸摇晃行走的动作、超人的起飞姿势、霸王龙独特的"小短手"。如果不使用手势，我们可以尝试发出嗖嗖声、鸟鸣声和咆哮声，从而在听众的脑海中唤起正确的事物。正如在第一章所见，我们很擅长这样的声音猜谜游戏。

如果人类语言源于猜谜游戏（无论是用手势还是声音），那么我们应该能看到符号和世界之间仍存在一定的象似性。在许多手语中，我们可以看到手势和含义之间的直接联系。例如，在美国手语中，表示"书"的手势是张开手掌，就像打开一本书；表示"树"的手势是将一条手臂垂直举起（树干），手指张开（树枝），另一条手臂水平伸出（地面）。同样，在口语中有像嗡嗡、吱吱、哗啦和咔嗒这样的拟声词，这些声音能让我们想到其所指的事物。然而，如果语言与猜谜游戏如此相似，那么这种"语音象征"不应该无处不在吗？但语音象征似乎只是例外，而非普遍规律。看看在不同语言中表示狗的词汇：chien（法语）、perro（西班牙语）、hund（丹麦语）、anjing（印尼语）、собака（俄语）。这些词的发音并不相似，也不像狗的吠叫或低吼声。总而言之，我们的困惑是：为什么每种语言都不用拟声词"汪汪"的某种变体来指代狗呢？

一个多世纪以来，语音和语义的任意性一直都是语言学的核心假设。[14] 从语言是猜谜游戏的角度来看，把语音和语义的关联起来似乎只会让交流变得更容易，那么这种任意性是如何产生的呢？答案显而易见，就是我们所说的"漂变"（类似于生物学中的遗传漂变）。由于语音和语义都随着时间不断变化，任何象似性都可能越来越模糊。随着时间的推移，声音（或手势）会逐渐简化和定型，但同时也会不断削弱，我们将在下一章再谈这一点。回想一下尼克一家玩"你比我猜"时将双手搭成尖塔状。这个手势象征着船头在水中破浪前行，但如果重新定义这个手势，用来代表"哥伦布""美洲"或一般意义上的"探险"时，象似性就消失了。

抛开这些不谈，我们的朋友和长期合作伙伴——兰开斯特大学和阿姆斯特丹大学的教授帕德里克·莫纳汉（Padraic Monaghan）指出，还有一种积极的力量在推动着语言任意性的发展。[15] 他认为如果声音和意义的结合过于紧密，实际上会使交流更加困难（即使这更有利于学习语言）。要想知道原因，让我们假设每个品种的狗都是通过模仿它们的叫声来命名的。但是秋田犬、比格犬、牧羊犬和腊肠犬的叫声听起来非常相似，我们很难区分。语境线索（比如我们在犬展或公园）可以告诉我们说话人正在谈论狗，但不太可能帮助我们确定是哪个品种的狗。帕德里克的观点进一步推动了这一想法。语境线索让我们知道说话人可能想表达什么（秋田犬、比格犬、牧羊犬），而声音/手势线索让我们分辨说话人使用的具体单词（甲虫［beetles］、比格犬［beagles］、教区执事［beadles］）。因此，给定一个语境和一些特定的声音／手势，我们就可以非常准确地确定这个单词（此处是比格犬）。事实证明，这类观点可以用第一章中提到的香农信息论的数学方法进行概括。为了使交流达到最佳效果，任何两个交际线索来源（此处是语音和语境）都需要尽可能独立，这样才能相互补充，而这反过来又意味着会削弱语音和语义之间的联系。从这个角度来看，语音和语义之间（相当）任意的关系是由有效沟通的持续压力所驱动的。

约翰·威尔金斯（John Wilkins）是 17 世纪的一位牧师和学者。他完全不了解什么是有效的交际系统，但他构想了一种语言，在这种语言中，字母应该精确、系统地映射到意义上（见图 3.1）。[16] 例如，植物都应该以字母 g 开头，动物都应该以字母 z 开头。第二个字母进一步细分：叶类以 gɑ 开头，花类以 ga 开头，种皮以 ge 开头，灌木以 gi 开头，乔木以 go 开头。随后的字母再进一步缩小类别。然而，如果依照帕德里克的方法，这种语言在实践中可能会造成可怕的混乱，因为语境线索（我们在花园里谈论植物时）对区分差异细微的植物词汇没有任何帮助。翁贝托·埃科（Umberto Eco）指出，威尔金斯在阐述他自己的系统时，无意之中例证了这个陷阱，错误地将 gape（郁金香）写成了 gɑde（大麦）。[17] 威尔金斯精确地将字母或声音与意义结合起来，创造了一种无法使用的人工语言。[18]

事实证明，我们在符号和意义的联系中发现的极大的任意性并不是自然语言的缺陷，而是一种至关重要的优势。不过由于

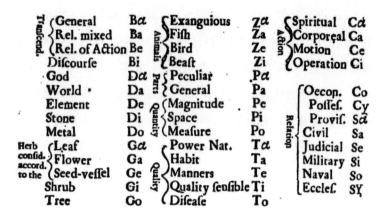

图 3.1　威尔金斯奇怪的"哲学"语言片段。威尔金斯把万事万物分为四十多个一般类别，包括习惯、特殊部分、教会、礼仪、灌木和动作等。

在猜谜游戏中，符号与其所指通常具有相似性，那么如果语言源于猜谜游戏，人们可能还想知道，通过仔细的观察，是否会在语言中发现象似性的痕迹。

在个别情况下，单词的发音和意义似乎相关——一些词族中的词不仅含义相似，发音也相似，如 slither（滑行）、slip（滑落）、slide（滑动）、slick（光滑的）、slimy（黏滑的）等。但要了解世界各种语言的词汇之间是否存在更系统的联系，我们需要采用"大数据"的方法。在一次国际合作中，莫滕和他的同事研究了世界上约 7000 种语言中的近三分之二，对每种语言的 40 到 100 个单词进行了分析。[19]这些分析应用了最新的统计方法来确定某些词义是否与某些语音相关联——这种关联是跨越地域的，在有些地区之间，任何音义关联都无法用共同的历史来

语言游戏

解释。

研究结果表明，音义关联仍然存在，但这些关联很微妙。事实证明，即使在来自不同大陆的不相关语言中，一些声音也会更频繁地用于指代某些概念和想法。例如，如果随机选择一种包含红色概念的语言，那么它的单词中出现 r 音的可能性较高，这并非偶然。经过分析，研究者发现有多达 74 种关联。举几个例子，与"舌头"有关的单词往往有字母 l 或 u，与"圆"相关的单词经常带有字母 r，而表示"小"的单词常带有字母 i。在某些情况下，这种关联是反向的，即我们在表达某些含义时，通常会避免使用特定的发音——例如，代词"我"和"你"往往会避免使用 p、t、s 的发音。[20]

音义关联从何而来呢？由于这些关联跨越了不相关的语言群体，所以音义关联不可能来自语言间的历史联系。那么，某类声音和某类意义之间一定存在某种内在联系。如果这是正确的，那么非词（non-words）可能并不像我们想象的那样毫无意义，这不仅仅是因为它们与我们所说任何语言中真实存在的单词相似。近一个世纪前，伟大的德国心理学家沃尔夫冈·柯勒（Wolfgang Köhler）进行了一项研究，结果表明事实的确如此。[21]

假设，在一个"视觉猜谜游戏"中，我们看到一个尖尖的星形和一个略呈圆团状的图形（见图 3.2）。哪个形状叫"唧唧"，哪个形状叫"布巴"？如果语音和语义之间的联系是任意的，那么无论哪种选择都是一样的：声音不会告诉我们哪个图形和哪个单词对应。但几乎每个人都觉得"唧唧"应该指

图 3.2 "唧唧"还是"布巴"? 你来决定!

尖锐的形状,而"布巴"应该指圆润的形状。爱德华·哈伯德(Edward Hubbard)和著名视觉科学家 V.S. 拉马钱德兰(V. S. Ramachandran)对这些形状做了相关研究,结果 95% 的美国英语使用者都有同样的感觉。不仅如此,"布巴–唧唧"效应并不仅限于英语使用者或工业社会。生活在纳米比亚北部的半游牧民族辛巴人(Himba)也是如此,他们说的是属于班图语系的辛巴语(Otjihimba),与印欧语系完全无关。[22] 与此类似,甚至在尚未学会任何语言的 4 月龄婴儿身上也体现了音形映射关系(sound–shape mappings),虽然这种联系较弱。[23]

这些音形关联又从何而来? 莫滕和他的合作者阿拉什·阿里亚尼(Arash Aryani)和埃琳·伊斯比伦(Erin Isbilen)想知道我们的情绪状态是否会产生一定影响。[24] 毕竟,"布巴"和圆润的形状似乎都让人感到很平静,心理学家称它们的情绪唤醒水平低。相比之下,"唧唧"和尖锐的形状似乎传达了活跃和紧张的情绪,情绪唤醒水平高。实验中,人们的确认为"唧唧"(以及类似的单词)和尖锐的形状比"布巴"和圆润的形状更容易唤起情绪。然后,研究小组创造了一组唤醒水平各异的非词。果不其

语言游戏

然，唤醒水平高的非词与尖锐的形状有关，而唤醒水平低的词与圆润的形状有关。因此，至少有一些音义关联可能是通过我们的情绪反应来传达的。从语言是猜谜游戏的角度来看，这正是我们应该期待的那种关联。无论是利用符号与所指的相似性或回顾之前的猜谜游戏，还是利用我们共同的情绪反应，无论猜谜游戏玩家与搭档有什么共同点，有创造力的玩家都可以加以利用。这些力量与其他力量相互叠加，因此，从几代人的猜谜游戏中产生的语言将表现出它们带来的深刻影响，产生相互关联的复杂语言模式，其中既有规律又无序。

完全理性的语言

猜谜游戏之所以值得一试，是因为其不可预测的创造性。最佳玩家是那些最具创造力的人，死板、单一、老套的玩法（例如，总是一个音节一个音节地比画或总是使用押韵）往往费力且低效。聪明的玩家会根据具体的信息、其他参与者的情况和当下的时机来制定策略——灵活性至关重要。世界上的语言也是如此，正是无数代人不同的交际需求才塑造了语言。事实上，我们所说的淡啤酒、轻音乐、轻步兵、不能承受的生命之轻，还有我们正在谈论的意义之轻，都是几代人创造性沟通的产物。

然而，人类语言杂乱无序的特性却常常被视为一种缺陷。学者一直想象着一定有（或者曾经有）一种完美的语言，可以直接映射思想和现实。完美语言的词汇应该对应清晰明确的概念，并一一映射到现实世界，在关节处切割自然*。此外，完美的语言可以提供一种表达我们思想的透明介质，完全消除歧义和误解。如果有一种想象和理解世界的真正途径，也许世界上的语言会缓慢而无情地成为思想和现实的唯一完美反映。从这个角度来看，世界上的语言只不过都在跌跌撞撞地朝着这个理想接近。这为学者提供了一个令人着迷的目标：帮助构建理性、数学、科学的完美语言。借助这种理想的语言，人们有望解决许多（甚至所有）哲学问题、创造人工智能并理解人类思维的本质。

这就是戈特弗里德·威廉·冯·莱布尼茨（Gottfried Wilhelm von Leibniz）的梦想，他是 17 世纪伟大的德国数学家和哲学家，也是微积分的创造者（独立于艾萨克·牛顿，他与牛顿在谁先发明了微积分这个问题上争论不休）。莱布尼茨设想了一种"通用文字"（characteristica universalis）：一个用来表达思想和评价论证的通用系统。他希望可以通过计算来解决分歧，就像通过算术来解决如何分摊餐厅账单一样。[25] 这是怎么做到的呢？和威尔金斯一样，莱布尼茨设想人类的知识可以分成简单的概念，每个概念都有自己的数字或符号。他认为可以创造出一种精确的语法，将简单的概念组合成复杂的整体，并用一套数学演算规则在这种完美语言中进行合理的推理。莱布尼茨雄心勃勃，希望通过此项目展示如何用一种可以明确解决任何争论的方式来反

---

* "在关节处切割自然"的说法源自柏拉图《斐德若篇》。——编者注

映所有知识和推理。按照莱布尼茨的设想，科学、道德、法律和神学上的争论一旦被转换为通用文字，就都能得到明确的分析。应用规定的计算原则（一种思维算术），每个问题只会得到一种答案。就像对 1982×76 的答案有不同猜测的几个人一样，一旦计算完成，争端各方就能得知谁对谁错。为了解决纷争，他们会像莱布尼茨的名言中说的那样："让我们计算一下！"[26]

现实并没有那么完美。直到莱布尼茨去世，他的梦想也未实现，也许永远无法实现。然而，莱布尼茨的设想预示了现代逻辑学中人工语言的诞生。在 20 世纪的哲学中，人工语言成为一种关键工具，试图对明显混乱的日常语言进行有序组织，使其更加清晰易懂。德国数学家戈特洛布·弗雷格（Gottlob Frege）、英国博学家伯特兰·罗素（Bertrand Russell）和伟大的美国哲学家威拉德·冯·奥曼·蒯因（Willard Van Orman Quine）都怀有同一个梦想，即用一种完全精确的语言来厘清日常语言中的概念混乱。在英语中，我们常常会陷入一种巨大的迷惑。例如，名词 nobody 和 everything 可能是什么样的实体；或者 it's raining 中的 it 是什么意思，与 it's possible 中的 it 又是否相同；还有，在显然正确的陈述 a round square is a contradiction in terms（圆形的方是自相矛盾的）中 a round square（圆形的方）究竟指的是什么。他们希望将英语转换为逻辑语言，从而使这样的混乱和矛盾不复存在。

为了将这一计划付诸实践，20 世纪的数学家和哲学家创造了人工逻辑语言，试图将我们的思想从自然语言的混乱中转换成一种有条理、有组织并在数学上有序的系统形式。逻辑语言中的词语可以使用数学中的集合论来赋予精确的含义：名称指的是个体（菲多），概念（是一条狗）指的是个体集合，关系（……的父亲）指的是成对个体的集合。最惊人的是，在逻辑语言中，任何语句的意义都可以由各部分的含义及其排列方式机械地构建出来。因此，有限的词语和规则可以构建出无限多种可能的含义。

与自然语言相比，人工逻辑语言的另一个巨大吸引力是，它们提供了从无意义的话语中清晰勾画意义的可能性。神秘主义者可能会说"万物合一"。天主教牧师会谈论变体论（基督的血和肉与圣餐的酒和饼被想象成同一的）。德国哲学家可以假设一种"权力意志"（will to power）[27]，一个不可知的、超越感官的"本体"世界[28]，或者空灵的"精神现象学"[29]。

但是，这些表述能否转换成精确的、可验证的形式呢？尤其是能否转换为一种逻辑语言的严格框架？许多哲学家对此表示怀疑。他们认为任何无法转化为逻辑的陈述都毫无意义，应该摒弃。维特根斯坦在早期也说过一句著名的话："凡是可说的，都能够说清楚，凡不可说的，必须保持沉默。"[30]这种严肃的观点将一种刻板的逻辑语言置于知识世界的中心，划分了明确的边界，规定了可以说什么和可以思考什么。从这个角度来看，如果人类语言是即兴的猜谜游戏，那就更糟糕了。

在第二次世界大战和电子计算机发明之后，学者开始用一种新的方式看待自然语言和人工语言之间的联系。除了试图简化、改善并大致整理真实自然语言的混乱外，他们开始将数学逻辑的思想作为一套工具来分析（而不仅仅是消除）真实人类语言的复杂性。人工智能这门新学科曾以建立智能计算机模型为目标，它的发展的确又迈出了大胆的一步：逻辑本身必然是我们的理性赖以运作的思维语言的基础。[31] 按照这种思路，要想理解或使用语言，必须将几千种人类语言中的混乱无序映射成唯一的深嵌在人类思维中的逻辑语言。正如心理语言学家史蒂芬·平克（Steven Pinker）写的那样："人们不会用英语、汉语或阿帕切语（Apache）思考，而是用思维语言进行思考。"[32] 这种思维语言没有实际口语的特点，它是一种精确的逻辑语言，旨在使推理论证尽可能容易。

理解人类日常语言含义的逻辑方法以各种方式发展起来，并广泛用于哲学、语言学和认知科学的许多领域。其中最重要的是杰出数学家和哲学家理查德·蒙塔古（Richard Montague）的研究。20世纪60年代，蒙塔古试图创建精确的数学规则，将自然语言（特别是英语）的句子一个个映射到逻辑句子中，从而表达它们的含义。他的目的是找到一种将日常句子完全自动地映射为它们的逻辑形式的方法，这在理论上可以通过计算机实现。一旦有了逻辑形式，我们就可以运用逻辑了解从每个句子能推断出什么，不能推断出什么，其中使用的规则也可以编程到计算机中。如果这样的项目适用于所有的自然语言句子，我们就离编写一个能理解人类语言的计算机程序不远了，这也是人工智能研究的一个宏愿。蒙塔古的研究产生了巨大的影响，他创立了语言学的一个完整分支——"形式语义学"，为哲学家和语言学家提供了一套强大的工具，帮助他们分析和描述真实语言的片段。[33]

　　虽然形式语义学是一项非凡的智力成就，但它充其量只是分析人类语言意义有限方面的一个狭窄框架。创建一个单一的逻辑框架（可以对应上文引用的平克的"思维语言"），将整个语言（实际上是所有语言）转换并置于其中，这一目标并不比约翰·威尔金斯的哲学语言或莱布尼茨的"通用文字"更可行。就像我们在"你比我猜"中模仿的动作一样，词语没有固定的含义，它们只是在当下使用的工具。正如语言中无处不在的类比和隐喻所反映的那样，语言的不稳定性是语言的本质，而不是奇怪的例外，对于儿童和成人来说都是这样。不仅如此，和在"你比我猜"游戏中一样，语言的意义在本质上是公共性和社会性的，如同货币价值、所有权、婚姻等概念。反过来，这也说明了让早期人工智能研究人员着迷的想法，即一种完美的逻辑语言可能反映出存在于个人头脑中的意义，是毫无逻辑的。

　　事实上，随着 20 世纪相关研究的发展，甚至在蒙塔古的项目之前，自然语言意义的背后可能隐藏着一种逻辑语言的想法就开始受到质疑了。[34]在哲学上，维特根斯坦曾经是这一观点的主要倡导者，但他后来又极力反对这一观点。他提出了语言游戏说以及词义背后盘根错节的家族相似性（并非共同本质），削弱了意义可以用数学逻辑工具进行提炼、净化和储存的观念。他指出："让词语的用法告诉你它们的意义。"正如我们看到的（回想一下 light 的多种含义），词语的用法几乎是无限的。[35]随着基于逻辑的意义研究方法的哲学基础日渐瓦解，基于逻辑的通用思维语言这一理想也在瓦解，而这种通用思维语言对语言学、认知科学和早期人工智能的许多思考都至关重要。[36]

※※※

当然，从逻辑语言到编程语言的人工语言都是非常重要的创新。事实上，它们是计算机科学的基础，也是计算机引发的社会经济革命的基础。但是，如果将这些语言等同于人类语言，我们会被自己的隐喻所欺骗。想象人类语言猜谜游戏的意义可以被翻译成精确的数学系统，这是一个根本性错误。语言的灵活性、趣味性和任意性不是缺点，不需要应用严格的形式逻辑工具来消除，它们是语言运作的本质。正是意义之轻，才能让我们如此巧妙地加以运用，从而在这个变动不居的世界中应对不断变化的交流挑战。人类的语言首先是诗，其次才是散文。

然而，无论是不是诗歌，语言在很多方面都是有序的，从构成单词的语音模式，到形成言语的重音或语调模式，再到支配单词如何组合的语法规则。如果每一次语言猜谜游戏都只是为了在当下传达信息，那么单词、短语和整个句子中大量复杂的模式又从何而来呢？答案是，随着新模式的出现，语言逐渐变得有序，变得根深蒂固，并在连续几代人的不断重复使用下变得（部分）一致。我们将在下一章看到，语言秩序是如何逐渐从混乱的交流中产生的。

第四章

混乱边缘的语言秩序

> 语言、文字、文学以及绘画和音乐等各种艺术，包括医学、农业、制造业和通信技术在内的实用技术……所有这些社会遗产都是动态秩序的系统……在每一个领域都有一种公共精神遗产人人均享，且代代相传。

> ——迈克尔·波兰尼（Michael Polanyi），《社会中思想的增长》（"The Growth of Thought in Society"，1941）

英国著名播音员约翰·汉弗莱斯（John Humphrys）很担忧。他反对自己所称的"语言肥胖"现象，认为这是"摄入垃圾词汇的后果。冗词赘句就像吃薯条配米饭一样。我们谈论'未来的计划'和'过去的历史'，'活着的幸存者'和'安全的避难所'"。汉弗莱斯认为英语的衰败不可阻挡："毫无疑问，我们最终将用一连串的咕哝声来交流。"[1] 短信息、表情符号和推文带来了有害影响也引起了一定程度的恐慌。过度压缩信息会不会破坏我们的语言，潜在削弱新一代语言使用者的表达能力？汉弗莱斯写了这样一段话，也许有点半开玩笑，但表现出了热切的情绪："短信息使用者无情地逼近，这些破坏者严重威胁着我们的语言，就像 800 年前成吉思汗对其邻国所做的那样。"[2] 曾是英国内阁成员的诺曼·特比特（Norman Tebbitt）在一次著名的演讲中表达了更深层次的恐惧，他说："如果任由标准滑落到英语好坏不分的地步，这将导致人们根本没有标准。一旦标准阙如，就没有动力远离犯罪了。"[3] 这的确是危险的大滑坡！值得庆幸的是，我们有王家英语协会（the Queen's English Society），该协会宣称自己是"标准英语的守护者……努力防止其使用标准出现任何滑坡"[4]。然而，人们对语言崩溃的恐惧仍然久久不散。

奇怪的是，这种恐惧带来的担忧似乎由来已久。塞缪尔·约翰逊博士（Dr. Samuel Johnson）在他著名的 1755 年版《英语词典》（*Dictionary of the English Language*）的前言中警告说："与政府一样，语言也有一种退化的自然倾向。"17 世纪爱尔兰作家乔纳森·斯威夫特（Jonathan Swift）哀叹道："我们（英国）的语言极不完美；它虽然每天都得到改进，但同时堕落得更多；那些冒牌学者对其进行的矫饰和精简，只会让滥用和荒谬变本加厉；它在许多情况下都不符合语法规则。"我们还可以追溯到更久远的历史。语言学家让·艾奇逊（Jean Aitchison）指出，14 世纪的一位僧侣抱怨英国人说话时会奇怪地"wlaffyng, chytering, harryng, garryng grisbittyng"（结结巴巴、啰唆不清、咆哮不止、咬牙切齿）。[5]

不只在英语中存在对语言衰败的担忧。自 1635 年以来，法兰西学院（the Académie Française）一直致力于保持法语的纯洁性，一方面，防止从英语和其他语言中"借用"词汇（如 weekend、sandwich、hashtag），另一方面，保持严格的语法标准。同样，冰岛语言学院（the Icelandic Language Institute）自 1985 年开始致力于保存和推广冰岛语言，以适应现代世界的发展（比如，冰岛语中的"计算机"一词 tölva 即用 tala［数字］和 völva［女巫］这两个词素组合而成）。此外，所有语言的语法书和词典似乎都在对学生、作家和表达不严谨的人颁布语言规则。语言衰败不可避免的惨淡图景表明，语言的完美只存在于遥远的过去，这种完美因岁月摧残和语言不严谨而不断遭受侵蚀和破坏。

有些人担忧意义变得钝化和模糊，例如词语被含糊地或"错误地"使用。然而，最令人担忧的，同时也是我们本章的主要关注点，是语言的语法本身正发生变化。这不仅仅是对所谓规范语法的担忧，也就是在学校里学到的吹毛求疵的语法规则，例如，我们不应该把不定式分开，或以介词结束一个句子。对语言学家来说，语法更重要。正是语法这个模式集合规定了我们如何将单词组合在一起，所以我们在英语中可以说 Ella sings jazz（艾拉演唱爵士乐），却不能说 sing Ella jazz。同样，说 I like jazz（我喜欢爵士乐）、I dislike jazz（我不喜欢爵士乐）以及 I like to play jazz（我喜欢演奏爵士乐）这样的英语句子都是没有问题的，但是说 I dislike to play jazz 则会显得非常奇怪。或者想想 Ella saw her in the mirror（艾拉在镜子中看到她）这句话，其中的 her 不能指 Ella 自己；但在 Ella saw herself in the mirror（艾拉在镜子中看到她自己）这句话里，herself 只能指 Ella；我们可以说 she saw her，但不能说 her saw she，等等。那些担忧语言衰败的人不仅担心语言风格这种细节问题（尽管他们常常把风格问题视为决堤之虞），还担心语言的混乱无序正让我们陷入一种语言"无政府"状态。

但是，人类语言的复杂性，包括声音、词汇和意义的分层模式，最初是如何产生的呢？学习一门新语言使得这种复杂性显而易见——第二语言学习者努力掌握发音、重音、不同的动词及其多种时态、语序规则等等。人们不禁会想：所有这些无穷无尽的模式从何而来？为什么它们会如此复杂？

自发秩序

没有人设计过语言。语言的复杂性和有序性源于无数次混乱的语言猜谜游戏。在每次游戏中，说话者的唯一目的就是在特定的场合让特定的人理解他的意思。然而，语言经过几代人的使用，逐渐出现了极其丰富而微妙的语言模式。语言在时态、体、格和语序等句法范畴上表现出令人困惑的复杂性。它们拥有各种各样奇怪的音素来构成单词。每种语言都有大量描述物理、生物、道德和精神世界的词汇。所有这些复杂性都源于自发形成、未经人为设计的秩序累积的力量。实际上，人类最重要的发明是一系列意外事件或巧合导致的。

这是如何发生的呢？在语言猜谜游戏中，时间非常紧迫：新信息不断涌现，一条紧接着一条。此时此地即兴创作的紧迫感迫使我们重复使用和重新组合过去的信息。旧语言形式塑造了新语言形式，两种形式之间特殊的相互作用形成了部分模式，随着时间的推移，这些模式变得越来越丰富，也越来越微妙。语言的这种不断变化并不必然走向语言衰败，而是说明这种语言是"鲜活"的，能够不断自我调整，让使用者更容易表达自己的想法。

日常无序的交流互动产生了语言秩序，让人颇感意外的是，这种见解竟来自位于新墨西哥州桑格雷-德克里斯托岭山脚下的一家私立物理学思想智库。它就是世界复杂性科学研究的中心——圣菲研究所，这里有令人兴奋的学术环境，你可能会看到诺贝尔奖得主默里·盖尔曼（Murray Gell-Mann）与普利策奖得主科马克·麦卡锡（Cormac McCarthy）在这里畅谈学术。在圣菲研究所和其他地方，复杂性理论家已经展示了系统中元素之间的"局部"交互如何导致整个系统出现意想不到的"全局"模式。这样的例子在自然界中随处可见：通过简单的规则，相邻的火山熔岩冷却收缩形成了"巨人之路"*的 4 万多根六边形玄武岩柱；简单的分子在每个活细胞内不断地自组装成复杂的蛋白质；单个白蚁释放信息素并跟随信息素的轨迹，最终形成巨大蚁群的自组织。

---

* 巨人之路，又称巨人堤道，是位于英国北爱尔兰大西洋岸边的一处地质景观，是约 5000 万年前火山喷发出的熔岩遇海水迅速冷却凝固形成的。——编者注

莫滕于 2006 年 8 月至 2007 年 5 月在圣菲研究所待了 9 个月，尼克也在 2007 年春季进行了为期一周的研究访问。这里的学术环境鼓舞人心，任何事情都有可能，任何问题都可以讨论。圣菲研究所致力于解释简单的过程如何产生复杂的模式，以及复杂性如何在自身基础上产生更高的复杂性。物理学、人类学、经济学和心理学的研究人员讨论的问题五花八门，包括从生命起源的先决条件到为什么一些宗教繁荣而另一些宗教消失等一系列问题。语言，尤其是它的起源、多样性和变化模式，是另一个经常被讨论的话题。

就像自然科学家着迷于探索物理、化学和生物世界中的复杂现象一样，社会科学家也发现了类似的自发秩序原理，这些原理导致了规则、规范、法律制度和整个社会的出现。毕竟，就像语言没有人刻意设计一样，也没有任何聪明的中央计划者设计出无数的规则和机构来管控我们的集体生活。当然，我们可以也确实在积极地讨论我们赖以生存的规则和制度：我们逐渐改变了有关性别、种族、阶级、服从等诸多方面的态度和行为；我们修改法律，不断地重组立法和执法机构。虽然在经济社会中，很多个人和企业都在孜孜不倦地从事计划工作，但他们的计划有限，且大多关注眼前利益（比如提高产量，根据市场需求提价或降价）或降价。[6] 不过，这些混乱的个体行为却形成了一种极其复杂的经济秩序，形成了一个由制造商、银行家、律师、贸易商、店主、在线零售商以及最终消费者组成的庞大网络，他们的活动和交流远远超出了任何个人的理解范围。我们比自己想象的更像白蚁，对社会的复杂性几乎浑然不觉。事实上，就如白蚁一样，我们个人的瞬间想法、反应和选择都只是我们集体创造的（很大程度上都是无心之举）大型舞蹈的一小部分。

虽然这种观点在圣菲研究所和全球更广泛的复杂性科学网络中被广泛接受，但值得注意的是，它似乎与许多有关语言本质的思考格格不入。一种颇有影响力的观点（稍后会谈及）认为，语言的复杂性往往无法用更简单的理论或框架来解释，而特定语言（如芬兰语）的复杂性是用同样复杂的理论来解释的，即所谓的普遍语法。人们相信普遍语法可以描绘人类语言中所有有趣的语言模式。这种语言秩序的"中央计划"观点认为，遗传密码指导着"语言器官"的构建，并以某种方式体现了语言的普遍语法模式。

而对自发的自组织的关注表明了一种截然不同的观点，这种观点自然而然地建立在将语言视为猜谜游戏的基础上。首先，自发秩序产生于瞬时互动的相互作用以及这些互动的相互制约。其次，某种机制允许自发秩序进行传播，更重要的是，它还允许自发秩序不断积累。语言和白蚁丘、社会规范、经济网络一样，并非在一瞬间就完全形成。复杂性是历史的产物。

寻找第一语言

人类在动物界显然是独一无二的存在，自诞生之日起，人类就一直在探究自己是如何拥有语言的。[7]口才往往被视为一种天赋，由某种神秘的、精神的或神圣的力量所赋予。在北欧神话中，除了生命和智慧之外，最初的两个人阿斯克（Ask，男人）和恩布拉（Embla，女人）还被赋予了说话和倾听的能力。按照生活在印度和缅甸之间孟加拉湾安达曼群岛的原住民的说法，语言是由普鲁加神赋予他们祖先的。奥卡诺根人的领土横跨美国华盛顿州和加拿大不列颠哥伦比亚省之间的边境。据他们说，他们的祖先"郊狼"将族人分别安置在不同的地方，并使每个部落操不同的语言。澳大利亚原住民讲述了他们"梦幻时代"（Dreamings）的先祖——"创世精灵"穿越这片土地创造了生命，包括 Emu（鸸鹋）、Corella（一种白色凤头鹦鹉）和 Jurntakal（一条巨蛇）。这三种动物将恩加林曼语（Ngarinman）、比林拉语（Bilinara）和马尔金语（Malngin）赋予生活在北领地维多利亚河地区的三个不同部落。在中东，亚伯拉罕诸教认为语言起源于亚当，如上一章所述，他耐心地给所有生物命名。语言对于我们人类的本质、互动方式以及错综复杂的社会运转而言都是不可或缺的。世界各地流传着各种不同版本的语言起源故事，突显了语言能力对于我们如何看待自己的重要性：说话是人类的本质。

　　毫不奇怪，学者和宗教思想家也对语言的起源着迷。在16 世纪，欧洲出现了第一批研究语言起源的学者。[8] 他们的目的是揭示亚当使用的原初语言。据传，在语言混乱（confusio linguarum）出现之前，人们都使用同一种原初语言。《圣经》中记载，人类试图建造巴别塔通往天堂，结果导致了语言的混乱。如果能找到这种原初语言，学者们就能回答语言秩序从何而来的问题，即为什么语言受复杂的语法模式支配，而不是由一堆杂音和无规律的词组成。难道还有什么能比神的干预更自然地创造这种完美的原初语言吗？

从这个角度来看，早期人们认为亚当最初说的是希伯来语也就不足为奇了。毕竟《旧约》是用希伯来语写成的，因此《创世记》中说的"口音言语都是一样"被认为是指希伯来语。1493 年，苏格兰国王詹姆士四世下令将一名聋哑妇女送往爱丁堡以北数千米远的因奇基斯岛，在那儿抚养两个婴儿，使他们与语言环境完全隔离开来。后来，那两个婴儿竟然自发地说出了一口流利的希伯来语。尽管这一结论令人难以置信，但它得到了欧洲大陆学者的进一步支持。这些欧洲学者研究了越来越多不同种类语言的起源。例如，16 世纪法国学者纪尧姆·波斯特尔（Guillaume Postel）在担任法国外交部门口译员期间，曾游历奥斯曼帝国和中欧，他不仅搜集了各种难以理解的语言文本，还进一步拓宽了对同时期欧洲语言、古典语言以及闪米特诸语的认识。1538 年，他出版了《希伯来语和古老民族的起源》（*De originibus seu de hebraicae linguae et gentis antiitate*）一书，声称自己发现了迦勒底语、印地语、阿拉伯语和希腊语等各种语言背后的隐藏模式，表明它们确实是从希伯来语演变而来的。同年，他的《字符不同的十二种语言字母》（*Linguarum duodecim characteribus differentium alphabetum*）在对十二种文字进行比较的基础上，强调了希伯来字母的首要地位。

但到了 17 和 18 世纪，随着人们对其他古代文明及其语言有了更多的了解，许多新思想大量涌现。1669 年，英国建筑师约翰·韦伯（John Webb）提出一种观点，即"大洪水"过后，挪亚方舟在中国登陆。韦伯认为中文因此很可能是原初语言，因为中国人与巴别塔的倒塌没有丝毫关系，因而不会受到语言混乱的影响。一个世纪后，法国语文学家安托万·库尔·德·热伯兰（Antoine Court de Gébelin）提出凯尔特语是亚当真正使用的语言，因为它是整个欧洲的原始语言。随着新旧民族国家在欧洲舞台上轮番争夺权力和地位，日益高涨的民族主义蔓延到语言起源论者的思想中。很快，许多欧洲语言都晋升为原初语言的"真正"继承者，包括荷兰语、德语、卡斯蒂利亚语（现代西班牙语）、托斯卡纳语和瑞典语等。这种在学术研究中迎合民族自豪感的做法招致了一片嘲讽之声。瑞典人老奥洛夫·鲁德贝克（Olof Rudbeck the Elder）在 1675 年发表的一篇论文中提出瑞典语是原初语言的说法。对此，他的同胞安德烈亚斯·申佩（Andreas Kempe）写了一篇半开玩笑的戏仿文章，把故事背景设定在伊甸园，说上帝用瑞典语与亚当对话，亚当用丹麦语回应，而蛇则用法语诱惑夏娃。

进入 19 世纪以后，人们对《圣经》的关注逐渐减弱。后启蒙时代的思想家开始将语言视为人类而非神的创造。尽管对"亚当语言"的探索注定会失败，但却为今天我们所称的"比较语言学"铺平了道路。比较语言学是一门研究不同语言间的异同及其历史起源的学科。尝试重建语言之间的历史联系成为比较语言学研究的焦点，这项努力在 19 世纪的德国达到了巅峰。在 19

世纪早期，弗里德里希·施莱格尔（Friedrich Schlegel）和弗朗茨·葆朴（Franz Bopp）开始注意到梵语、希腊语、拉丁语、波斯语和德语之间的联系，从而揭示了现今被称为印欧语系的基础。但为这些观察结果建立起坚实科学基础的却是丹麦语言学家拉斯姆斯·拉斯克（Rasmus Rask）。[9]拉斯克才具非凡，在十几岁上拉丁语学校时就与众不同。一位同学后来回忆道："他个子矮小，眼神活泼灵动，能轻松自如地在桌凳之间来回跳跃穿梭，脑子里装满了各种冷门知识，他那古怪而有趣的农民装束，也吸引了同学们的注意。"拉斯克对语言极为热爱，他不但学习了 25 种不同的语言和方言，还广泛积累了超过 25 种语言的实用知识。

　　基于渊博的语言学知识，拉斯克揭示了不同语言中辅音发音如何随着时间推移而发生变化，不仅确定了古斯堪的纳维亚语和日耳曼语之间的关系，还确定了波罗的海语和斯拉夫语与古典拉丁语和希腊语之间的关系。例如，在日耳曼语言中，p 音变成了 f 音。因此，英语中 foot 一词对应的古希腊语是 πούς/ποδός (poús/podós)，拉丁语是 pēs/pedis，梵语是 pāda，立陶宛语是 pèda，拉脱维亚语是 pēda；但在西弗里斯兰语是 foet，德语是 Fuß，哥特语是 fōtus，冰岛语是 fótur，丹麦语是 fod，挪威语和瑞典语是 fot。这些模式和其他模式在几年后被整理为著名的格林定律，它是由收集童话的格林兄弟中的兄长雅各布·格林（Jacob Grimm）提出的。对拉斯克来说不无遗憾的是，因为他只出版过丹麦语的论著（《供英国人使用的丹麦语语法》除外），他在音变方面开创性工作的大部分功劳反而落到了格林头上。

对语言历史的仔细研究表明，语言总是在不断变化，但这种渐进变化叠加的结果绝不是一个持续衰败的故事。例如，古斯堪的纳维亚语经过无数次微小的变化，逐渐演变成了现代丹麦语、瑞典语、挪威语、冰岛语和法罗语。如果将这些语言仅仅看作古斯堪的纳维亚语的衰败版本，还在完全退化的过程中，那就太奇怪了。回顾历史，人们普遍存在对英语衰败的担忧，不难想象，语言每一次变革都会遭到强烈的反对，人们预感语言将日渐衰败。但是现代斯堪的纳维亚人能够毫无障碍地交流！因此，学院派语言学家（而不是自封的语言卫士）往往用非常怀疑的眼光看待现代人对语言惊人衰败的担忧。语言历史给我们揭示了一种关键洞见：在旧有模式被打破的同时，新的语言模式也在不断涌现。语言经历了一个持续蜕变而非衰败的过程。

但是，关于语言如何演变的见解似乎并没有回答语言最初如何起源这个更根本的问题。[10] 19 世纪中期涌现了许多富含想象力的观点，包括拟声说（onomatopoeic theory），该理论认为语言起源于人类对环境中自然声音的模仿，比如用狗的叫声表示"狗"，用哗哗的河水声表示"水"。相比之下，感叹说（interjectional theory）认为，人类在表达痛苦、恐惧、惊讶、快乐和喜悦等强烈情绪时本能地发出的声音是我们语言能力的原始来源。普遍共振说（universal resonance theory）则提出了另一种观点，即世间万物的属性和人类用来命名它们的声音之间存在着普遍的协调性（或者说共振），例如，人们倾向于用口腔前部发出的元音来描述小事物，如 tiny-wee（很小的），而用口腔后部发出的元音来描述大物体，如 humongous（巨大的）。另一种观点是共同节奏说（communal rhythm theory），认为语言起源于人们在一起从事繁重体力劳动时发出的咕哝声、呻吟声和哼唱声，比如水手拉绳子起帆时喊出的劳动号子。这些理论互不相容，支持者极力拥护，反对者嗤之以鼻。时至今日，人们仍然使用某些不太友善的称谓来嘲讽这些理论：拟声说被称为"汪汪理论"，感叹说被称为"噗噗理论"，普遍共振说被称为"叮咚理论"，共同节奏说则被称为"嗨哟理论"。

尽管这些理论现在大多被斥为毫无根据的推测，但每种理论至少都有一点儿道理。在第一章中，我们看到仅使用非言语声音的语言猜谜游戏实际上效果非常好，正如拟声说（汪汪理论）所期望的那样。同样，如第三章提到的布巴–唧唧实验所示，情绪状态与单词的发音也有关系，这与感叹说（噗噗理论）是一致的。本书第三章中提到了音义关联的普遍模式，比如红色概念名称通常包含 r 音，这符合普遍共振说（叮咚理论）。而共同节奏说（嗨哟理论）强调人们在共同劳动时发出的声音，这似乎与"语言是猜谜游戏"的协作本质是一致的。这些早期的语言起源论之所以会失败，是因为它们试图为语言的所有方面都论证出单一的起源，这是不可能完成的任务。19 世纪的语文学家、牛津大学教授麦克斯·缪勒（Max Müller）在早期研究了普遍共振说后指出："唯一让我疑惑的是，我们是否应该局限于这一种解释；浩浩汤汤的语言大河是否可能有不止一个源头。"[11]

随着时间的推移，语言学家关于语言起源的争论越来越激烈，也越来越抽象。由于各种互相对立的理论都缺乏实证，当时主要的语言研究机构巴黎语言学会（Société Linguistique de Paris）决定从1866年开始禁止任何有关语言起源和进化的讨论，这也中止了对普遍的"亚当语言"的研究。[12] 这一禁令虽没有完全让语言学家停止探索，但它确实将之前如滔滔洪流的书籍、小册子和论文变成了涓涓细流，并使语言进化的话题在主流科学话语中被边缘化了一百多年。

生物语言学

尽管19世纪有关语言起源的各种推测往往有些异想天开，但它们始终认同一点：语言是人类为了更好地交流而创造的工具。简而言之，语言与音乐、艺术、舞蹈、宗教和技术一样，被视为人类文化的一部分。和其他文化形式一样，世界上各种语言也被认为是在漫长的历史过程中不断创新发展的产物。在20世纪上半叶，从文化角度研究语言被认为是理所当然的。当时，语言学（研究人类语言表达的声音、模式和意义）研究通常在大学的人类学、古典文学、英语和现代语言专业进行。我们将世界上的语言视为人类文化织锦的一部分似乎是自然而然、不可避免的，并且坚信这一观点是完全正确的。但是在20世纪中叶发生了一件非同寻常的事情——一场剧变带来了完全不同以往的语言观，即将语言学视为生物学的一个分支。

20世纪50年代中期，诺姆·乔姆斯基（Noam Chomsky）

进入语言研究领域，引发了一场学术革命。这不仅是思想上的革命，更确切地说，它堪称一次学术政变。年轻的乔姆斯基是一位打破传统、才华横溢的学者，在哲学、逻辑学和现在所谓的理论计算机科学领域浸淫日久。他提出了一个全新的计划，尝试将语言学从文化研究中分离出来，并在抽象的数学和科学基础上重建语言学。[13]

乔姆斯基知道逻辑学家正在为逻辑推理构建严谨的人工语言，正如我们在第三章中提到的。逻辑学家主要对使用逻辑来描述人类语言中的意义感兴趣，而乔姆斯基感兴趣的是逻辑语言的语法——这些规则决定了如何用简单的成分构建复杂的逻辑公式。在逻辑语言和计算机编程语言中，语法是一套精心设计的数学规则，它阐明了符号如何以适当的顺序组合。这种方法的吸引力在于它的精确性：语法的数学规则不给歧义和主观判断留下任何空间。这些数学规则精确地规定了每个可能的逻辑符号串是否符合语法，从而将那些符合逻辑的"句子"与那些符号混乱的序列区分开来。但人类语言比逻辑语言或编程语言要复杂得多。乔姆斯基想要探究的是，用来描述人工语言语法的数学原理是否也同样适用于自然语言。

这是一个真正激进的举动——采用精确的数学方法来描述看起来杂乱无章的人类语言，其结果便是著名的"生成语法"（generative grammar），这个概念后来在语言学领域主导了数十年。对乔姆斯基来说，数学的严谨性可以把语言学变成一项科学事业。

为了更好地理解生成语法的概念，请看下面一组简单规则，当然这只是众多英语语法规则中的冰山一角。

$$S \rightarrow NP+VP$$

$$NP \rightarrow D+N$$

$$VP \rightarrow V+NP$$

$$D \rightarrow the, a, some, every, \cdots$$

$$N \rightarrow dog, bird, cat, \cdots$$

$$V \rightarrow saw, liked, ate, \cdots$$

这些规则可以用来生成简单句，比如 the dog saw a bird（那条狗看到了一只鸟）。第一条规则是指一个句子（S）由一个名词短语（NP）和一个动词短语（VP）组成。应用 NP 规则，我们可以将开头的名词短语分解为限定词（D）（像 the、a、some、every 这样的单词）和名词（N）。这样我们就可以得到名词短语 the dog。接下来，我们使用 VP 规则生成由动词（V）和名词短语（NP）组成的动词短语。插入动词 saw，并再次使用 NP 规则，就有了动词短语 saw a bird，它可以和开头的名词短语 the dog 组成句子 the dog saw a bird（见图 4.1）。

同样的规则以不同方式应用，还可以造出其他的句子，例如 a bird liked every dog 和 some dog ate a bird。生成语法背后的思想是，我们有一套精确的数学规则，可以创造大量（可能是无限的）可能的句子。很显然，我们例子中的规则在很多方面都是过分简化的，但它们至少在数学上是精确的。语言学家的任务是

　　　　　　　　　　　语言游戏

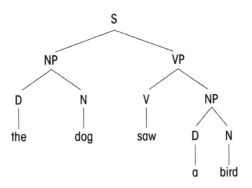

图 4.1　使用小型语法片段生成的句子 the dog saw a bird 的句法"树"结构。在语言学中，经常使用语法规则来绘制句子不同成分的关系图。

尝试找出一套同样精确但复杂得多的规则，这些规则可以生成英语、阿拉伯语、约鲁巴语或任何他们感兴趣的语言所有的句子。关键在于这些规则应该界定一个精确且完全自动的过程，用于生成某种语言所有的句子，并且只生成句法正确的句子，而无须关注句子的含义。语法的这些数学规则应该能够在没有任何人类思考或干预的情况下发挥作用。[14]

　　乔姆斯基提出了第二个同样激进的主张，试图将语言研究从人文学科中分离出来。他没有将语言仅仅看作我们实际说话和写作的原材料（因此也是外部文化世界的一部分），而是将语言本身重新概念化，认为它是一个抽象的数学系统，以某种方式存在于每个说话者的头脑中。从乔姆斯基的观点来看，语言学的真正意义在于设法将母语者对哪些句子成立、哪些句子不成立的直觉进行系统化归纳。语言学家不必过于担心人们实际上说了什么或写了什么，因为语言中充斥着错误、奇怪的表达以及其他各种瑕疵。相反，语言学理论需要打磨日常语言的粗糙边缘，才有希望揭示隐藏的数学系统。

因此，语言学家的任务变成了一种科学挑战，即寻找一种数学系统（生成语法），用于描述语言使用者的语言直觉。乔姆斯基认为，每个孩子在学习一门语言时，同样也要弄清楚这种抽象的语法规则，他们不需要明确的指导或帮助，只需通过听别人说话就能自主地从零开始学习。也就是说，每个孩子都是小小语言学家，试图拼凑出周围特定语言的抽象数学模式。在乔姆斯基看来，掌握这些语法规则模式是学习一门语言的关键。

但这怎么可能呢？几个世纪以来，学者们一直对英语和其他语言的抽象语法模式感到困惑。孩子们又怎么可能在短短几年内弄清楚这个问题呢？因此有必要引入乔姆斯基的第三个激进观点：由于儿童无法从经验中学习所有抽象的数学模式，我们不得不得出结论——这些模式必须从一开始就植入儿童的大脑，乃至于融入我们的基因。乔姆斯基认为，从逻辑上讲，儿童天生就掌握"普遍语法"——一种由支配语言的抽象数学原理构成的遗传蓝图。学习一种特定语言（如汉语普通话、霍皮语或巴斯克语）的模式，只是对普遍语法进行微调，以便更准确地描述该语言的细微之处。

对于那些预言语言将持续衰败的末日论者，这种观点给出了自己的回答。语言退化的危险并不存在，因为语言的本质安全地锁在我们的基因里。乔姆斯基曾经把语言比作身体器官，就像鸟类正在发育的翅膀，在生物程序的运作下逐渐丰满成形。人们实际上说了什么、讲话是否越来越没有条理，这些问题根本不重要，这只是文化差异的表面问题。当我们思考语言的历史演变时，这些差异似乎很重要。但对乔姆斯基来说，这种持续的语言混乱只是表面现象：令拉斯姆斯·拉斯克及其语言学同行着迷的语言变化都是无关紧要的细节——语言的深层结构完全没有改变。这种结构脱胎于生物学，而非文化。它是人类语言中不变的核心，以某种方式与我们的基因相连。

乔姆斯基的语言观还带来了更多的惊人推论。根据他的论点，从逻辑上讲，儿童能学习的所有语言都必须符合普遍语法的模式。因此，乔姆斯基可以自豪地宣布结论：所有语言本质上都是一样的。乔姆斯基以一个假想的外星人视角来审视和思考地球上的语言，他认为："火星的科学家可能会合理地得出结论，即人类只有一种语言，只是在细微之处有些差异。"人类语言只有一种，而不是七千种，它们之间的差异微不足道。不仅如此，尽管表面上看语言经历了剧变，但语言也不会真正发生改变，它们只是以无趣、肤浅的方式在变化。人类语言的本质，即通过基因编码的普遍语法始终不变。[15]

这样的结论，单从逻辑上看似乎非同寻常，甚至不可思议。麻省理工学院的 20 号楼年久失修，摇摇欲坠，但在这个充满活力的学术环境中，提出激进的理论主张司空见惯，而且往往取得了惊人的成功。20 号楼是一栋建于 1943 年的临时木结构建筑，55 年间，总共走出了 9 位诺贝尔奖得主。在这个抽象思维已经取得巨大成功的地方，人们很容易想象纯粹理论的光芒可以揭示世界语言必须遵循的普遍模式。乔姆斯基和同事以英语为参照，尝试阐明适用于所有语言的普遍语法模式的本质。[15] 将世界所有语言的具体细节纳入这一普遍框架的工作，将留给未来的语言学家去完成。

但事实并非如此。一个多世纪以来，田野语言学家和人类学家踏访世界各地，记录了偏远族群的语言，包括南美的瑟尔科南人（豪什人幸存的邻居）和其他原住民，以及居住在澳大利亚内陆和巴布亚新几内亚雨林的土著民族。他们没有发现基于单一的普遍语法的无数变体，而是发现了人们无数奇怪而奇妙的信息交流新方式，这一点我们将在第七章详细介绍。所谓的声音、语法和意义的普遍特征，只不过是一个未经证实的神话：无论是在语言内部还是在语言之间，多样性、无序性和例外情况仍然是主导因素。事实上，如果火星科学家试图剥去英语、豪什语、丹麦语或奥纳语的特质去寻找它们的共同本质，最终只会发现它们之间没有任何共性。

当然，这个故事我们在上一章已经讲过了。我们常常有一种天真的直觉，认为每个词都有一个共核，能将该词的所有用法联系在一起。因此，回到之前的例子，我们会认为轻型坦克（light tanks）、低度葡萄酒（light wines）、轻音乐（light music）以及轻松的心情（light moods）必须都具有"轻"的本质属性。但我们发现，一个词的不同用法之间只是通过隐喻的跳跃式交叉模式联系起来的。"语言"（或"语法"）这个词也不例外。世界上的语言存在许多复杂的相似模式，但没有一个潜在的共核。

如果说语言中的模式不是来自普遍语法，那么它们又从何而来呢？要想了解在没有内在语法的情况下世界上七千种语言各自的复杂模式是如何产生的，我们需要重新审视语言的本质，把它视为文化的一部分而非生物学的一部分，并重新开始研究。我们认为，语言的复杂性与音乐、艺术、技术以及社会规范的复杂性并无二致，这种复杂性并不是基因或大脑中的蓝图使然，而是人类几千年来智慧的积淀。

语言积木

在过去几十年里，语言学领域（至少在部分领域）经历了一场悄无声息的革命。许多语言学家不再尝试构想"大系统"来揭示世界语言中隐藏的所谓普遍模式，而是决定从小处着手。这种新方法可以用一个总称，即构式语法（construction grammar）来概括。

简而言之，要理解语言的复杂性，需要从被称为"构式"的基本单位开始。聚焦于这些语言"积木"，我们就可以揭示丰富的语言模式是如何从这些构式之间的相互作用（以及频繁的冲突和不一致）中衍生出来的。语言模式是在不断的构式碰撞中逐渐产生的，这些构式尽量协调一致，而非相互冲突。因此，语言模式是结果，而不是起点。在学习和使用一门语言的过程中，我们只需要了解这些构式及其互动方式，而无须知道由语言元素相互作用所创造的复杂模式。这就像白蚁不需要借助蓝图来建造和管理它的蚁穴一样。

那么，什么是构式呢？构式通常是指所习得的形式与意义的组合，涵盖了词的有意义成分（如词尾 -s，-ing）、单词（如penguin）、多词序列（如 cup of tea），甚至更抽象的模式（如联立式比较级构式 the X-er, the Y-er：the bigger, the better）。这些构式与我们大脑用来解码连续语言输入流的语块完全对应。从这个角度来看，我们可以将构式看作心理操作，也就是我们的大脑用来理解（以及产生）语言的程序。如果你不能立刻理解一个构式（弄清楚单词、词尾、习语等的意义），那就太晚了——信息无法通过"事不宜迟瓶颈"，因此会被汹涌的语言洪流淹没。

请注意，构式和"你比我猜"游戏一样，不仅仅是将一种形式（一个声音、一个手势）和该形式所能传达的意义联系在一起、自成一体的"包裹"。构建一系列手势的意义来推断潜在的信息还需要共同的背景知识、创造力和想象力，即从交际冰山关键的隐藏部分获得信息。它不只是将标准化的乐高积木用一套同样标准化的规则"拼"在一起。关于语言范畴的完美抽象模式这一观念本身就是海市蜃楼，语言是由互相竞争的构式拼凑而成的大杂烩，是秩序与混乱、模式与例外的混合体。构式语法学家指出，仔细观察语言，我们会发现语言似乎根本没有经过很好的规划：语言秩序总是处于混乱的边缘。

语言是由重复使用的构式组成的。如果这种说法正确，那么我们应该会看到孩子们通过构式来学习语言结构。事实上，孩子们似乎就是这样学习的，他们能从所犯的语言错误中习得一些有趣的，有时甚至可笑的语言模式。所以，虽然"me do it!"

　　　　　　　　　　　　　　　　　语言游戏

是一个错误句子（孩子可能从来没有听说过），但在我们意识到它是"Let me do it!"（让我来！）的一个子块时，它就说得通了。[17] 同样，如果知道"pick you up"很容易被误认为"Shall I pick you up?"（我去接你吧？）这类短句的子块，那么明显突兀的"pick you up me"（而不是"Pick me up!"或者"Will you pick me up?"）也就不难解释了。再来看一个奇怪的句子"I am being have"，它是孩子用来回应"Behave!"（规矩点！）这句话的。孩子或许会想，既然"I am being quiet"可以很好地回应"Be quiet!"，那为什么不能用一个类似的模式来回应"Behave!"呢？孩子不断地尝试从语块（或者说构式）中寻找语言模式并加以概括。但这个过程偶尔会出问题，产生奇怪而明显的错误。

这些例子以及幼儿语言的一个特别重要的方面，就是关注特定的语块以及围绕这些语块的变化模式。根据教科书中的标准语法和由乔姆斯基倡导而流行的生成语法，单词可以分为不同的句法范畴：名词、动词、形容词、副词、介词等等，语言规则阐明了如何将这些句法范畴串联在一起（正如我们在上文关于语法的片段中看到的那样）。使用传统语法书上的术语，并假设孩子知道 John 是个专有名词（也许是一个有生命的专有名词），sings 是个不及物动词，那么这个专有名词和不及物动词就可以组成一个句子：John sings。假设这个孩子还知道许多其他有生命的专有名词（如 Fido、Billy、Pops）和不及物动词（如 runs、eats、hides），可以预见，孩子很快就能掌握各种组合，如 Fido eats、Pops runs、Billy hides，等等。随着孩子掌握的单词量越来越多，其习得的句法范畴和模式也越来越多，他们应该能够流利地生成更广泛的组合，包括使用不同的时态（Doggy is hiding/hid/will hide）、被动语态（The cake was eaten）、疑问句（Who ate the cake? What got eaten? What did Billy eat?），等等。

但这根本不是孩子学习语言的方式！儿童早期的语言似乎是由一系列的语块构成的，All gone、Dadda、What's that、juice、down、up 均由一个及以上的单词构成。这些模式作为一个整体传达信息，往往只有儿童的看护人可以辨别。所以，孩子喊一声"Up！"，在不同的情况下，意思可能不同，可以指 pick me up（把我抱起来），或者是 I want to go up the stairs（我想上楼），还可能是 put me in the high chair（把我放在高脚椅上），就像同一个手势在不同的猜谜游戏中可以表示不同的意思。幼儿很快便开始更灵活地使用语言，但他们的单词组合方式非常特殊：锁定包含特定单词或单词组合的模式。

我们在第一章提到的语言研究领军人物迈克尔·托马塞洛全面分析了自己两岁的女儿特拉维斯的语言。他在女儿的常用短语中发现了许多有趣的标准化模式（见表 4.1）。例如，Find it ＿ 是一个带"槽"的构式，通常可以用名词（如 bird、ball、bricks）来填充，但偶尔也可以用形容词（如 funny）来填充。当然，to find something funny（找点乐子）是英语中的一个习语，特拉维斯应该听说过，而且可能在她的话语里有所反映。另一个构式是 ＿ get it，这一次是用名词来填充起始位置的槽。有时名词指的是动词 get 的宾语，如在 block get it 中，但在其他情

Find it __	__ get it	__ gone
Find-it funny	Block get-it	Peter Pan gone
Find-it bird	Bottle get-it	Raisins gone
Find-it chess	Phone get-it	Doo-doo gone
Find-it bricks	Towel get-it	Cherry gone
Find-it Weezer	Bedus get-it	Fox gone
Find-it ball	Coffee get-it	Hammer gone
Find-it stick	Mama get-it	French fries gone

表 4.1　一名两岁儿童使用的奇怪而又类似语法规则的动词模式。

况下，更可能的解释是名词是该动词的主语，即潜在的发现者，如 Mama get it。此外，__ gone 构式适用于所有形式的名词（如 raisings gone，或者 doo-doo gone），与其他情况一样，语序或时态没有变化。最后，注意这个构式似乎是独立于动词 to go 的其他用法而习得的，而从传统语言学角度来说，gone 当然是从 to go 派生出来的。

这些多词话语所传达的信息在很大程度上取决于与儿童交谈时的情形。[18] 例如，儿童至少以三种方式使用构式 no __：反对（no bed = 我不想睡觉）、否认（no wet = 我没尿湿裤子）和表达不存在（no pocket = 妈妈的裙子没有口袋）。从"语言是猜谜游戏"的观点来看，所有这些灵活性正如我们所料。沟通信号只要"够好"，父母就能理解孩子想要表达的信息。此外，孩子也应该尽可能使用自己已有的所有语言资源。

所有这些模式的有趣之处在于它们的不灵活程度与它们表意的灵活性形成了鲜明的对比。我们熟知的固定短语，比如"Find it!"和"Get it!"，有了新的用法，即谈论找到或得到具体的东西。当然，对于成年人来说，find-it ball 和 towel get-it 中的 it 都是多余的，他们会说 find the ball 或者 get the towel。但对于儿童而言，find-it 只是一个单一的、好用的交流单位，可以信手拈来，灵活运用到当前的交流中。

在每次对话中，孩子通常都会面临一个具体而直接的问题，即如何告诉成年人自己的需求，比如需要移动、喂食或递玩具等。这些意图成年人往往难以领会，需要交流才能达成。孩子们会掌握一些看起来有效的简单交流模式，并通过尝试微小的变化（比如更换槽中的单词）来实现正确的交流结果。他们的诀窍在于发现并利用可重复使用的构式。随着儿童语言能力的不断发展，这些构式及其变体也越发丰富。[19] 但是，随着不同的短期惯例建立并得到广泛应用，它们开始发生冲突，并争夺优先地位。

儿童的交际范围不断扩大，解决此类冲突的压力也越来越大。儿童最初将构式作为独立的交流单位，但随着时间的推移，他们开始将这些构式作为语言的基本单位来传达更复杂的信息。就像任何好的积木一样，它们需要被打造成越来越标准化的"形状"，边缘要平整，凸起要磨平，这样才能相互契合。儿童和成年人之间对语言元素的不断相互调整为推动语言变化提供了强有力的机制。[20]

语言拼布

人类任何一门语言的广博程度都令人震撼。例如，每一个说英语的成年人都了解上万个单词的含义、用法和发音，这些单词足以编纂成数百页的词典。除此之外，还有规定我们如何组合这些单词的所有语法规则：著名的《剑桥英语语法》已厚达一千多页，但依然无法穷尽所有的语法规则。

在短短几年的时间内，每个孩子都不得不从零开始学习这些复杂的知识，同时还要学会走路、数数、握笔等基本技能，并努力适应复杂的物理世界和社会环境。不仅如此，孩子还必须从人们实际说出来的那些含混不清、支离破碎、通常杂乱无章的话语中学习复杂的语言模式。学者们已经开始发现，日常语言实际上非常混乱。举个典型的例子，卡内基梅隆大学布赖恩·麦克维尼（Brian MacWhinney）负责的 CHILDES 项目收集了超过 4400 万词的儿童和成年人之间的互动对话内容，涉及 30 种不同的语言。该项目旨在揭示儿童实际听到的内容，以及这些内容与他们所表达的内容之间的联系。项目还收集了成年人之间对话的庞大数据库，其中包含数亿个单词。另外，互联网提供了获取大量书面语言的便捷途径，包括非正式的聊天、博客、报纸文章以及小说。

这些"自然"语言的转录文本揭示了我们的日常语言往往是不完整、支离破碎和结结巴巴的（正如我们在第二章中所述）。我们时常改变主意，进行自我纠正，话说一半欲言又止，或者说出对方想说的话，彼此都试图说服对方。事实上，最近的一项跨语言研究表明，我们在正常对话时平均每 80 秒就需要改口一次。[21] 此外，日常谈话也是高度公式化的——我们所说的有很大一部分是一成不变、老套的问候语和惯用语，还有感叹和抱怨。据估计，约有一半的对话语言是通过对陈旧的语言片段和语言模式进行重组和稍加改造来实现的。[22] 到目前为止，这种构式方法效果还不错。

但我们说的其他内容呢？这一切难道不是由语法规则优雅地支配着吗？难道说它们是由一堆混乱的特定构式组成的？事实上，如果我们仔细研究任何特定的语言模式，就会发现一般规则常被打破，混乱和复杂的现象比比皆是。例如，在英语中，下面前三个句子说得通，但第四个句子明显很奇怪（这里用语言学家的星号标记表示不合语法）：

> I like skiing（我喜欢滑雪）
>
> I enjoy skiing（我享受滑雪）
>
> I like to go skiing（我喜欢去滑雪）
>
> *I enjoy to go skiing（我享受去滑雪）

或者想想那些我们学过的令人困惑的句型，尤其是像 no matter 这样含义微妙的短语：

> No matter how clever he is, I'm not hiring him（不管他有多聪明，我都不会雇用他）

No matter how clever he is or isn't, I'm not hiring him（不管他聪明不聪明，我都不会雇用他）

*No matter how clever he isn't, I'm not hiring him（不管他有多不聪明，我都不会雇用他）

以及下面这个让人迷惑的句型：

What you said was unclear（你说的话不清楚）

It was unclear what you said（你说的话不清楚）

Your answer was unclear（你的回答不清楚）

*It was unclear your answer（不清楚你的回答）

从抽象的数学角度来看，这些例子都令人费解。那些不能说的"奇怪"话语似乎密切遵循着我们能说的语言模式。问题不在于我们理解不了这些句子的含义。比如一个人说出 I enjoy to go skiing 或 It was unclear your answer 这样的句子，理解起来其实并不难。但这些句子很不自然，对于英语母语者来说是不"成立"的。答案并不在于这些模式的数学结构，乔姆斯基的普遍语法对解释上述奇怪的句子以及其他非常规表达毫无帮助。

事实上，语言学家对语言的细枝末节研究得越多，他们发现的局部模式、子模式和例外就越多。语言的数学规则就像海市蜃楼，近距离观察，你会发现它原来千疮百孔，摇摇欲坠。彼得·库里卡弗（Peter Culicover）曾是乔姆斯基的学生，但其思想与导师乔姆斯基大相径庭。他把这些模式称为"句法难题"（syntactic nuts）——语言之谜无处不在，每一个都需要分析和解释。[23] 每一种语言都有一系列独特的句法难题，任何所谓的普遍原则都无法解释，而是需要借助特定的词汇和语法构式来解释。

如果我们去除这些缺陷和特质，是否就能揭示出一个优雅、抽象的数学规则框架呢？库里卡弗的研究，以及更广泛开展的构式语法研究，表明了完全相反的情况：语言本质上是奇怪的。从乔姆斯基的生成语法角度来看，这些无序现象都是一个谜。每个孩子的基因和大脑本应内置一套完美而普适的系统，然而实际情况却是一团乱麻，有着数不清的例外情况，这使得学习和使用语言变得更具挑战性。但是，如果我们认为语言（无论是在每个孩子的头脑中，还是在一个语言社群的许多代人中）是从完全不同、类似哑谜的交流事件中自发产生的，那么其中残留的不完美、冲突和不匹配就是不出意料的了。期望语言自发并完美地融入一个完全规则的语法系统，就像期待结冰的池塘水面奇迹般地形成一块巨大的晶体一样不可能发生。

考虑到这些特殊的复杂性，人类儿童仅需数年时间就能娴熟地掌握他们所接触的语言，实在令人惊叹。乔姆斯基试图回答这个难题，他假设语言的普遍性是人类先天具有的能力，这样每个孩子都有一个很高的起点。但是，支撑世界上各种语言的普遍蓝图这一设想最终被证明只是一个神话。所以，如果没有内置的普遍语法语言学习何以可能，肯定有另一种解释。实际上，确实存在其他的解释，我们将在第六章介绍。

有序和无序的力量

语言在不断地变化，而且变化的方式千差万别。新词新语层出不穷，而另一些则逐渐废弃不用。词语的含义产生微妙或显著的变化，也可能会引申出新的含义，与此同时，语音和语调也在不断变化。但最根本的变化也许是渐进的惯例化：交流模式刚开始非常灵活，但随着时间的推移，它们变得越来越稳定，逐渐成为惯例，在许多情况下，甚至成为一种强制性规定。这就是自发秩序在发挥作用：随着时间的推移，从最初的混乱中演变出越来越具体的模式。语言的各个方面都存在着日益惯例化的趋势，并且在很大程度上是一条单行道。惯例不是越来越宽松，而是变得越来越严格。就像在"你比我猜"游戏中一样，当我们多次面对相同的沟通挑战时，我们的行为会变得越来越标准化。一旦我们在某次游戏中设计了一个"哥伦布"的手势，即使以后游戏中不太可能再次出现"哥伦布"，我们仍会坚持使用这个手势，而且这个手势很快会被简化。然而，在面临新的沟通挑战时，我们仍然能够保持极高的创造力，包括重新制定和重新利用已经建立的惯例。因此，我们设计的"哥伦布"手势经过改造后，可能会被重新用于表达"海上航行""美洲""水手"等概念，甚至还可以用于表达"入侵""航行""发现"这样的抽象概念。

可见，一股力量是通过惯例化来传达已知信息，另一股力量则是以创造性的方式融合和重建惯例来处理未知信息。这两股力量在语言中是如何发挥作用的呢？首先，考虑一下任何语言最基本的语序问题。在英语中，Mary likes dogs（玛丽喜欢狗）的语序告诉我们 Mary 是动词的主语（她是"喜欢……的人"），而 dogs 是动词的宾语（狗是被喜欢的对象）。相比之下，dogs like Mary（狗喜欢玛丽）中的 dogs 是主语，而 Mary 则是狗喜欢的对象。英语的标准语序是主语—谓语动词—宾语（SVO）。

操英语者对 SVO 语序非常熟悉，以至于理所当然地认为只有这一种语序。但恰恰相反，S、V、O 可以有六种排列方式，而在世界上的语言中这六种都出现了（表4.2）。有趣的是，最常见的语序不是英语和大多数欧洲语言的 SVO 语序，而是日语、韩语和土耳其语的 SOV 语序（动词在句尾）。两种语序都把主语放在句首，事实上，世界上 80% 以上的语言都遵循这种模式。但仍有许多语言将动词放在句首：VSO 语序（如包括威尔士语和

语序	示例（英语）	语言数量
SOV	Mary dogs likes	2,275 (43.3%)
SVO	Mary likes dogs	2,117 (40.3%)
VSO	Likes Mary dogs	503 (9.5%)
VOS	Likes dogs Mary	174 (3.3%)
OVS	Dogs likes Mary	40 (0.7%)
OSV	Dogs Mary likes	19 (0.3%)
无显性语序	多种或所有语序皆可	124 (2.3%)

表 4.2 世界语言中语序的频次。

语言游戏

布列塔尼语在内的凯尔特语族）和 VOS 语序（如包括泽塔尔语和基切语在内的玛雅语系）。最后，有少数语言把宾语放在句首：OVS 语序（如瓦里希奥语，一种墨西哥西北部的犹他-阿兹特克语言）和 OSV 语序（如巴西亚马孙地区的哈班特语）。

语序一开始是如何建立的呢？在"你比我猜"中，手势没有一定的顺序。但是，如果我们想表达谁对谁做了什么，一些语序可能会（或许只是偶然地）变得更加突出，甚至某种语序可能最终成为标准。一旦某个特定的语序（比如 SVO）得以建立，就会被沿用——毕竟，如果违反了预期的语序，那么在其他条件相同的情况下，我们很可能会被误解。从历史上看，语言似乎确实在不可避免地从所谓的自由语序模式转向越来越严格的语序。

以罗曼语为例，这是源自拉丁语的一个欧洲语族，包括西班牙语、葡萄牙语、意大利语、法语和罗马尼亚语。古典拉丁语的语序是自由的：Audentes fortuna iuvat（幸运眷顾勇者）这句话用其他五种可能的语序来说都一样——Audentes iuvat fortuna，Fortuna audentes iuvat，Fortuna iuvat audentes，Iuvat audentes fortuna，Iuvat fortuna audentes。[24] 尽管如此，古典拉丁语中还是有一些语序更受青睐。这个短语的标准语序是 OSV，即 Audentes（宾语）fortuna（主语）iuvat（动词），但拉丁语中更常见的模式是 SOV。因此，如果随着时间的推移，这种 SOV 语序模式越来越标准化，以至于它变得根深蒂固，那么人们可能会认为今天的罗曼语会有 SOV 语序。但事实并非如此。为什么呢？

尽管古典拉丁语中最常见的语序是 SOV，但真正重要的不是西塞罗和尤利乌斯·恺撒的文学拉丁语，而是"街头拉丁语"。从公元前 2 世纪开始，罗马帝国各地都在使用这种通俗拉丁语，它恰好采用了另一种语序：SVO。现代罗曼语系正是源于这种日常拉丁语，因此也就继承了 SVO 语序。

拉丁语中，主语、动词和宾语没有固定的顺序，因此，类似拉丁语这样的语言必须采用其他方式来表明主语和宾语的区别（比如区分"约翰喜欢菲多"和"菲多喜欢约翰"）。常见的解决方案，也是拉丁语使用的一种方法，就是标记格。格在现代英语中仅剩一些残缺的形式，例如 she likes dogs 和 dogs like her 之间的区别。但是拉丁语的格系统要复杂得多：用主格表示主语，宾格表示（直接）宾语；另外还有很多其他的格（如与格、属格、离格、呼格以及很少使用的位格）。在拉丁语中，格用不同的名词词尾来表示，但这些词尾总是容易受到惯例化和简单化的影响（就像一个常用的猜谜手势越来越简化）。因此，名词词尾逐渐消失，语序趋于约定俗成。[25] 从历史上看，语言更倾向于从依赖格尾转向依赖语序，而不是相反。这一趋势的终点就是现代英语：除了在代词中尚有一些残留（例如 she 与 her，he 与 him），古英语的复杂格系统几乎完全消失了。

然而，名词的格标记和动词的时态标记最初来源于何处？玩"你比我猜"游戏时，我们的注意力几乎全部放在即时、可见、具体的物体和动作上，怎么可能传达主语、直接宾语或间接宾语等抽象概念呢（在 Sunita gave the book to Maya 这个句子中，主语、直接宾语和间接宾语分别是 Sunita、the book 和 Maya）？

连续的语言猜谜游戏如何为不同的主语（I、you、he/she、we 等）和时态创造丰富多样的动词词尾呢？进一步而言，将语言黏合在一起的简短"语法词"（of、to、and、on、by）又从何而来？猜谜游戏也许是用来思考名词和动词起源的可靠隐喻，因为通过这些名词和动词可以猜出物体和动作，但语法呢？

答案在于"语法化"这一迷人的现象：原本意义具体、明确的单词逐渐演变为抽象的语法机制的奇妙过程。[26] 我们都接受过生成语言学（包括乔姆斯基的"原则与参数"及其众多竞争观点）的训练，语法化的概念（以及更广泛的语言演变研究）让我们两个人大开眼界。生成语法观将语言视为一个非常复杂却不可改变的数学对象；而语法化解释了语法复杂性是如何出现的，以及语法是如何不断发生变化的。[27]

那么，什么是语法化？简单地说，语法化是语言演化的一系列步骤，通过该过程，指涉对象和动作的特定词汇逐渐演变为复杂的语法系统，包括代词、介词、连词、动词词尾、一致性等。这些步骤每次处理一个单词（或者扩大到多词结构），并且按照（大致）可预测的确定方向起作用。正是所有这些变化及其相互作用，使语言的复杂性得以自发形成。

从猜谜游戏的角度，想一想语法化可能会怎样发挥作用。首先，也是最明显的，如果我们重复传达相同的信息，那么信号将会更加简化和标准化。久而久之，简化会演变为所谓的"侵蚀"。因此，在英语中，going to 变成了 gonna；did not 变成了didn't。时间越长，这种侵蚀作用可能就越显著。从拉丁语的

mea domina（我的太太）开始，到法语用 ma dame 或 madame 表示"夫人"，再到英语的 madam、ma'am、mum，有时甚至只用 -m（如 Yes'm）。[28] 与此相关的是，侵蚀瓦解了沟通上无本质差异的形式。下表对比了早期现代英语（莎士比亚和钦定版《圣经》的语言）和现代英语：

I have	I have
thou hast	you have
he/she/it hath	he/she/it has
we have	we have
ye have	you have
they have	they have

在这里，thou 和 ye 已经合并为 you（没有单复数区别）；hast 消失了，而 hath 则变成了 has。

再往前追溯，我们会对英语的受侵蚀程度有更加清晰的认识。从古英语（《贝奥武甫》和亚瑟王传说中的语言）到中古英语（乔叟的语言）再到今天的英语，这是一个差异消融、词尾消失的故事。[29] 古英语和拉丁语一样，语序相对自由，名词有一个复杂的格标记系统（主格、宾格、属格、与格和工具格），用来表示谁在对谁做什么。它有三种语法性别，不仅适用于名词，也适用于指示词和形容词。所以，that good woman 在古英语中会用中性（不是阴性，因为 wif［woman］是中性的）来表示每个

时态/语气		古英语	现代英语	古英语	现代英语
不定式		tō *hæbbenne*	to have	tō *libbenne*	to live
现在时	第一人称	iċ *hæbbe*	I have	iċ *libbe*	I live
	第二人称	þū *hæfst*	you have	þū *leofaþ*	You live
	第三人称单数	hē/hēo/hit *hæfþ*	he/she/it has	hē/hēo/hit *leofaþ*	he/she/it lives
	复数	*habbaþ*	have	*leofaþ*	live
过去陈述式	第一人称	iċ *hæfde*	I had	iċ *lifde*	I lived
	第二人称	þū *hæfdest*	you had	þū *lifdest*	you lived
	第三人称	hē/hēo/hit *hæfde*	he/she/it had	hē/hēo/hit *lifde*	he/she/it lived
	复数	*hæfdon*	had	*lifdon*	lived
现在虚拟式	单数	*hæbbe*	have	*libbe*	live
	复数	*hæbben*	have	*libben*	live
祈使语气	单数	*hafa*	have	*leofa*	live
	复数	*habbaþ*	have	*libbaþ*	live
现在分词		*hæbbende*	having	*libbende*	living
过去分词		*(ġe)hæfd*	had	*(ġe)lifd*	lived

表 4.3　惊人的古英语动词侵蚀现象。比较两个常用动词 to have 和 to live 在古英语中丰富多样的形式（用粗斜体表示）以及它们在现代英语中为数不多的简化形式（用普通斜体表示）。

单词。表 4.3 显示了过去一千年里发生的巨大变化。

　　但现在我们面临一个难题：如果复杂的格标记和动词词尾无情地逐渐消失，那它们又从何而来呢？在这里，猜谜游戏的类比再次提供了关键的线索。如果我们重复使用涉及两个元素的标准模式，这些手势的简化形式很快就会融为一体。例如，要描述 Wimbledon（温布尔登）这个词，最初可能是先模仿网球击球，然后摆动竖直的手指，暗示球场的草地。但一段时间后，击球的动作可能会简化为"嗖"的一声，紧接着竖直手指，这些动作变成了单一的手势。事实上，用不了多久，我们甚至可能会忘记为什么这个奇怪的手势会具有现在的意义。历史上，语言在许多方面都存在着常用模式融合的现象。前面已经提到 ma dame 这两个法语词是如何演变成 madame 这样一个单词的，into、onto、wanna、gonna 等英语词汇也都体现了融合作用。该过程也解释了格和动词词尾模式的来源问题。现在的单词是曾经独立的两个相邻单词相互融合形成的"化石"。

这为破解动词词尾来源之谜提供了关键线索：它们曾经是独立的单词，后来逐渐融合到"词干"中，成为一个后缀。起源于拉丁语的罗曼语就是一个很好的例子。我们首先看拉丁语的构式，比如将来时 cantare habeo（字面意思为"我将要歌唱"）。[30] 如果你想一展歌喉，那么歌唱肯定发生在将来。该构式的含义随着时间的推移而逐渐扩大，适用于将来的任何事件。但是独立动词 habere 仍然保留，这就创造了一种谈论将来情况的新方式，也就是创造了一种新的将来时态。现在再来看拉丁语的现代后裔：法语、意大利语和西班牙语（表 4.4）。注意在法语、意大利语和西班牙语中，have 的形式是如何附加在动词不定式上（在某些情况下已经被侵蚀）来表示将来时态的。

还有最后一个谜题：助动词 have（拉丁语 habere）等语法词从何而来？猜谜游戏里通常涉及的都是一些具体的物体和动作，那么抽象的概念（例如 having to sing）怎么用手势表示呢？抽象概念都不好表示，那些纯粹的语法词（如 of、in、the、a、and、because 等）就更别提了。

还是猜谜游戏给我们提供了有趣的线索。一旦我们用一个手势表达了某种特定且具体的意思，以后就可以用同一个手势来描述各种相关的意思。我们发出嗖嗖声和摆动手指最初可能表示"温布尔登网球锦标赛"，一旦确立了这个手势，人们就会以各种可能的方式重复使用，例如，用该手势表示伦敦西南区、温布尔登公地、温布尔登地铁站，或指某个网球明星，如塞雷娜·威廉姆斯（Serena Williams）或罗杰·费德勒（Roger Federer）。具体的含义可以用来传达更抽象的信息。假设我们玩一个猜行动方式的游戏（如用踏步动作配合向下指的手指来表示步行），这个动作可能会扩大到包括步行在内的所有行动方式。然后，我们会很自然地用这个手势再配上另一个象征性动作，比如吃东西的手势，来表示去咖啡馆吃午餐。因为步行之后的动作都发生在将来，所以走路姿势可能最终成为将来时态的标志。这与英语构式 I am going to swim 的演变是相似的，其中 going to 已经变异为将来的标记，不再暗含"行动"之义（法语的 je vais nager 和西班

法语		意大利语		西班牙语	
have	will sing	have	will sing	have	will sing
avoir	*chanter*	*avere*	*cantare*	*haber*	*cantar*
j'*ai*	je chanter*ai*	io h*o*	cantar*ò*	h*e*	cantar*é*
tu *as*	tu chanter*as*	Tu h*ai*	cantar*ai*	h*as*	cantar*ás*
il/elle/on *a*	il/elle/on chanter*a*	lui/lei h*a*	cantar*à*	h*a*	cantar*á*
nous av*ons*	nous chanter*ons*	noi abbia*mo*	cantare*mo*	h*emos*	cantar*emos*
vous av*ez*	vous chanter*ez*	voi av*ete*	cantar*ete*	hab*éis*	cantar*éis*
ils/elles/on *ont*	ils/elles/on chanter*ont*	loro h*anno*	cantar*anno*	h*an*	cantar*án*

表 4.4　罗曼语中将来时起源的线索。不定式（to have、to sing）用斜体表示；现在时和将来时词尾共有的形式用粗斜体表示。

牙语的 voy a nadar 也出现了类似的模式）。

当然，猜谜游戏例子的细节纯属猜测。但是，对语言的历史分析表明，一些具有具体语义的单词有一种强烈的趋势，用一个形象的比喻来说就是其意义经过"漂白"后逐渐淡化，最终只承担一个标准化的、纯语法的角色。因此，尽管语音不断地简化和弱化，语义却在不断扩大；在某些情况下，单词几乎完全失去了最初的含义。

比如，英语单词 that 已经从指示附近物品的用法（现代英语例句：Look at that!）转变为引用某人所说的内容（一个粗略的例句：Mary shouted that the house is on fire!），再到纯粹的语法用法（John doubted that the proof had a fatal flaw，或 It is possible that the film will have a sequel）。同样地，表示"步伐"或"步子"的法语单词 pas 已经成为否定的语法标记。[31] 最初，拉丁语用 non dico 来表达"我不是说"，后来则演变为 je ne dis（注意 non 受到侵蚀而简化成 ne）。为了表示强调，法语会额外添加像 pas（步伐）、point（点）和 mie（碎屑）这样的单词，例如：je ne marche (une) pas（我不会走半步），je ne mange (une) mie（我一点渣都不吃）。这些 ne...pas、ne...point、ne...mie 的构式，在语言演变过程中，逐渐丧失了"步伐""点"和"碎屑"的原本意义，只保留了否定的功能。其中，ne...pas 逐渐占据主导，形成了标准的构式形式 je ne dis pas。在一些法语口语变体中，ne 在受到侵蚀后逐渐被人淡忘，只留下 je dis pas。表示具体可观察的动作、步伐或步子的名词，现在完全承担起了最抽象的语法角色——将一个肯定陈述（je dis）转化为其否定形式（je dis pas）。就这样，曾经用来描述事物和行为的词汇逐渐演变为语法词，这些语法词虽小却很重要，是构成语法的基石。

驱逐语言衰败的幽灵

　　语言在衰败吗？英语、法语、冰岛语和汉语普通话的语法是否正在逐渐衰败？本章开头提到，对于语言的担忧由来已久，而且就像每代人都在关注的"当代青年"问题一样广泛存在。除非我们意识到语言的自组织力量，否则我们很自然地会把语言的变化看作一个无情的腐蚀过程。从这个角度来看，词典编纂者和语法学家是抵御普通语言不断衰败的重要防线：语言变化常常是由于粗心大意和彻底错误导致的结果，我们应该尽可能有力地抵制语言腐蚀的力量。

　　然而，一旦我们意识到语言的复杂模式是通过自发有序的过程产生的，就会发现这些担忧毫无根据。语言一直在发展变化：它是数十年、数百年甚至数千年来语音演变、词汇变迁、语法化等多个方面不断叠加的产物。尽管这种修补和改进反复无常，但它们的结果却是有序的、令人愉悦的，并能够涵盖诗歌、法律、科学以及人类全部的经验。然而，每一代人往往都将任何语言变化的迹象视为语言退化，甚至是精神堕落和社会衰退的前兆，而未能意识到这些新的变化实际上是语言的活力和创造力之源。实际上，语法化的过程有可能引发跨世代的语言战争。[32]

对于大多数 1970 年前出生的人来说，过度使用 like 这个词来表示引用，比如 I was like, OMG（我就像，哦，天啊！），往往会引起他们的反感和不理解，在他们看来，这是低劣的语言使用。不过 like 这个引用用法却保留了下来，并且现已扩展到了非语言元素，比如"我就像，［说话者翻白眼］"和表情符号："他就像，😡"。语法的具体模式不断变化，但构成人类语言复杂性的规则、子规则和例外之间的平衡却始终没变。

※※※

与语法坚守者（如汉弗莱斯和斯威夫特）所担心的相反，语言秩序并没有陷入混乱。语言秩序源自语言混乱：尽管不完美，甚至有残缺，但它仍然可以实现良好的效果。我们集体创造的语言，从一个即兴情节到下一个即兴情节，非常有效地传达了人们感兴趣的东西，让他们可以轻松地学习、表达和理解。经过数百万次的人际互动，我们拥有的表达资源已然成形，能够满足我们的即时需求。

如果让语言自由发展，不受教师、权威学术机构和自诩的语法专家干预，语言也不会沦为一连串无意义的咕哝声。那些担心语言无序的人认为语言就像一个花园，如果不持续打理就会杂乱不堪；或者认为语言像一台机器，需要不断维修和校准。但这种观点正确吗？也许应该将语言与自然界中出现的有序模式进行比较——最明显的是生物都拥有令人惊叹的复杂设计，从细菌到山毛榉，从甲虫到蝙蝠、鸟类和姥鲨，都是如此。生物的复杂模式不需要持续干预来防止物种退化。同样，我们将在下一章讨论，世界语言的多样性和复杂性也是在类似的成长和进化过程中出现的。

第五章

无关生物进化的语言进化

> 人类说母语并不像鸟儿啁啾那样是自然赋予每一物种个体的本能，人不是生来就开始操练母语，也不是在后天的成长过程中自动学会了母语。事实上，如同烘焙和编织，语言也是一门代代相传的艺术。

> ——亨斯利·韦奇伍德，
> 《论语言的起源》（*On the Origin of Language*，1866）

1836 年 10 月 2 日，查尔斯·达尔文乘坐英国皇家海军"贝格尔号"（HMS Beagle）考察船环球航行近五年后，终于在这一天回到了英国。此次航行，他收集了大量的动植物化石标本，因而回国后，他有很多东西要研究。环球航行的见闻为他日后提出物种起源的革命性理论奠定了基础。两年后，自然选择的进化思想终于在他的脑海中初具雏形。此刻，他十分清楚，这一思想将引发巨大争议。正如他日后在自传中所写："那段时间我急于避免偏见，所以不去写会引起偏见的只言片语。"[1] 达尔文知道自己必须竭尽所能为这一理论提供最有力的证据；否则，它很快会被别人否定，被无情嘲笑，甚或面临更糟的情况。然而，出人意料的是，证据竟来自语言演变研究。

达尔文从比较语言学获得帮助，或许要感谢表兄兼姐夫亨斯利·韦奇伍德（Hensleigh Wedgwood）。韦奇伍德是英国地方法官、语文学家、唯灵论者、英国语文学会（Philological Society，英国最早的语言研究学会）创始人。德国语言学家在重建印欧语系方面取得了重大突破（我们在前一章讨论过），相关成果传播至英国学术界，其中有韦奇伍德的功劳。[2] 通过语言谱系可知，梵语、希腊语、拉丁语、波斯语、英语和丹麦语等都源于共同的祖先——原始印欧语，随着时间的推移，印欧语不断变化，形成了以上多元的语言谱系树。达尔文参考这种演变，提出所有生物的分类源自历史变化的变异树（见图 5.1）。[3] 在人类世世代代使用语言的过程当中，某些语言形式（声音、单词、短语）消失在历史长河，而某些则延续下来；语言的这种生存之争同样存在于生物界，变异和选择是演化中的关键因素。

对达尔文的进化论来说，将语言与物种类比还有额外的好处。因为在 19 世纪中期，比较语言学被誉为典范学科，它成功运用了自然科学的方法，与比较解剖学和地质学齐名。当达尔文在 1839 年 3 月动笔时，他似乎已经想到了学术地位崇高的语言研究："我可以利用语言学，提出令众多学者信服的观点。语言是逐渐演变的，这一点证据确凿，而我的观点能清晰明了地解释语言多样化的原因。"[4] 二十年后,《物种起源》(*On the Origin of Species*)一书出版,书中他多次使用语言与物种的类比来支持他的理论,包括通过物种的树状谱系图说明生物是如何划分为属、亚科、科等类别的:

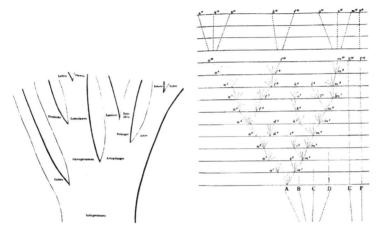

图 5.1　左边是 1853 年奥古斯特·施莱歇尔(August Schleicher)绘制的印欧语言谱系图,这是最早的语言谱系树图;右边是 1859 年查尔斯·达尔文在《物种起源》中绘制的"生命之树"草图。两幅图都说明:如同树木会分出枝丫,多样性的出现过程也是如此。

以语言为例来解释这种分类观点,这是值得的尝试……同一语系不同语言之间的差异程度只能由从属关系来表示,而合适甚至唯一可行的方式就是语言谱系分类。语言谱系分类根据语言之间关系的远近展示了所有消失和现存的语言,同时指明了每种语言的演变和起源,这样看来,语言谱系分类是非常自然的。[5]

语言多样性和生物多样性起源的类比并非异想天开：它对论证达尔文的自然选择理论至关重要，或许还启发了达尔文。

1871 年，达尔文在《人类的由来》(*The Descent of Man*)中讨论语言的进化时，再次用到了语言-物种的类比："不同语言和不同物种的形成过程，以及证明它们都是逐渐演变的证据，竟出奇相似……某些单词经过生存斗争后依旧存在，这是自然的选择。"[6] 他引用了牛津大学语言学家麦克斯·缪勒的话，并对此表示赞同："每一种语言中，单词和语法形式的生存斗争都在不断上演……占得上风的总是那些更好、更简短、更容易的表达。"[7] 与同时代的许多人想法一致（包括本章开头提到的其表兄韦奇伍德），达尔文也认为语言进化不是指人如何通过生物进化获得语言能力，而是指语言的文化进化——不同的人在试图让他人理解自己时使用的语言模式逐渐部分重合，我们在第四章已经讲述过。简而言之，语言进化是指宏观上的语言变化。

语言有机体

在这一点上，可能有人反对说，语言变化并不等同于语言进化。当然，人类必须首先进化出专门的神经机制，才能使语言成为可能。毕竟，只有人类才有语言；即使是我们进化上的近亲——其他类人猿，也没有任何类似人类的语言。所以，进化赋予了我们一种只针对语言的生物适应能力，只有拥有了这种适应能力，才会出现语言变化，这个观点似乎是合理的。事实上，这个观点在语言学和其他领域都有相当大的影响力。[8]

然而，即使是在攻读语言学博士学位期间，我们也从未相信过语言由基因进化决定。将语言进化和语言变化剥离是不现实的，因为它在很大程度上基于一个假设，即需要某种语言所特有的先天机制来解释我们如何学习和使用语言。正如我们所见，这个假设并不成立。如果语言真如本书所说的那样运作，那么语言进化和语言变化之间就没有区别。语言本身一直在变化——不需要某种只针对语言的生物适应能力。

但是，如果没有一条语言的界线，跨过这条界线，我们就从只会咕噜咕噜的野兽进化为健谈的现代人，复杂的语言是如何出现的？幸运的是，我们关于语言转瞬即逝、灵活多变以及合作本质的观点为这个问题提供了崭新且令人信服的答案。基于达尔文的观点，我们认为语言本身就是一个不断进化的系统。我们不想探讨"人类大脑如何适应语言"，相反我们要思考的是"语言如何适应人类大脑？"

根据我们的观点，语言进化的重点不再是语言使用者的生物适应，而是语言本身的文化进化。这并不是说人类天生就是一块"白板"，语言可以不受任何生物因素约束在人类身上"作画"。[9]事实远非如此！复杂的语言是人类的专属，究其原因，无疑与人类的生物特征有莫大关系。正如已故的著名语言学家利兹·贝茨（Liz Bates）所言，这个问题"不是先天与后天的较量"，而是关于"先天的本质"。[10]我们不必争论语言是否受生物因素约束——生物因素约束显然是有的。相反，我们要关注的是，这些生物因素是否只针对语言，是为了适应语言而演变的；还是说在语言进化之前，其他非语言能力的变化导致了这些因素的产生，因而无须改变任何生物因素（或只需微调）。我们倾向于后者：语言是在已有的学习、记忆和社交机制的基础上进化形成的。

但是，是什么塑造了不同语言的文化进化呢？是什么使得语言结构与语言学习者和使用者相互契合呢？这种契合让我们大脑学习和运用语言变得极其简单。将语言视为"你比我猜"这样的猜谜游戏，可以再次提供一些有价值的见解。

玩这个游戏，我们首先需要彼此熟悉。我们必须对队友所知之事了如指掌，更要在意他们未知之事，还要预判他们可能做出的推断。如果做不到这一点，队友将无法理解我们传递的信息，也就无法获得正确答案。如果队友从未听说过马力欧（《超级马力欧兄弟》电子游戏中的角色，该角色是意大利裔美国人），更别提玩过这款游戏，那么我们不停地跑来跑去，蹦蹦跳跳地模仿快速跳跃的马力欧，是无法引导队友猜出"水管工"这一词的。读懂他人想法的思维过程存在诸多约束，这些约束构成了交流冰山隐藏在水面下的大部分，因而它们在语言进化过程中起着关键作用。语言要起作用，使对话顺利进行，就需要迅速且精确地传达信息，提供对话双方所需的资源。例如，经过文化进化塑造的语言可以帮助对话双方跳过双方已知的信息，重点关注需要传递的关键信息。比如在"邻居新买了一条狗"这个句子中，我们可知邻舍住了人，说话者传递的是邻居又买了一条狗的新信息。[11] 广而言之，语言可以传递不同类型的信息，比如谁对谁做了什么，何时做的，为何这么做。我们要创造哪种语言猜谜游戏取决于我们要传递的信息类型。但是，实现信息传递的具体方式，如口语和手语，呈现出巨大的差异。

第二，身体的局限会影响玩这个游戏。表演队友看不出来的动作，或者尝试做那些超出我们能力的动作，比如硬是把僵硬的身体蜷曲成椒盐卷饼那样来演示"瑜伽"一词，这些都没有必要。同样，无论是手语还是口语，都受到知觉动作因素的影响，要确保语言包含容易识别和产生的感知单位，且符合人体的运转方式。例如声带振动，产生的声波在声道中产生共振，然后舌头和嘴唇控制声波，这样便形成了我们的语音——尽管人类能创造和理解的发音方式还有很多。

第三，学习能力、注意力和记忆力的局限性会影响猜谜游戏和语言的进化。例如，我们可能会通过一长串快速即兴表演的复杂动作来表示"技工"这个词，队友可能会看出是汽车修理的动作，却无法说出正确答案"技工"。不仅如此，由于它太过复杂，这个词无法"流行"，也不会出现在以后的猜谜游戏中——但那些彻底简化的手势另当别论。同样，语言结构会受人的记忆偏好影响，即向简短、简单、易于记忆的方向进化，因为这样的语言更容易通过"事不宜迟瓶颈"。

第四，在猜谜游戏和语言中，符号经过约定俗成，可以用来传达抽象意义。例如，前面提到的将双手搭成尖塔状，最初是用来表示"船"。但在尼克家，经过约定俗成，这个手势一开始用来表示哥伦布前往新大陆的航行，后来则仅指代美洲。正如第三章所述，语言也是由类似的约定俗成过程塑造的，这样便提高了交流的效率。如我们所见，巨大的交流压力进一步推动了声音与意义对应的任意性（所以并非所有狗的品种名称听起来都差不多，比如 akitas［秋田］、beagles［比格］、collies［苏牧］等）。这就使得语音信号与语境线索既相互独立、互不干扰，又尽可能互为补充。最后，如果某个词语想要获得持续的生命力，那么它需要具备很强的适应能力，能满足交流需求，同时又要符合习惯，便于人们理解。

我们对他人的看法、感知运动系统的运作原理、我们能够学习和记忆的内容以及约定俗成创造的意义，都会产生种种约束，这些约束可能会以各种方式对语言创造过程产生影响。如上一章所述，反复学习和使用使得语言结构出现部分系统化模式，这就是语法化的过程。随着时间的推移，适应约束的语言形式往往会激增；而那些不适应的，要么不会出现，要么也会很快经历达尔文所说的"生存竞争"，消失不见。难以学习和使用的词语和构式很快就会从语言中消失，而那些毫不费力便能掌握的则会代代相传。换言之，语言进化由语法化驱使，同时伴随着其他语言变化，并受到大脑局限和交际的制约。

打个比方，我们可以把语言看作一个必须适应生态位的"有机体"。这里的生态位指人类大脑[12]，但广义上指承载着大脑的个体以及与该个体有社会性联系的其他个体。"语言有机体"的生死由我们决定，我们存在，它便存在。如果人类突然彻底消失，语言也会跟着消失——除了那些尘封在废旧图书馆里死气沉沉的文字。但语言消失了，我们还是能继续存在（尽管我们难以维持社会的运转）。所以，从生物学角度来说，语言与它的人类"宿主"形成了一种共生关系。

共生指两个不同的生物关系密切，相互影响，这种关系在自然界中无处不在。例如，我们都携带着数万亿的微生物，从体表到体内，从头顶到脚底，从口鼻到肠胃，它们遍布身体各处。[13]这些小小的"顺风车乘客"共同形成了人体微生物组，普通成人的体重中有 3 磅由其组成（约 1.5 千克，大致等于成人大脑的重量[14]）。它们当中大部分与人类"共栖"，也就是说利用人类环境存活，不伤害人类，也不会有其他任何回报。另一些则与人类互惠共生，也就是微生物和人类宿主都受益的关系。以我们肠道中最常见的细菌多形拟杆菌（*Bacteroides thetaiotaomicron*）为例。这种细菌能帮我们及时分解复杂碳水化合物（如淀粉），作为回报，我们让它在内脏中取得养分，存活下来。所以，与这类微生物的共生联盟是双赢的。[15]

我们与语言的共生关系也是互惠互利的：因为人类，语言得以存在、发展和繁荣；因为语言，人类得以顺畅交流，传授技能和知识，创造日益丰富的文化、社会和文明。当两个物种处于互惠共生状态时，它们通常会共同进化。但是人类的进化与语言的进化并不同步，这是因为生物适应远远慢于语言结构的文化进化。古人类从我们的祖先南方古猿（*Australopithecus*）进化到现代人，花了数十万年甚至数百万年的时间。但是，从原始印欧语（以下语言的共同祖先）演变为布列塔尼语、加泰罗尼亚语、丹麦语、希腊语、印地语、立陶宛语、波斯语，却只用了不到 9000 年的时间。[16] 对这种不对称共生关系的计算机模拟显示，进化快的生物最终会去适应进化慢的生物，而不是相反。[17] 也就是说，进化更快的物种基本上会受制于其宿主。事实上，许多细菌共生体的确都以独特的方式适应了人体。[18] 快速变化的语言有机体也是如此，它不得不适应人类宿主：语言受大脑影响，而不是语言影响了大脑。

语言本能与普罗米修斯的基因

一旦我们把语言看作是由无数转瞬即逝的交流互动产生的，那么语言主要以文化进化的方式进化这一点就显而易见了。事实上，我们也很难想象其他的方式。然而，当 20 世纪末语言进化这一话题重新兴起时，许多语言科学家并不是这么想的。在此之前，由于 1866 年巴黎语言学会颁布的一项禁令，语言进化研究进入了漫长的沉睡期。[19] 达尔文将语言视作进化系统的早期观点已被大多数研究者遗忘。相反，他们认为语言进化研究领域的核心问题是揭示所谓的语言基因蓝图的生物进化。

比如，1990 年，心理语言学家史蒂芬·平克和保罗·布鲁姆（Paul Bloom）提出，人类的语言能力是一种物种特有的生物适应能力，通过标准的新达尔文主义进化过程产生。[20] 从 5 亿年前出现的感光细胞（如今还能在扁虫身上找到这种细胞）斑块进化到哺乳动物复杂的眼睛结构，有关视觉系统进化的解释已经相当充分。通过将语言进化与视觉进化类比，平克和布鲁姆认为，在自然选择之下，语言能力不断提高，从而使得我们基因中存在的"普遍语法"逐渐进化，变得更加复杂。[21]

他们的基本思路如下。一群狩猎采集者使用一套习得的惯例化语言进行交流，这套语言可能包含一个个单词和一些简单的词组。由于随机的基因变异，其中有些人更擅长利用这些特定的语言来说服或打动对方、巩固友谊、战胜对手、指导年轻人，从而提高了他们在群体中的社会地位。这样一来，他们会有更多存活下来的后代，这种可以产生特殊但有利于社交的语言模式的基因也就遗传下来。随着时间的推移，基因不断变化，我们可以说出越来越复杂的语言结构，最后形成了当今的普遍语法。这是一种天赋，一套涵盖世界所有语言的句法原则（或规则）；它有一组"开关"，扳动开关可以捕捉每一种语言的特定模式。

这种从生物进化角度研究语言的观点——平克后来称之为"语言本能"——很快成为人类语言能力起源的标准观点。[22]然而，对于大脑适应语言然后赋予我们普遍语法这一观点，我们持有怀疑，理由如下。[23]首先，如前所述，语言惯例和一般语言的变化比生物进化的速度要快。语言环境变化太快，基因无法通过自然选择来适应。

通过与哥伦比亚安第斯大学（Universidad de los Andes）的弗洛伦西亚·雷利（Florencia Reali）合作，我们用计算机模拟基因和语言变化的相互作用，从而证实了这一点。[24]尽管特定的遗传倾向可能会使人在某种特殊的语言模式上具备暂时的优势，但当这种模式不可避免地转变为其他模式时，优势很快就会变成劣势。因为语言的变化比生物适应要快得多，基因不得不一直"追赶"语言，结果当它们追上时，语言已经再一次发生了变化。快速变化的语言是一个"移动的目标"，缓慢变化的基因无法跟上，因此生物适应特定抽象语言模式的可能性极低——实际上几乎肯定是相反的结果。

人类首先生活在非洲，后来散布到全球各地。人类的这种散布过程是质疑人类进化出语言基因蓝图的第二个理由。从他国收养的孩子都可以学习他们新祖国的语言，因此任何假定的普遍语法都必须在人类走出非洲之前进化出来。如果不是这样，那么在纽约的美国家庭长大的华裔女孩将无法学会英语，在北京的中国家庭长大的英裔男孩也学不会汉语普通话。但是，为了便于讨论，假设非洲一个史前人类群体以某种方式同化了群体内任意语言惯例的基因。随着人口的增长，大群体分散形成小群体，小群体迁移到新地区；不久，群体间联系减少，彼此隔绝。由于相隔万里无法保持联系，他们的语言惯例很快就会出现差异。

计算机模拟分析表明，如果自然选择的速度快到足以让基因对最初的一组语言模式进行编码，那么这些基因就会不由自主地适应后来的语言变化。[25] 因此，如果基因能够（难以置信地）跟上我们假设的非洲史前人类语言变化的疯狂步伐，那么它们也会跟上后续语言模式的变化。随着人类的身影遍布全球，语言模式无疑会出现变化。人类因分离形成不同的群体，适应不同的语言，这种现象与达尔文在加拉帕戈斯群岛观察到的情况相似。他发现，在加拉帕戈斯群岛，不同岛屿上彼此隔绝的雀群进化成不同的物种，并且都成功适应了当地环境。但在语言方面，这种对当地语言模式的适应意味着，一个人必须出生在华人家庭才能学会普通话，必须来自墨西哥恰帕斯州才能掌握泽塔尔语，必须是丹麦人才能学会丹麦语。显然，这不是事实。[26]

即使上述两点质疑得到回答，对于平克和布鲁姆的语言适应观我们仍有第三点质疑：为什么进化会产生一种如此抽象且高度模糊的普遍语法，它真的可以涵盖大量截然不同的语言吗？正如我们将在第七章中读到的，无论是组成单词的特定发音，还是这些单词组成句子的方式，抑或如何使用上下文来理解句子，语言几乎在所有可以想象到的方面都存在差异。但是进化不会有这种远见，一开始就预见了差异。人类最初的语言不可能包含所有这些惊人的差异。它可能只是一种简单的语言，拥有特定发音，能把音组成词，词组成短语和句子。生物适应并不是由未来可能存在的环境驱动的，比如我们过去并不知道如今会存在 7000 种语言。相反，自然选择使生物适应当时的环境，人类进化也不例外。

随着古人类向世界各地迁徙，他们的身体适应了所在地的环境，例如尼安德特人（*Homo neanderthalensis*）适应了寒冷气候，便有了相应的基因（有些显然与猛犸象的相同）。[27]另一个更戏剧性的例子是弗洛勒斯人（*Homo floresiensis*）。由于身材矮小，他们被称为"霍比特人"。这种史前人类生活在印度尼西亚的弗洛勒斯岛上，岛上资源有限，为了适应这里的生存环境，他们经历了岛屿侏儒化（insular dwarfism），身体变得越来越小。[28]

同样，我们认为人类的其他特征也会根据环境发生变化，语言也不例外。因此，如果像平克和布鲁姆指出的那样，语言始于一群语言专家对本地语言惯例的逐渐生物适应，那么，为什么进化没有对其中的声音、声音组成单词的方式、句法结构进行基因编码，使它们能够遗传呢？换句话说，为什么我们没有说同一种语言呢？[29] 在自然选择之下，我们的大脑适应的不是目前的语言环境，而是普遍的语言环境，涵盖了未来所有可能出现的人类语言。这种观点就好比认为生活在撒哈拉沙漠的动物不知怎的进化出超强的生物适应能力，因此，它不仅能适应干旱的撒哈拉沙漠，也能在亚马孙茂密的热带雨林里、曼哈顿高耸的摩天大楼之间、西伯利亚北部严寒的冻土带之上繁衍不息。但这不太可能发生。

我们有充分的理由质疑语言的生物适应进化出了普遍语法的观点。语言学家诺姆·乔姆斯基也怀疑自然选择是否能产生普遍语法。他认为语言的生物学基础并非像平克和布鲁姆所认为的那样通过自然选择逐渐产生，而是大约 10 万年前某人经历基因突变引起的。这是对进化意义重大的一步，这个被称为"普罗米修斯"的人第一次完成了"递归"。在乔姆斯基看来，递归是语言的基本属性，或许是语言的核心属性。[30]

递归是逻辑和计算机科学中的重要概念，能使进程"调用"自身的副本。正因如此，递归通常被认为是语言的基础，它允许短语嵌套在同一类型的短语中，就像俄罗斯套娃一样。我们用"狗跑了"和"猫吓着了狗"来演示递归。将第二个句子嵌套到第一个句子中，得到下面这句话（括号内是嵌套的句子）：

（被猫吓着的）那只狗跑了。

我们可以重复这个嵌套过程，添加句子"老鼠吓着了猫"，得到这个句子：

（［被老鼠吓着的］猫吓着的）那只狗跑了。

事实上，乔姆斯基认为我们能够无限进行嵌套。但是请注意，如上所示，即使只进行了两次嵌套，得到的句子也很难理解。进行三次嵌套得到的句子完全难以理解，如下所示：

（［［被虫子吓着的］老鼠吓着的］猫吓着的）那只狗跑了。

根据乔姆斯基的说法，"普罗米修斯"可能是构建嵌套句子的第一人，句子层级可以无限嵌套下去。然而，"普罗米修斯"很可能和今天的我们一样，要绞尽脑汁才能创造和理解这些多层嵌套的句子。乔姆斯基的基本观点可能令人费解，他认为，人类的语言能力是在进化过程中突然产生的：在"普罗米修斯"之前，人类没有语言，但随着递归语法的出现，语言诞生了（尽管最初只存在于某个人的头脑中）。

你可能会觉得这说的是语言中相当微不足道的一面，没有体现语言的根本。显然，对于人类语言成为可能这一至关重要的进化"时刻"来说，关注递归现象显得有些奇怪。事实上，莫滕就在博士论文中写过，人类处理语言中这种"中心嵌套式"递归的能力实际上不值一提。考虑到我们在本书中讨论的内容，这一点并不意外，因为中心嵌套式的句子会陷入"事不宜迟瓶颈"，这就迫切需要对输入信息进行快速组块。含有多个嵌套的句子超出了我们语言系统的处理能力。因此，中心嵌套句在各种语言中都极为罕见也就不足为奇了。[31] 所以，尽管乔姆斯基用数学方法解释语法，将无限递归视为语言的核心——俄罗斯套娃理论上可以容纳任意数量的小套娃——但现实中的语言并非无限递归。事实上，真实的口语句子相当令人失望，因为它们最多只包含一个套娃，甚至在很多情况下一个都没有。有些语言根本不使用递归，比如皮拉罕语（Pirahã）。这是生活在巴西亚马孙雨林深处的当代狩猎采集部落使用的语言，因明显缺乏递归而闻名学术界。[32]

不仅递归不太可能成为人类形成语言所需的"不可缺失成分"，递归这种复杂的认知技能通过单一突变事件完全形成的想法也非常不切实际。更令人困惑的是，像"普罗米修斯"那样拥有所谓递归语言新能力的个体，是如何获得选择性优势的呢？毕竟，递归在沟通中没有多大用处，因为其他人并不具备同样的递归能力。乔姆斯基给出的答案是，递归无助于交流，但以某种神秘而未知的方式帮助思考——似乎"普罗米修斯"说话只是说给自己听，是内心独白，结果却带来了巨大的好处，使得"递归基因"迅速传递给下一代。同样，这也是一个不太可能成立的命题，并且乔姆斯基也没有提供任何证据来支持它。

尽管我们认为人类不可能通过自然选择或某次基因突变进

化出特殊的语言能力或普遍语法，但通过几代人的猜谜游戏创造出的语言对人类这一物种的进化意义重大。正如我们将在第八章中读到的，语言改变了一切：人脑的大小，社会的复杂程度，人类知识、技术和文化的飞速发展，无不深受语言的影响。事实上，如果我们真的发现了与人类语言能力有关的基因，我们并不期望它们只关乎语言，而期望它们发挥更大的作用，促进语言能力背后人类其他通用技能的发展。

语言基因

2001 年 10 月初，各大报纸和科学杂志充斥着震惊世人的新闻标题，如"悄悄告诉你，语言的力量可能全在基因中""首次发现语言基因""首次确认'言语基因'"。[33] 这些令人兴奋的报道都指向一项具有里程碑意义的研究，它揭示了西伦敦某个家族中祖孙三代一半成员患有严重语言障碍的原因，即 FOXP2（又名叉头框 P2 基因）单基因受损。[34] 先前的研究表明，这个家族（称为 KE）中有语言障碍的家族成员在识别语法形态方面（如名词和动词的屈折形式）存在困难，[35] 他们不能通过著名的"wug测试"，即评估测试者英语复数 -s 语法规则掌握程度的测试。[36] 在这个测试中，测试者首先会看到一张假想动物的图片，并被告知："This is a wug."（这是一个 wug。）接下来，研究人员会向他们展示第二张图片，上面有两只这种假想动物，并问他们："These are __?"（这些是……？）没有语言障碍的四岁小孩很快就会大声喊出"wugs!"，但是 KE 家族中有语言障碍的成员做不到这一点。通常，他们会简单地回答"wug"，这表明他们没有掌握英语中要加 -s 来表示复数的一般方法（cars、dogs、wugs都符合这一基本规律）。英语中表示过去时态的默认方式是在动词（如 walk、kiss）结尾加 -ed，在这项测试中，他们的表现也差不多。当用"Every day he walks eight miles. Yesterday he __?"（他每天走 8 英里。昨天他 __？）这类有提示的内容进行测试时，他们还是省略了过去时态的标志，直接回答"walk"，然而即使是学龄前儿童，也知道正确答案是"walked"。

这种似乎只影响语言而不会引起其他认知障碍的缺陷，通常被称为特定型语言障碍（specific language impairment，缩写为SLI）。语言上存在障碍的 KE 个体在智力和认知的其他方面并没有出现问题，因此有人猜测，他们只是在认知复杂句法形态上出现了障碍，并且某个基因是导致这种缺陷的罪魁祸首。如果人类进化出了对语言不同方面（如词法）的生物适应性，那么这种仅仅针对语言的选择性障碍模式正是预料之中的。FOXP2 基因受损会导致特定型语言障碍。不出所料，这一发现就像来自天堂的甘露一样，受到支持先天语言基因蓝图观点的学者们的追捧。史蒂芬·平克甚至称这一发现是"语言障碍可由基因引起的确凿证据"。[37]

十个月后，语言基因禀赋的支持者获得了更加有力的证据，与此同时，新闻媒体和科学期刊上又出现了一轮有关 FOXP2 的诱人标题："语言基因伴随人类同时出现""关乎语言起始的基因""现代人类'语言基因'的首次亮相"。[38]上次研究已经找到了 KE 家族受损的 FOXP2 基因，它位于人类 7 号染色体长臂上。这次研究将人类的 FOXP2 与黑猩猩、大猩猩、红毛猩猩、恒河猴和小鼠的 FOXP2 进行了比较。[39]在其他动物身上也发现了 FOXP2，这证明它不是人类独有的基因，也不是灵长目动物甚至哺乳动物所独有的基因。考虑到 FOXP2 对语言的重要性，这一发现似乎令人惊讶。FOXP2 对大脑、心、肺和肠道的发育非常重要，并且在不同物种中高度保守，其中包括人类、猿、小鼠、蝙蝠、鸟类和斑马鱼。这是一种不能乱动的基因。当小鼠的 Foxp2（用小写字母来表示以便与人类的这种基因区分开来）被"敲除"后，它们会在 21 天内死亡。请注意，我们每个人都有两个 FOXP2——一个来自母亲，一个来自父亲。KE 家族中存在语言障碍的家庭成员只有一个 FOXP2 受损，而死掉的小鼠两个都受损。虽然只剩下一个 FOXP2 发挥作用，但它足以促进心、肺和肠道的发育，然而对语言的大脑基础来说，一个还不够。

自从 7000 万年前老鼠和黑猩猩往不同的方向进化开始，它们体内的 FOXP2 基因中氨基酸只发生了一次改变。这个事实反映了 FOXP2 保持完好的重要性。而自从 600 万年前人类从黑猩猩中分离以来，人类的 FOXP2 基因中氨基酸发生了两次改变，这正是人们对 FOXP2 感到兴奋的原因所在。通过比较一小部分人类基因组，研究人员发现，在过去的 20 万年里，这些变化已经"固定"在人类基因中。这意味着这种特别的 FOXP2 基因已经存在于整个人类中了，很有可能是它赋予了人类强大的选择性优势。自然选择使人类拥有了新的 FOXP2，从进化角度来看，这一过程只是一眨眼的工夫。那么会不会正如基因编码的普遍语法支持者期待的那样，FOXP2 传播如此之快是因为它就是为了促进语言发展而进化形成的？

认为 FOXP2 是进化形成、独属于智人的语言基因，这种观点终究还是昙花一现。这个观点遭受的第一次打击发生在 2007 年。当时，研究人员对尼安德特人的基因展开了研究。尼安德特人一直被认为是不能用语言交流而只会咕哝的野兽。多亏了从骨骼化石中提取远古时期 DNA 技术的发展，研究人员成功从尼安德特人基因序列中找到了 FOXP2 基因。研究表明，他们的 FOXP2 基因中氨基酸也经历了两次改变，与智人完全一样。从进化的角度来看，这两个物种的 FOXP2 基因几乎完全相同。[40] 所以，如果 FOXP2 是一种语言基因，那么尼安德特人一定也有语言。这也意味着，这种智人和尼安德特人都拥有的 FOXP2 基因出现得要比我们原本认为的更早，至少可以追溯到 30 万至 40 万年前我们最后的共同祖先。

第二次打击发生在 2017 年左右。当时，研究人员全面比较了来自全球各地的几百个人类基因组，但均未发现 FOXP2 中基因变异减少；而在早期的小规模研究中，FOXP2 的基因变异减少被认为是近期自然选择的结果。[41] 即使是保守基因，如 FOXP2，在人类中也可能存在一些差异。如果我们随机比较两个个体的基因组，会发现它们几乎一模一样。事实上，当我们比较构成 DNA 的四种核苷酸——腺嘌呤（A）、胸腺嘧啶（T）、胞嘧啶（C）和鸟嘌呤（G）的顺序时，也会发现它们99.9%都相同。但平均而言，人类基因组中每1000个核苷酸序列中会有一个不同，有可能是A，有可能是G，也有可能是T或C。也就是说，他们在基因组中的这个特定位置有两个不同的等位基因。[42] 当我们观察个体基因时，情况也是如此。如果FOXP2的新变体在早期人类中迅速传播，并且按照预期，是它将语言带来的巨大繁殖优势赋予人类，那么在地球任何地方的智人中，这段DNA应该很少出现等位基因变异。语言基因理论最终没能通过这项关键研究的测试：没有迹象表明FOXP2等位基因的变异减少了，因此，也没有证据显示自然选择更加偏爱人类的FOXP2。这项新的、更全面的研究指出，由于最初的研究只采样了一小部分基因组且样本主要来自欧亚人，因此没能发现大部分FOXP2中实际存在的等位基因变异。换句话说，无论我们的人类祖先在过去20万年中经历了怎样的自然选择，FOXP2基因都不太可能进化出专门针对语言的生物适应。无论是平克的人类语言本能，还是乔姆斯基的语言普罗米修斯，FOXP2基因都是他们观点中语言进化的关键。这方面我们不再赘述。

但是FOXP2与语言的关系有多密切呢？乍一看，这个问题似乎很奇怪，因为我们已经知道，就是因为它受损，导致了KE家族的一些成员患有语言障碍。然而，请注意，这种推论的逻辑是将两个消极结果联系在一起：将行为、语言方面的缺陷归咎于FOXP2这种生物成分的受损。想要知道这种双重否定推论为什么会有问题，我们先来了解亨廷顿病。亨廷顿病是由亨廷顿基因（huntingtin gene）突变引起的。[43] 该疾病的早期症状为行走困难，但是这并不能说明亨廷顿基因就是影响人类行走能力的"行走基因"。相反，该基因的突变会导致神经退行性疾病，患者一开始会出现明显的运动和协调问题，严重影响行走。考虑到这种情况，莫滕和来自艾奥瓦大学的同事们开始研究 FOXP2 基因的正常变异是否会导致个体语言技能出现差异。[44] 具体而言，他们以 812 名学龄儿童为样本，研究 13 组不同的 FOXP2 等位基因的变异是否与个体在学习词汇、语法、叙述等方面出现差异有关。他们发现，FOXP2 等位基因的正常变异与语言能力并无关系，这又一次沉重打击了"FOXP2 是'语言基因'"的观点。因此，尽管在 KE 家族中 FOXP2 受损与成员患上罕见的语言障碍有关，但对普通人来说，FOXP2 等位基因变异并不会影响个体语言能力，语言能力存在差异实属正常。

剩下的问题是，如果 FOXP2 影响了我们的行为，它到底影响了哪一方面呢？难道 FOXP2 以一种更间接的方式影响了语言技能？一项 10 年前在小鼠身上开展的实验为回答第一个问题提供了初步见解。[45] 德国莱比锡马克斯·普朗克进化人类学研究所的遗传学家使用分子工具修改了小鼠的 Foxp2 基因，使其在功能上与人类的 FOXP2 基因一致——实际上是将人类的 FOXP2 植入了小鼠体内。不出所料，这些"人性化"的小鼠依旧不能说话，并没有成为 E. B. 怀特笔下那个深受小朋友喜爱的精灵鼠小弟斯图尔特。但是这些小鼠大脑的皮质纹状体回路发生了一些有趣的变化，而皮质纹状体回路对学习十分重要。当遗传学家探索人类的

FOXP2基因会对小鼠行为产生何种影响时,他们发现,小鼠的学习效果变得更佳,学习效率提高,这让我们想到了第二章讨论的对快速连续输入进行快速组块的过程。有趣的是,人脑中也发现了这种皮质纹状体回路,而且它与人类进行复杂的序列学习有关。

也许人类FOXP2的进化改变了神经回路,以便促进序列学习。序列学习长期以来被认为是学习语言的重要方式。[46] 如果真是如此,那么FOXP2基因受损的人可能不仅在语言方面有困难,在其他序列学习方面也会存在困难。这一预测已经在一对母女身上得到证实。和KE家族的一些成员一样,这对母女也有FOXP2基因受损的情况。除了语言上存在障碍,她们在其他的非语言序列学习方面也很吃力。事实上,从更广泛的范围来看,患有特定型语言障碍的人,无论FOXP2是否受损,他们似乎在序列学习方面均存在困难。[47]

所以,我们可以得出结论:FOXP2根本不是语言基因。但是,它可能会影响通用神经回路的形成,这对语言的学习至关重要。尽管叫作特定型语言障碍,但是这种病并非特别针对语言。更确切地说,特定型语言障碍是一种影响更广泛的发育缺陷,它会影响序列学习,可能还会影响其他非语言技能;但由于我们醒着的大部分时间都在使用语言,语言缺陷就显得更加突出。特定型语言障碍告诉我们,语言并不是一种可以被选择性破坏的孤立的能力,语言所依赖的基础技能被破坏时,它也会受到损害。如果语言(包括序列学习的能力)是依靠预先存在的大脑机制进化而来的,那么语言不是孤立的能力就符合我们的预期。

用旧零件造新机器

当孩子学习语言时，他们的大脑并不依赖用基因编程的语言"机器"。相反，处在发育中的大脑调动并重新利用了早在语言出现之前就已经形成的神经回路，比如那些涉及计划和实施复杂动作序列的神经回路。当然，在这个学习过程中，基因确实发挥了作用，但并非专为语言起作用。

但是，我们提出的观点还面临另一个明显的难题。一个半世纪以来，科学家们一直在研究大脑中似乎专门负责语言的区域。例如，位于大脑左额叶的布罗卡区（Broca's area）对语言的产生十分重要，而位于左颞叶上部的韦尼克区（Wernicke's area）通常与理解语言有关（见图 5.2）。[48] 成年人大脑的这些区域若因中风或头部创伤而遭受破坏，他们会出现语言生成和理解问题。脑部扫描显示，当我们使用语言时，这些区域（连同大脑的其他部分）高度活跃。如果这些没有预先编程到我们的基因中，那么大脑中怎么会出现这样的"语言区"呢？回答这个问题的关键线索不是来自语言本身，而是来自文化进化中与语言密切相关的另一个产物：读写能力。

书写至少有 5500 年的历史，但是在几乎整个人类历史中，只有一小部分人才有读写能力，直到 20 世纪，读写能力才在全球普及。这样短暂的时间不足以形成自然选择，改变我们的基因，更别提在这段时间里进化出对阅读和写作的生物适应了。因此，毫无争议，读写能力是一种伴随文化进化出现的能力，它必

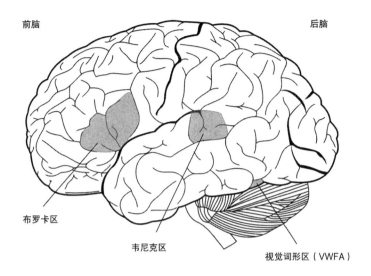

前脑　　　　　　　　　　　　　　　　　后脑

布罗卡区

韦尼克区

视觉词形区（VWFA）

图 5.2　人脑左半球视图，与语言有关的布罗卡区和韦尼克区以及与阅读有关的视觉词形区的大致位置如图所示。(图源：亨利·格雷 [H. Gray]，1918，略有改动。)

然依赖于已有的大脑机制。我们认为语言也是如此。

　　世界各地的书写系统各不相同：在字母文字如英语和丹麦语中，字母表示单个的音；在音节文字如日语和切罗基语（Cherokee）中，一个符号表示一个音节；在意音文字如汉语中，一个字代表整个词。[49] 尽管如此，不同文化背景下，每个人大脑中负责阅读的区域几乎没有什么不同，这点令人惊讶。[50] 大脑左半球颞区底部附近有一个很小的区域，叫作视觉词形区（VWFA），无论使用何种书写系统，它都始终处于激活状态。[51] 视觉词形区的存在对我们的观点至关重要，原因有二。第一，它表明，无论是谁在阅读，也无论阅读的是什么文字，文化的创造物——读写能力利用的神经基质非常相似，这表明大脑处理所有书面语言的方式都是一样的。第二，随着读者阅读能力的提高，视觉词形区会越来越专注于识别单词。语言也是文化进化的产物，所以不同的人，无论他们说哪种语言，激活的都是相同的看似专门负责语言的大脑区域。但是这一事实并不意味着这些区域就是为了语言的生物适应而进化形成，相反，和视觉词形区一样，它们随着语言的使用而凸显出来。在某些情况下，它们会产生主要（有时甚至是完全）致力于语言的神经回路。

就像语言是由大脑塑造的一样，书写系统也经过了文化进化的优化，从而方便人类学习和使用。例如，全球各种字母文字中每个字母平均由三笔组成（如 A、F、N、K）。这一趋势也许反映出我们视觉系统的基本局限，同时也足以创造足够多的字母来体现所有的语音而不会造成太多的歧义。[52] 同样，有些字母（如 T、Y、L、Δ）由不同笔画交叉形成，它们的写法不是凭空产生的，而是遵循了在自然场景中观察到的相同规律模式，也就是说，笔画的交叉闭合与我们看到的树林、山岭、海洋的线条轮廓类似。事实上，字母之所以是这副模样是为了适应视觉系统对物体和场景识别的既有倾向。[53] 阅读至少在一定程度上涉及我们与其他灵长目动物共有的视觉对象识别机制。尽管这听起来有违直觉，但已有研究证明了这点。在这项研究中，狒狒学会了区分真正的英语单词（如 done、land、them、vast）和非英语单词（如 drke、lagn、tewk、vibt）。[54] 当然，这个实验不是让狒狒有样学样，单纯模仿。这项研究中的狒狒虽然无法阅读或理解英语，但神奇的是，它们可以充分学习英语中字母的典型组合方式，然后挑选出真正的英语单词，不选那些不是英语单词的字母串，并且正确率表明它们的选择不是偶然的。综上所述，正如语言通过适应大脑的工作方式来促进人类学习和使用它，书写系统由文化进化塑造，也要适应包括视觉词形区在内的神经元生态位，从而便于人类学会阅读。

因此，大脑中语言区域的存在并不会影响语言主要通过文化进化而演变的观点。视觉词形区不是基因编码产生的阅读区，布罗卡区和韦尼克区也不是为了语言的生物适应而产生的语言区。相反，随着年龄的增长、交流和阅读经验的积累，这些区域会变成专门负责语言和读写能力的区域。所以，它们的受损（可由中风、创伤性脑损伤或神经退行性疾病引起）导致了语言或阅读的选择性缺陷（前者表现为各种形式的失语症，后者表现为获得性阅读障碍，即原本阅读能力正常的人出现阅读困难），也就不足为奇了。

语言和阅读之间的相似之处还体现在基因层面上。FOXP2受损会导致语言障碍。同样，与阅读有关的基因（如 DCDC2）受损会使人难以学会阅读（即发展性阅读障碍）。[55] 在这两种情况中，基因并不直接编码语言或阅读能力，而是间接影响这两种技能所依赖的大脑机制的发展。DCDC2 影响大脑中声音处理区域的神经发育。声音处理是学习阅读的组成部分：如果没有良好的语音表征，大脑就没有明确的目标来映射字母。而正如我们前面读到的，FOXP2 会影响神经回路的发育，这些神经回路对于处理口语等快速输入的序列十分重要。

※※※

读写能力是文化的产物，大脑专门负责阅读的区域支持其发展，这一区域在我们学习阅读的过程中逐渐凸显出来。语言也是因文化进化而形成的技能，在我们学习说话或使用符号的过程中得到发展，依赖于现有的专门负责语言功能的神经机制。正如利兹·贝茨所言："语言是由旧零件组装而成的新机器，每一个孩子都在用这些零件重新构建语言。"[56] 但他们是怎么做到的呢？如果语言进化是不断进行语言猜谜游戏，孩子们怎么知道如何做出正确的猜测呢？根据普遍语法的观点，孩子们能做出正确的猜测是因为他们的基因中已经植入了语言能力。但是，如果没有这种与生俱来的语言知识，他们能如此快速、轻松地学会玩语言猜谜游戏，就需要另一种解释了。我们必须弄明白：语言学习遇上语言进化之后，到底发生了什么？

事实上，答案出奇的简单：语言已经进化到可以被我们（尤其是儿童）学习的程度，所以学习语言就是学习玩游戏。语言学习很简单，因为我们要学的语言是人类的语言，是与我们有着相似的大脑和认知技能的一代代前人创造的语言。语言学习是可能的，因为我们要学的语言不是计算机或外星人创造的模式任意、意义难以捉摸的语言；我们有前人经验可资借鉴，这也有助于我们更好地掌握语言。

　　　　　　　　　　　　　　　语言游戏

第六章

追随彼此的脚步

> 大多数情况……为协调行为提供了一些线索，提供了
> 每个人对他人期望的聚点，即他人期望他本人期望被期望
> 做出的选择。

——托马斯·谢林,《冲突的策略》(1960)

倘若要求你明天在纽约见一个陌生人，但你联系不上他，
你会在何时何地与之见面？这简直是个不可能完成的任务！纽约
市包括布鲁克林区、皇后区、曼哈顿区、布朗克斯区和斯塔滕岛
五个区，总面积达 783.7 平方千米，人口超过 800 万。[1] 怎能奢
望在这偌大的城市与素不相识的人谋面呢？

然而，若将该问题重新定义为"明天在纽约市选择一个时
间和地点，而其他人也会做出相同的选择"。顷刻之间，这个任
务就切实可行了。大多数人都选择"中午 12 点，中央车站"。
虽然你可以选择白天或晚上的任何时间，但大家似乎对中午情有

独钟，其他人也许都会不约而同地选择中午，而凌晨 2:39 则显然是个糟糕选择。同样，纽约虽有不少会面地点，但中央车站、时代广场或帝国大厦的一楼大厅备受青睐，因为它们是众所周知的会面圣地。随机选择并前往纽约某个地点，并希望对方碰巧心有灵犀也会去同一个地方，这种做法显然希望渺茫。

这个问题最初是由美国经济学家、诺贝尔奖得主托马斯·谢林（Thomas Schelling）提出的，他是核威慑"相互保证毁灭"（MAD）理论的创始人。他于 1960 年出版了颇具影响力的《冲突的策略》(*The Strategy of Conflict*)一书，该书不仅就目标相反的对手争夺主导权的方式提出了真知灼见，还补充阐述了目标相同的人如何成功协调行为以实现共同目标。谢林提出了"聚点"（focal point）的概念，即我们与同伴在试图协调行为时，对彼此的想法、行动不谋而合的共同期望。换句话说，当我们做出决定时，意识到同伴也在为了协调一致而努力，所以每个人都希望和自己的同伴做出相同的选择。谢林问自己的学生在纽约会面的问题中会怎么做，他们大多选择了上述的热门时间和地点；因此，任何一对伙伴都有很大概率在同一时间和地点成功会面。我们竟能敏锐地利用直觉解决看起来不可能解决的协调问题。

当然，新的聚点可能会迅速出现。如果我们两人上次在东 76 街的咖啡馆碰面，想着对方可能还记得上次的聚会，我们或许会一齐再次现身那家咖啡馆。"谢林博弈论"行之有效的原因在于，所有人都拥有相似的智慧和认知技能，往往也有大体相仿的背景知识、行为准则、社会习俗以及交际冰山之下的其他方面。这同样适用于任何类型的语言游戏。

　　猜谜游戏以及更为普遍的交流，都与聚点相关。对猜谜游戏中的动作可以有多种多样的理解，但重要的是，游戏玩家和观众都能想到一个共同的聚点解释。聚点解释成立之时——观众的猜测与游戏玩家的意图不谋而合——猜谜游戏就成功地传达了它的信息。如果找不到聚点，沟通就会失败，需要采取进一步行动。正如我们所看到的，语言交流也是如此。语言不像严格的代码那样每一条信息都有独一无二的含义，而是可以通过程度不等的灵活性和创造性来解释的一系列线索。当下线索需要借助对过去线索的解释来理解，这就逐渐形成了语言惯例。

语言学习遇上语言进化

　　语言是一种由我们的大脑塑造的交流工具，就像叉子、锯子和铲子等物理工具一样，在文化进化中被完美地塑造成适合人类手、腿和躯干的形状。试想一下，现代剪刀是如何巧妙地适应手的形状和精确的剪裁任务的（甚至出现了多种专用剪刀：厨房剪、手术剪、指甲剪等等）。几百年来，经过文化进化的塑造，剪刀已根据手的解剖学结构演变成了易于使用的形状，以至于左手与右手使用的剪刀都具有不同的形状。莫滕就是个右撇子，他与左撇子生活在一起时就因为用不惯左手剪刀而苦不堪言。并且，由于剪刀很好地适应了人类解剖学结构，所以孩子们几乎能无师自通（但要剪得整齐或笔直还需大量练习）。相比之下，剪刀对于长着蹄子的牛、长着爪子的狗以及长着鳍状肢的海豚来说毫无用处。剪刀是为了适应前几代使用者的裁剪需求而出现的，而前几代剪刀使用者的手与我们的手形状完全相同；如果忽略这一事实，那么成人和儿童能轻而易举使用剪刀的原因就会非常令人费解。剪刀之所以容易上手，不是说它们是来自火星文明的金属碎片或工具的随意组合使然，而是在人类使用者的代代改良后，成了手的"聚点"。

剪刀背后的原理同样适用于语言——两者都因文化进化而完美地适应了人类的使用需求。[2] 要解释语言学习何以成为可能，就必须谈谈语言进化。语言的即时性，以及由此产生的"事不宜迟瓶颈"，意味着孩子们必须通过一次一个语块或一个构式的方式学习语言中的模式和含义。他们必须学会从过去的经验中推断，用新的方式将已知的语言片段和有意义的线索结合起来，实现与他人的相互理解。不过，孩子们又是如何通过即兴发挥，以恰当的方式加入语言猜谜游戏的呢？方法非常简单：每个人在成为大人前都曾经是个孩子。孩子们之所以能做出正确的概括，是因为他们和前人的概括方式一模一样。每一代人必须学习的语言模式都是由前几代语言使用者创造的，他们有着非常相似的能力、局限性和倾向。学习语言，就像学习使用任何其他由文化进化产生的工具或产品一样，只需追随别人的脚步。

文化学习的任务就是追随彼此的脚步。然而，并不是所有的学习都是文化学习。要在世界中生存，人类需要克服两大挑战：一是理解和驾驭自然世界，二是在人类社会中学会与他人协作。

前者是学习自然世界，我们称之为"N-学习"（N-learning），后者是学习文化世界，我们称之为"C-学习"（C-learning）。[3] 在N-学习中，自然世界提供了衡量学习的尺度。所以，在我们练习投球或掷矛时，其他人的想法或行为不会对结果产生影响。能否击中目标全然取决于我们的投掷能力如何对抗重力、空气阻力以及其他影响投掷物体轨迹的外力。毫无疑问，N-学习对人类进化至关重要——只有了解物质世界的运作方式，我们才能从容应对。例如，我们需要理解物体具有持久性（它们不会神奇地凭空消失），有重量和动量（如果一个物体朝你扔来，那就尤其要注意），可以以特定的方式对其他物体产生因果影响（对比重物砸在你脚上和扔到水池里这两种情况）。在N-学习中，我们都是孤独的业余科学家，竭力找寻应对物质世界的方法。[4]

相比之下，C-学习则强调人与人之间的协同合作。在C-学习中，何为对错并没有预设的普遍"真理"，关键是要做与他人相同的事情，发现我们所处社会的聚点。C-学习的成败取决于我们学习所处社会共同的文化惯例的能力，以及如何将这些惯例类推并应用到新情境中；比如，人类在互动中会使用不同的头部动作来表示同意或不同意。[5] 此时N-学习则行不通，因为点头或摇头本身并没有内在的含义。在北欧，点头表示"是"，而在希腊则意味着"否"。在全球许多地方，摇头表示"否"，但在斯里兰卡，摇头表示基本同意。重要的是，我们要和周围的人一样，采用相同的头部动作。在C-学习中，我们并不是寻求永恒真理的孤独科学家。我们反而像音乐家，目标不是掌握绝对音高，而是与整个乐队协调合拍。

我们似乎可以靠死记硬背来学习同意或不同意的社会惯例，但要玩语言猜谜游戏或是要在纽约与人见面，就要跳脱死记硬背式的学习方法——我们需要根据所见所闻创造性地做出推断，就像所有人一样。这一外推过程揭示了 N-学习和 C-学习之间的关键区别。想象一下，一个未知的过程产生了序列 1, 2, 3, …，它会如何继续？如果把该问题作为 N-学习的问题来处理，假设这些数字来源于自然世界的某一方面，由于信息很少，它有着无限的可能性。很可能，接下来的序列会是随机的——已知序列是升序这一事实纯属偶然。如果假设存在某种模式，那么也有多种可能：一个循环序列（1, 2, 3, 1, 2, 3, 1, …），一个振荡序列（1, 2, 3, 2, 1, 2, 3, 2, 1, …），一个斐波那契数列（1, 2, 3, 5, 8, 13, 21, …），或者只是在某个数字上卡住，无限重复（1, 2, 3, 3, 3, 3, 3, 3, 3, …）。我们无法确定具体是哪一种模式。

相反，如果我们把这个序列看作文化产物的一部分，其关键在于提出与别人一致的序列猜想，那么脑海中很快就会浮现出答案：4, 5, 6, 7, 8, …。这是大多数人在延续序列 1, 2, 3, … 时的可能猜测。针对这一问题，C-学习的解决方案就要容易得多。显而易见的答案往往是正确的答案，因为它恰恰也是其他人能轻易想到的（毕竟他们和我们一样）。在 C-学习中，我们的感知、认知、交际和社会倾向，以及共同的文化和过去的经历，能够帮助我们做出正确的猜测。我们的目的是协调与前人的关系，而之前那些人与现在的我们拥有完全相同的倾向，因此会达成共同的聚点。但是，这些相同的倾向不一定就有助于 N-学习，并且，在我们必须得出一个独立于我们的大脑、身体和社会群体的答案时，这些倾向往往会让我们误入歧途。对于 N-学习而言，仅凭我们都得出了相同的结论（例如，越重的物体下落得越快）这一点，并不能断言它就是正确的。而对于 C-学习，如果我们都得出了相同的结论，那我们肯定是正确的，因为我们的目标不是与自然一致，而是彼此之间保持一致。

要理解语言学习机制，C-学习和 N-学习之间的区别就显得举足轻重了。正如在第四章中提到的，心理学家和语言学家常常把儿童看作试图掌握母语语法的小小语言学家，就像语言人类学家试图描述初次接触的语言一样。[6] 从这个角度来看，这个难题尤为突出——每个孩子似乎都是天才，在正常的童年时期，他们对语言模式的掌握比潜心研究数十载的"真正的"语言学家还要全面。但若这么看待语言学习，那就大错特错了，因为它将语言学习视为 N-学习的一个难题，仿佛孩子透过外部观察者的镜头来观察语言，尝试探知自然世界的某一方面。

语言学习之所以成为可能，并非因为存在一种独立于人类之外、人人都渴望学习的"真"语言，而是因为它是对人类文化中某一方面的学习。学习语言是 C-学习的问题，而不是 N-学习的问题。与其说孩子们试图从碰巧听到的周围人的话语中发现语言的抽象语法，倒不如说他们试图找出与群体中其他人相同的语言使用方式，以应对当前的交流挑战。毕竟，语言猜谜游戏是 C-学习的范例，其诀窍在于创造一些说者和听者双方都能以相同方式理解的交流信号。这极大地简化了学习，因为语言如同文化的其他方面一样，都是前人学习的产物。

今天的语言是昨天的语言学习者的产物。要学习语言，孩子需要与现在和过去的学习者保持协调。每一代人都只需追随上一代人的脚步，这样，我们大胆的"猜测"就有可能是正确的，因为正确的猜测就是上一代学习者最普遍的猜测。这一过程中，每一代新成员都沿着相同的道路前行，因此不仅能够成功与前几代人保持协调，而且也能够很好地彼此协调。在语言学习中，N-学习就像在月黑风高之夜在一座大城市里寻找丢失的钥匙，而C-学习的挑战仅仅是让所有人找到对方。丢失的钥匙可能在城市的任何一个角落，但人类同胞一定会站在路灯下。

基于实验室的传话游戏

社群成员的共同聚点是 C-学习的目的，它们在文化进化之中克服了特定的生物学局限，同时满足了我们的文化期望。对于社群共同聚点形成机制的洞见源于一项巧妙的实验，该实验重新设计了流行的传话游戏（在英国称之为"中国式耳语"），在实验室中再现了语言进化的过程。在传话游戏中，孩子们排成一排，第一个孩子想出一个词或是一句话，然后用耳语悄悄传给第二个孩子，第二个孩子再将他们听到的（或认为他们听到的）信息用耳语传给第三个孩子，如此继续，直到传至最后一人。然后，最后一个孩子大声说出他认为自己听到的内容，并与第一个孩子真正说的内容进行比较。在游戏过程中，单词或句子信息通常会以讹传讹，导致曲解和走样，经常引起哄堂大笑，因此该游戏深受欢迎。

近一个世纪前，英国著名心理学家、剑桥大学首位实验心理学教授弗雷德里克·查尔斯·巴特利特爵士（Sir Frederic Charles Bartlett）率先使用传话游戏来研究文化进化。[7]他对背景知识和文化期望如何改变我们的记忆，以及随着时间的推移集体记忆会发生怎样的变化都饶有兴趣。在他一项著名的系列研究中，他让人们倾听并回忆不同的民间故事，比如美国印第安民间故事"幽灵战争"（The War of the Ghosts）。第一位参与者将阅读原故事的改编版，然后写下他所能回忆起的内容。接下来的参与者会阅读前一个参与者写的内容，并复述他们记住的内容，以此类推，该实验每轮至少有十名参与者。经过"多代"参与者的复述，这个故事发生了巨大的变化，故事情节变得更加简短扼要，从最初带有许多虚幻元素的一个鬼故事，转变为一个直接叙述战争和牺牲的故事，不带任何超自然的色彩。巴特利特认为，经过几代参与者的转述，该故事已经逐渐符合了研究参与者的文化期望。在另一项要求参与者凭记忆作画的研究中，他还观察到了类似的视觉描绘的惯例化倾向。例如，陌生的埃及象形文字"mulak"原本形似猫头鹰，但经过几代的演变，它看起来更像是我们熟悉的猫（见图 6.1）。

大约三十年后，在大西洋彼岸，美国语言学家和心理学家欧文·A. 埃斯珀（Erwin A. Esper）采用传话游戏的方法，研

图 6.1　巴特利特 1932 年的视觉传话游戏研究，上图从左往右、从上至下呈现了从第一版到第十版的变化。最初形似猫头鹰的埃及象形文字逐渐演变为一只猫的形状。

究了社会传播在语言变化中的作用（似乎独立于巴特利特的工作）。[8] 他教第一位实验参与者一种人工语言，其中使用诸如 pel 和 numbow 等无意义的单词标记了四个红色、四个绿色的抽象形状。这八种语言标记全然不同，也没有任何关于颜色或形状

　　　　　　　　　　　　　　　　　　　　　　　　　语言游戏

的暗示。在接触到这些标记形状的组合后，第一位参与者会把他学到的东西教给第二位参与者，第二位参与者又会教给第三位参与者，如此继续下去，直到教给第44位参与者。最后，除了两个单词（pel和shab）外，其他单词的发音模式都完全改变了。有趣的是，这些变化并非任意的。人们自发地用不同的语音块来表示特定的形状和颜色。例如，形状（与颜色无关）开始与特定的词尾产生联系，如-a表示半月形，而-zh（azure中的z音）则表示箭头形状。某种类似词法的简单模式应运而生。因此，埃斯珀的有趣研究为语言中词法模式的起源提供了诱人的线索。在词法模式中，单词的不同部分表示意义的不同方面（比如形状）。

人们原本希望埃斯珀的开创性工作能开启一项振奋人心的研究，以阐明语言出现的机制。但恰恰相反，很可惜，他的工作非但没有得到跟进，反而基本为今人所遗忘。不过这项研究最终还是得以推进，尽管与埃斯珀的工作已经没有关联。从2000年代后期开始，研究人员开始在实验室里正式采用传话游戏的方法探索语言的文化进化。这一新的研究浪潮是由爱丁堡大学的西蒙·柯比（Simon Kirby）掀起的，他是世界上第一位从事语言进化研究的大学教授。在巴黎语言学会禁止该话题一个多世纪后的今天，语言进化研究领域再次备受尊重。

柯比和另外两位进化语言学家肯尼·史密斯（Kenny Smith）和汉娜·科尼什（Hannah Cornish）使用了微型人工语言（miniature artificial language[*]）来研究跨代学习者的文化进化是否会带来复杂的语言结构特征。在其中一项研究中，他们要求参与者学习一种由书写标记表示简单视觉刺激的"外星"语言。[9]他们没有采用埃斯珀的四种形状和两种颜色，而是使用了三种形状（正方形、圆形、三角形）、三种颜色（黑色、蓝色、红色）以及指示三种运动方式（水平、弹跳、圆周运动）的箭头，将三者相互组合，产生了27种不同的视觉场景（如蓝色圆形弹跳或红色圆形圆周运动）。第一位参与者拿到了一组随机生成的标记，每个标记都有两到四个音节（比如luki、kilamo、kanehu和namopihu）。因此，比如说，一个水平移动的红色圆形可能标记为namopihu，而一个做圆周运动的黑色正方形则可能标记为kilamo。训练结束后，这名参与者要在看到某场景时回忆这个标记。回忆起的标记和场景的组合将成为下一名参与者的学习内容，以此类推，直到第十名参与者完成任务。

到目前为止，该实验与埃斯珀开创性的研究非常相似，但柯比及同事实现了一项重大转折。他们对组合性（compositionality）现象兴致盎然：语言是如何以新颖的方式将熟悉的成分组合起来，使我们能够说出和理解新句子的？答案是组合性，它

---

* 微型人工语言或微型语言并不是指特定的语言，而是指一种简化版本或子集的语言。它通常被用于特定的应用场景或目的，例如编程语言中的领域特定语言（Domain-Specific Language，DSL）、模型化语言等。这些语言被设计成精简而专注于特定领域或任务，以提供更高的可读性、可写性和可维护性。——译者注

让我们能够联想出与陌生句子"带有紫色条纹的橙色三角形跳过月亮"（The orange triangle with the purple stripe jumps over the moon）相对应的图像，因为我们知道橙色、三角形和跳跃等词的含义，同样也懂得将它们连接在一起的构式有何含义。为了迫使参与者们以类似方式从陌生语言中推断出新的例子，进化语言学家在训练中故意保留了一些标记-场景组合。

呈现给第一位学习者的微型语言在最初的形式中没有任何组合性。知道 kalakihu 指的是一个弹跳的蓝色三角形，并不能说明一个做圆周运动的蓝色三角形应称作什么。此时，我们尽全力猜也可能猜错——我们能猜到它叫 namola 的机会微乎其微。但出人意料的是，该实验取得了成功：几代学习者之后，系统性的模式开始自发出现，他们能够准确猜出以前从未遇到过的视觉场景的标记。[10]

因为微型语言"进化"出了一个组合系统，其中标记能根据意义发生有规律的变化，所以泛化到新的视觉场景是可能的。在埃斯珀的研究中，标记的不同部分表示视觉场景的不同特征。在一种微型语言中，标记演变成了三分模式——颜色-形状-动作，其中字符串的开头部分表示颜色，中间部分表示形状，结尾部分表示动作。这意味着，只接触几个字符串就能让学习者推断出新的视觉场景。例如，如果一个红色圆圈水平移动称为 re-ene-ki，黑色正方形做圆周运动称为 n-e-pilu，蓝色三角形做弹跳运动称为 l-aki-plo；那么我们就可以自信地推测，蓝色三角形做圆周运动应该被命名为 l-aki-pilu（插入的连字符表示标记的三个

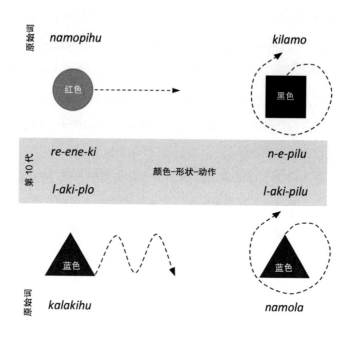

图 6.2　爱丁堡大学传话游戏实验中的视觉场景示例。顶部和底部显示的标记是第一位学习者看到的原始标记。中间灰框内的标记是第十代学习者生成的。尽管最初的标记是音节的随机组合，但最后一代的标记已经具有组合性：第一个子字符串表示颜色；中间部分表示形状；结尾部分表示动作——由此形成了"颜色–形状–动作"的排列顺序。（请注意，学习者本身并没有使用连字符，这里插入连字符是为了凸显标记的组合结构。）

部分，见图 6.2）。这彰显了组合性的力量。

　　这些基于人工语言进行的传话游戏研究表明，由基本成分构成表示意义的组合语言系统可以在没有任何人刻意创造的情况下自发形成。事实上，参与者甚至不知道自己的反应会在多代链中传递给下一个人。

　　但对于更复杂的语言结构，比如我们此前讨论过的随处可见的多词序列，如 cup of coffee、fire engine red 以及 how are you，它们是如何产生的？答案是组块，这是一种人类用于克服"事不宜迟瓶颈"的基于记忆的能力。莫滕与汉娜·科尼什、里克·戴尔（Rick Dale）和西蒙·柯比一起进行了一项传话游戏实验，试图确定这种在几代学习者之间放大的记忆限制是否能像生成语言一样独立生成可重复使用的语块。[11]

爱丁堡大学的学生在未被告知实验涉及语言或文化进化的情况下受邀参与了一项记忆实验。第一位学习者坐在电脑前，电脑屏幕上依次显示了 15 个由三到五个辅音组成的随机字符串，如 BRG、FGLB、rvfbr，并要求他在每个字符串消失后根据记忆输入该字符串。这个过程一直持续到他们看过所有的字符串六次为止，随后进行了一次突击记忆测试：尽可能地回忆起所有 15 个不同的辅音字符串。第一位学习者输入的所有字符串（不论正误）都将作为下一位学习者的初始字符串，而他的回答又被用作第三位参与者的初始字符串，以此类推，直到有 10 名学习者完成任务。回忆 15 个字符串的任务并不简单。每个实验组中的第一位学习者平均只能准确记住不到四个字符串。但最后一位学习者能够准确回忆起两倍的字符串。请注意，该实验并不像字符串与视觉图像配对的其他传话游戏实验那样有具体确切的含义来帮助理解与记忆字符串。那么，到底是什么原理呢？进化后的字符串是如何变得这般容易记忆的呢？

莫滕和同事在分析几代参与者回忆的字符串时发现出现了多字母组块。随着时间的推移，这些组块被不断地循环使用——

就像语言中的多词结构一样。事实上，来自最后一代的字符串呈现出一种语块重用模式，类似于父母与孩子交谈时反复使用相同语块的现象，比如"你……吗？"在"你饿了吗？""你困了吗？"中反复出现，"我喜欢你的……"在"我喜欢你的画""我喜欢你的车"中反复出现。尽管这个记忆实验使用的是无意义的辅音字符串，但由于这些字符串被反复压缩通过"事不宜迟瓶颈"，类似语言的语块重用诞生了。那些只出现一次、难以记忆的字符串减少之后，组块反复出现而容易记忆的字符串就会激增。因此，由于学习者之间的文化传递不断重复，记忆限制的影响将被放大，从而导致语言中出现语块重用模式。

这些传话游戏实验表明，文化传递有助于解释多词结构和语言组合结构中可重复使用的语块的产生。这两种属性都源于查尔斯·达尔文所说的"生存竞争"：更容易记住、更有交流价值的标记或组块之所以能存留下来，就是因为它们符合一种系统性模式。通过这种方式，即便没有设计师，文化进化也为我们呈现出了一种设计，展示了语言是如何在一代代学习者追随前人脚步的过程中得以进化的。文化进化是语言学习得以成为可能的首要原因。文化进化为 C-学习量身定制语言，通过创建语言聚点，让儿童通过充分的接触掌握语言。换句话说，借用进化生物学家杜布赞斯基（Dobzhansky）的名言：只有在文化进化的观照中，语言学习才有意义。[12]

词汇远远不够

通过文化进化这块透镜来看待语言，可以让我们以一种全新的视角来看待语言学习。语言不再植根于基因，也不再内置于神经连接。将孩子视为初出茅庐的理论语言学家，试图通过 N-学习掌握语言的想法也不再流行了。事实上，孩子是追随他人脚步、成长中的语言使用者。语言学习是可能的，因为文化进化已经促使语言适应了儿童特定的 C-学习能力。孩子不需要了解语言模式中自发秩序的"理论"，就像池塘不需要波动理论来呈现水面上复杂的水波干涉。

将语言学习视为一个实际问题，并不是要对儿童在学习母语时所面临的挑战轻描淡写，相反，它更能凸显出我们每个人在掌握母语的过程中所付出的巨大努力。每个孩子对语言的熟练掌握都来自数万小时的反复使用（第二章中，花费 200 个小时来完善记忆技巧的随机数字回忆大师 SF 就相形见绌了）。要学会从"事不宜迟"的狭窄瓶颈中挤出语言，需要大量练习，这样才能跟上日常对话中快节奏、不断交替的话轮。我们正是在反复交谈的经验中培养了倾听时对输入信息快速组块，说话时运用及时策略将语块串在一起的能力。学习语言最重要的就是练习，练习，再练习。

在 1995 年的一项著名研究中，心理学家贝蒂·哈特（Betty Hart）和托德·里斯利（Todd Risley）开始研究美国儿童在家中能获得多少语言经验，以及不同社会背景的家庭之间是否存在差异。[13] 他们在两年半的时间里共调查了 42 户家庭，每个月都会去每户家中待一小时，记录孩子周围的人说了多少单词。从这些小时计数推断，他们发现，在接受公共援助的家庭中长大的儿童到三岁末时平均会听到约 1300 万个单词。相比之下，来自高收入家庭的儿童接触到的词汇量是其三倍有余：约 4500 万个单词。因此，在四岁前，低收入家庭的孩子听到的单词数量比高收入家庭的孩子少 3000 万。

哈特和里斯利发现，这种差异能产生很大影响。儿童 4 岁前听到的单词越多，他们的词汇量就越大：高收入家庭的孩子词汇量是低收入家庭孩子的两倍以上。语言输入差距对词汇量的影响引起了高度警惕，该差距也被称为 "3000 万单词差距"。自此，学者、政策制定者和教育工作者们都高度重视这一问题，想方设法弥合低收入家庭儿童的这一差距。

随后对更多家庭展开的研究发现，无论家庭收入水平如何，孩子听到的单词数量在各个家庭之间都存在很大的差距。事实证明，哈特和里斯利研究中的家庭代表的只是收入水平的两极，因此，只有将收入最高的 2% 的家庭与收入最低的 2% 的家庭进行比较，才会出现 3000 万个单词的差距。尽管如此，低收入家庭的孩子和高收入家庭的孩子在四岁时仍有约 400 万个单词的显著差距。甚至在 2019 年民主党初选期间，总统候选人乔·拜登（Joe Biden）也提到了这 400 万个单词的差距，敦促父母 "确保孩子听到单词。来自糟糕的学校和糟糕的家庭的孩子，在上学前听到的单词量将比别人少整整 400 万！" [14]

不过，我们想强调的是，即便鸿沟巨大也并不意味着低收入家庭的孩子没有发展正常语言的能力——事实远非如此。每个健康的孩子长大后都会成为他们社群语言的专家。事实上，日常交流所需的词汇量少得惊人。对对话语言的分析表明，仅1000个单词就涵盖了日常交谈中90%的内容。也就是说，只要掌握言语共同体中最常用的1000个单词，我们就可以轻松地与家人共进晚餐，和邻居聊八卦，和同事闲谈，也能看懂大部分电视节目内容。[15]当然，大多数儿童和成人认识的单词远不止这1000个。

在读写能力方面，词汇量确实举足轻重——尤其是在学术环境中，需要知晓专业词汇才能脱颖而出。除此之外，不同低收入社群的说话方式与教育环境中自我表达的首选方式可能不匹配。因此，"语域"差距可能低估了低收入家庭儿童实际掌握的词汇量，因为词汇量测试评估的通常是与教育相关的单词。加上低收入家庭面临着贫困、系统性种族主义等诸多挑战，我们就能明白为什么早期词汇量的大小可以很好地预测低收入家庭孩子的在校表现。[16]这并不意味着这些孩子缺乏正常的语言技能，他们只是缺少教育环境中的重要词汇。

但是，所有这些关于单词的讨论，包括孩子们听到的和知道的单词，实际上只是交际冰山的一角。更重要的是，抛开无数的多词结构和由此构成的句子不谈，单词也只是冰山一角的一角。如此，我们或许就不会奇怪为什么缩小词汇量差距的努力大多以失败告终，因为它们几乎只关注增加孩子听到的单词量。真正重要的是给孩子们更多锻炼语言技能的机会。如果增加单词量就是解决方案，那么只需让孩子看电视或是听有声读物就可以了。但根据"语言是猜谜游戏"的观点，这不大可能奏效。研究支持了"语言是猜谜游戏"的观点，表明儿童不会通过被动观看视频学习新单词，只有在积极与他人的互动对话中才能学习新单词。[17] 儿童并不是等着被单词装满的空瓶子，他们需要的是互动式、有趣、引人入胜的对话。

最近几项针对婴幼儿的研究确实表明，通过幼儿参与的互动次数，而不仅仅是在家中偶然听到的单词数量，可以预测他们未来的语言能力。[18] 例如，哈佛大学的蕾切尔·罗密欧（Rachel Romeo）的一项开创性研究强调了互动在语言学习中的重要性。她和同事使用一个可以放在孩子衬衫口袋里的小型数字录音设备来记录一个周末中其他人对孩子们说的所有话。接着，对孩子们的语言能力进行测试，并记录他们的大脑活动。罗密欧发现，能够预测儿童语言能力的是话轮转换的次数，而不是父母或孩子自己说了多少单词。她甚至发现，我们与孩子进行对话的交互程度对他们的大脑发育会产生影响，而且这种影响是可以衡量的。具体来说，孩子进行的对话互动越多，他们的布罗卡区就越活跃。这就突出了语言经验的重要性——它是大脑语言交流区域网络（包括布罗卡区在内）发展的主要驱动力，正如上一章讨论的那样。就像练习是精通数字记忆等后天习得技能的关键，要成为语言猜谜游戏的高手，反复的互动语言经验必不可少。

语言学习的社会基础

要全面了解儿童如何学习母语，研究不能局限于在美国、欧洲国家、日本等经济发达、受教育程度高的工业化国家长大的儿童。目前对语言学习的大部分了解都是基于对发达国家儿童的研究，尽管他们只占世界儿童人口的 12%。[19] 但幸运的是，研究范围正在拓宽。语言科学领域最近掀起了一股田野考察研究的浪潮，研究人员开始前往世界各地，调查农村和原住民群体的语言学习情况。

这些勇敢的研究人员奔赴偏远地区观察并记录幼儿的语言互动，他们最初的发现似乎印证了民族学家早先的报告，即这些社群的成年人在孩子能够交流之前不太跟孩子说话。[20] 但后来更细致的分析表明，世界各地的父母与孩子交谈次数的差异微乎其微。例如，在墨西哥南部一个母语为泽塔尔语的自给自足的农业社群中，父母与孩子使用母语交谈的时间与美国、加拿大、英国等英语国家以及阿根廷等西班牙语国家的父母用母语和孩子交流的时间一样多。[21]

不过确实也出现了一些差异：与学习英语、西班牙语和泽塔尔语的儿童相比，在巴布亚新几内亚偏远的罗塞尔岛上学习耶里多涅语（Yélî Dnye）的儿童说话较少，但这并不影响他们的语言学习。马克斯·普朗克心理语言学研究所玛丽莎·卡西利亚斯（Marisa Casillas）的一项研究表明，这些儿童与其他儿童在同一时间达到了语言学习的里程碑。[22] 与美国、欧洲、日本及其他地方的同龄人一样，他们在一岁左右首次说出可以清楚识别的单词，再过一两个月后说出第一个多词语块。

这给我们留下了一个难题：为什么罗塞尔岛儿童语言输入较少却并不妨碍他们学习语言呢？学习耶里多涅语的儿童是如何从更少的语言输入中学到更多的呢？首先别以为耶里多涅语比英语更好学所以即便输入很少也能学好。相比耶里多涅语这样的语言，英语对英语国家的儿童及非英语人士来说都更容易学。事实上，耶里多涅语有 90 多个独特的语音，而英语则不及其一半。英语中有一些所谓的不规则动词在现在时和过去时中会改变发音模式，例如 go → went、eat → ate、sing → sang；但大多数动词的过去时只是添加 -ed 词尾，如 jump → jumped、talk → talked 以及 laugh → laughed。相比之下，耶里多涅语广泛使用不规则动词，导致词法异常复杂，充满了例外。如果把英语和耶里多涅语放在一个动词形态由简到繁的尺度上，英语接近简单端，而耶里多涅语则在复杂端。再加上耶里多涅语还有英语中没有的其他复杂语法，难怪住在罗塞尔岛考察耶里多涅语的澳大利亚田野语言学家詹姆斯·亨德森（James Henderson）会感慨："无论是巴布亚新几内亚人还是外国人都不可能学会耶里多涅语。"[23]

但是，如果耶里多涅语比英语复杂得多，为什么罗塞尔岛的儿童能够在输入少的情况下学会并自如地运用母语呢？这就是我们必须超越常规的语言传播观点的地方，因为该观点只关注交际冰山的一角，而忽略了冰山下对于成为合格语言使用者至关重要的隐藏部分。我们在第一章中讨论过，词语仅仅是意义的线索，必须与上下文、之前发生的事情以及我们对世界的了解中的所有其他线索结合起来，才能理解所说话语的含义。虽然词汇和话语很重要，但更重要的是融入所属社群文化的更广泛的社会化。如果没有这种社会化，就不可能有聚点，也不可能有 C-学习。

为了追随他人脚步，加入"对话舞蹈"，我们要共同遵守所处社会的文化规范、习俗、惯例、社会禁忌和无穷无尽的潜规则。尽管库克船长和豪什人表明，语言猜谜游戏可以纯粹基于共同的人性，但我们与对话伙伴共同点越多，玩语言猜谜游戏就越容易。如果没有构成交际冰山隐藏部分的社会化，构成冰山一角的个别词汇和话语就会变得难以理解。

为什么社会化这般重要？来看看 uncle 这个词吧。在英语中，uncle 通常是指母亲的兄弟或父亲的兄弟。丹麦语的 onkel 与英语的 uncle 用法相同，但你也可以使用更具体的术语：用 morbror 称呼母亲的兄弟，用 farbror 称呼父亲的兄弟。有些语言甚至要求使用者更加注意家谱成员关系和亲戚的年龄。在印地语中，父亲的兄弟被称为 chacha（चाचा），但如果他比父亲年长，则称为 tau（ताऊ）。母亲的兄弟不管多大都叫 mama（मामा）。男性姻亲长辈不叫 uncle，父亲的姐夫叫 phupha（फूफा），母亲的姐夫叫 mausa（मौसा）。实际上，uncle 这个词经常用于指代家庭中的男性朋友，没有任何血缘或姻亲关系，但不小心把父亲的兄弟称为 uncle 将是大不敬。更复杂的是，兄弟通常也引申为表兄弟，这意味着母亲的表兄弟也是她的兄弟，因此应该称他们为

mama。这样已经够复杂了，有时还会将后缀 -ji（जी）加在亲属称谓的末尾以示尊重，比如 tauji、mamaji 和 phuphaji，但其确切用法因家庭而异。因此，在许多情况下，即使是使用 uncle 这样简单的称谓，也需要对家庭关系以及社群特有的其他社会规则和文化习俗有相当多的了解。

在许多农村和原住民文化中，儿童通常是通过直接参与家庭日常生活和村庄的一般事务融入社群的。例如，罗塞尔岛学习耶里多涅语的孩子们婴儿时期就躺在外出干活的看护人的臂弯中。[24] 从两岁开始，他们会结伴漫游，做游戏，在附近的小河里嬉戏，在村庄附近寻找贝类、野生坚果和水果，以帮助补充家庭生计。通过这种方式，他们可以从具体的经验中掌握重要食物、植物和动物的名称，并学习准备、寻找、捕捉或躲避它们的相关表达方式。他们还会通过实际的观察和无意听到其他孩子和成年人的谈话，来学习当地的规范、惯例和禁忌。通过紧密融入社群的日常生活，罗塞尔岛上的孩子们积累了所需的社会知识和现实世界知识，充分利用了有限的语言输入。

相比之下，工业化社会中的儿童除了偶尔帮忙做诸如整理或洗碗的家务以外，通常远离家庭的日常活动。[25] 他们的很多社交活动都发生在家庭之外，比如幼儿园和学校，那里更加强调语言、文化和学术成就。在这样的非家庭环境中，语言输入的数量和种类可能就显得更加重要。换句话说，在工业化社会中，关于社会习俗、文化传统和非正式常规活动的知识大多通过语言而非直接参与社会活动习得。这可能就是工业化社会中儿童与成人看护人的语言互动这般重要的原因——成人为儿童提供了不属于他们世界的概念和词汇，帮助他们为识字和接受正规教育做好准备。

我们已经提过，仅靠增加低收入家庭儿童听到的单词数量并无多大助益。然而，卡西利亚斯对巴布亚新几内亚原住民儿童的语言学习展开了细致研究，提出了另一种可能的解决方案。研究发现，孩子们从成年人那里得到的语言输入并非像涓涓细流似的均匀分布在一整天中，而是集中在高强度的交流互动之中，往往是在就餐时间或者在家庭社交中进行一连串短暂的话轮转换。像这样将语言互动集中在短时间内，即使输入有限，孩子们也能将学习效果最大化。事实上，当新词汇在上下文中"爆发式"出现时，孩子们会更加善于学习和使用，即同一个单词在连续的话语中反复出现，例如"看看这条狗！""这条狗真可爱""我爱那条狗"。[26] 在日常的社交活动中，短暂的参与式语言学习机会及其在一天之中的零散分布方式，或许为学习耶里多涅语的儿童创造了绝佳条件，让他们从相对较少的语言输入中学好母语。

所有父母，无论来自哪里、收入如何，都希望自己的孩子拥有光明的未来。不幸的是，许多孩子和父母因贫困、歧视、系统性种族主义以及其他社会因素在追逐成功的道路上遭遇重重阻碍。只有真正改变政策才能解决这些问题，不过我们或许也能从罗塞尔岛上孩子们的成长经历中吸取经验。首先，不能简单地要求父母多和孩子说话，而是应该鼓励他们找到零散的时间段，与孩子积极交流。关键不在数量而在质量：集中的爆发式互动要贯穿在一整天当中。[27]用餐时间、沐浴时间以及亲子相处的其他时间都是和孩子交流的绝佳契机。就连购买杂货这样的平凡小事，父母也可以跟孩子分享自己买了什么、为什么要买这些物品以及怎么使用。

对于年龄尚小的孩子，谈论他们当前关注的内容更容易让他们参与到谈话中来。如果你一直围绕着他们感兴趣的话题交流，他们将学到更多的东西。孩子玩泰迪熊的时候，就和他们聊聊这只熊吧，别聊你觉得更有意思的东西。或许这种对话短期来看有些乏味，但是长期来看将大有作为。一旦他们掌握了更多、更广泛的词汇（四岁左右），父母就可以通过将更为抽象的概念与日常生活中的一些事物联系起来，帮助他们学习相关的概念。例如，为帮助孩子掌握过去时和将来时，可以和他们说说他们已经知道并记住的事情，比方说 You gave me a drawing for Father's Day last year（你去年父亲节的时候送了我一幅画）或是 You're going to be five in two months（再过两个月你就五岁了）。如果这些建议初见成效，并且有更多的证据表明它们行之有效，那将会开辟一条提升孩子语言技能的新途径。[28]事实上，这条路是我们应该走的——毕竟，即便不考虑这种对话对语言的影响，它也会让我们与孩子的互动更有趣、更愉快、更有意义。

※※※

是时候彻底废除这句老话了："孩子应该被看见，而不是被听见。"在语言学习的背景下，这句老话错误地认为孩子们只是被动吸收语言输入的海绵。相反，我们应该让孩子尽可能多地参与到日常互动中来，这样他们才能学到语言猜谜游戏以及对话舞蹈所需的即兴语言技能和社会化技能。即便 C–学习让语言学习变得简单，孩子们仍然需要大量的社群语言经验来学习母语。孩子们需要投入时间，积累经验，不断练习，方能成为卓越的语言"音乐家"，与交际"交响乐队"的其他成员合奏。

这并不意味着有一种"一刀切"的办法能够解决全球的语言学习问题。孩子学习语言的方式就和前人一样，都是追随他人的脚步，但文化进化却将我们引向许多不同的方向：丹麦语、英语、印地语、泰语、耶里多涅语，抑或是全球其他 7000 多种语言中的任意一种。正是人类表达方式的这种基本多样性，将人类语言与自然界中无数其他的交流系统区分开来。但我们最杰出的文化创造的多样性并不止于此。我们将在下一章中看到，我们都有自己独特的语言，这种语言与我们生死与共，这是一种非常真实的感觉。

第七章

无限形式，美丽至极

> 无数最美丽与最奇异的类型，即是从如此简单的开端
> 演化而来，并依然在演化之中。
>
> ——查尔斯·达尔文，《物种起源》（1859）

想象一下，忽然间，你身处漆黑之中，什么也看不见；周遭寂然无声，什么也听不见；舌头打结，什么也说不了；味觉、嗅觉统统消失。此刻，你就只剩下触觉来感知世界。对于多年来需要结合视觉、听觉、味觉、嗅觉体验生活的人来说，这无异于晴天霹雳。但好在你仍然拥有使用语言的能力；虽然你难以理解对方，但至少你能写下内心所想，让对方理解你。再想象一下，你才两岁就丧失了上述感觉，此时你连一句完整的话都说不好，更别提拼写了。这正是劳拉·布里奇曼（Laura Bridgman）所经历的。[1]

1829 年，劳拉在新罕布什尔州汉诺威郊区的农庄出生。她

从小体弱，娇小纤瘦。两岁时，全家人感染了猩红热，其中有两个孩子因此丧命。虽然劳拉一度命悬一线，但她奇迹般地活了下来。可是高烧夺走了她的视力、听力，而味觉和嗅觉也近乎消失。发烧之前学会的一点点语言也很快遗忘殆尽，不到一年，她就完全说不出话了。两年之后，她的身体才康复，可这一病让她变得消瘦，看上去十分羸弱。触觉成了她唯一感知世界的方式。尽管如此，她依旧活力满满：她用旧靴子当洋娃娃，还会用一些基本的手势与家人交流。

在查尔斯·狄更斯笔下，劳拉仿佛"生活在一个没有任何光线和声音的大理石房间里；她从墙缝窥视外面世界，用那白皙可怜的小手向好心人招手求助，以期唤醒她不朽的灵魂"[2]。七岁时，她的灵魂终于觉醒。塞缪尔·格里德利·豪（Samuel Gridley Howe）医生得知劳拉的不幸遭遇后，将她带到了自己管理的波士顿珀金斯盲人学校。当时，世俗认为聋哑人是不可接近的低能儿，注定要活在沉寂和黑暗之中，一辈子无法与人交流；而豪希望通过证明聋哑儿童可以学习语言来展示人类思维的力量。

他没有使用每个物体或情况都有特定手势表示的手语，而是决定使用可以通过触觉分辨的凸起字母来教劳拉英语单词。刚开始，他会给常见物品贴上凸起的字母，比如勺子、小刀、书和钥匙。劳拉很快就学会了匹配每个物品和它对应的字母顺序。当劳拉拿到了还没贴上的标签时，她会小心地把它们放在对应的物品上：SPOON 放在勺子上，BOOK 放在书上，KEY 放在钥匙上，等等。接下来，豪把每个凸起的字母分别放在纸上，然后组合，拼出劳拉认识的单词：S-P-O-O-N，B-O-O-K，K-E-Y。然后，豪把所有字母混在一起，提示劳拉要按顺序将这些字母组成标签，与她认识的物品对应。这花了一段时间，不过她最后还是学会了。经过几周坚定不移的模仿学习后，豪发现劳拉茅塞顿开："真相开始涌现，她终于开窍了——她意识到有一种方法可以标记她脑海中的任何事物，并让他人了解其中的含义。"[3]

劳拉明白了每一个事物都有自己的名字，我们可以用语言与他人谈论它们。她开始渴望学习她世界里所有事物的单词。接下来，豪教她手指拼写，也就是"说话者"用一只手的手指模拟字母外形，"倾听者"将手放在"说话者"的手上，感受"说话者"要传递的字母形状。劳拉很快就掌握了手指拼写，语言运用能力突飞猛进，不再局限于摆在桌子上的凸起字母。她现在可以随时随地"用手指说话"了——她的好奇心永无止境，很快就缠着身边的每一个人，抛给他们一连串无休止的问题。劳拉甚至学会了用手书写。

豪擅长宣传，他在珀金斯年度报告中浓墨重彩地描述了劳拉日益增长的语言能力。劳拉的语言觉醒吸引了公众的关注，她很快就在美国家喻户晓。1842年，查尔斯·狄更斯在北美旅行时遇到了劳拉，于是将她的故事写进了自己的游记《美国纪行》（*American Notes for General Circulation*）。从19世纪40年代开始，劳拉的名声迅速传遍全球，成为备受瞩目的女性人物。成千上万的人参加珀金斯展览日，希望一睹劳拉的语言技能，并大喊着要她的签名、作品甚至头发。女孩们纷纷制作了自己的"劳拉"娃娃，她们取出娃娃的眼睛，再系上一条绿丝带遮挡，模仿劳拉的样子。

但是，相较于五十年后与自己经历相同的海伦·凯勒，劳拉·布里奇曼几乎已为今人所遗忘。今人以为凯勒才是学习英语的第一位盲人。但是，19 世纪 80 年代早期正是劳拉教会了安妮·沙利文（Anne Sullivan）手指拼写技能，凯勒才有机会在沙利文的带领下迈入语言世界。

劳拉的案例不仅是人类精神胜利的精彩例证，更是人类语言能力惊人适应力和灵活性的生动写照。首先，她可能是唯一一个最初通过印刷文字接触语言的人。通常情况下，人类只有掌握了一定的口语才能学会阅读。可劳拉的情况恰恰相反：她通过书面语言走进语言世界——即使在手指拼写的学习过程中，她仍需拼写出每个单词（不像现在的手语只偶尔使用手指拼写）。劳拉的语言也有其他一些特点。例如，她经常创造单词。在学 alone（独自）的意思时，她被要求独自往返自己的房间。她照办了。过了不久，她想和她的一个朋友一起去，就说："劳拉两人去！"（Laura go al-two!）[4] 虽然她学的是"标准"英语，但她经常使用自创的缩写，并省略单词以提高交流效率。

劳拉能够创造出自己独特的语言，同时周围的人也能心领神会，这一事实证明了人类语言交流最基本的特性之一：非凡的多样性和适应性。因为语言并不是根据基因蓝图展开的，而是通过文化进化出现的（如第五章所述），只要语言能通过"事不宜迟瓶颈"，并锚定交际冰山的水下部分，就可以自由变化。[5]人类语言普遍存在的异质性——"无限形式，美丽至极"也许是人类语言区别于地球上所有其他交流系统的真正标志。但是，只有将语言与更加统一和固定的非人类交流系统进行比较时，我们才能充分认识到人类语言的多样性和灵活性是多么独一无二。尽管不同生物的交流方式存在惊人的多样性，但在同一物种中，个体之间的交流方式几乎没有差别。

无穷无尽的交流方式

交流可能和生命本身一样古老，可能起源于古菌之间的化学信号传递。古菌是原核单细胞生物，其中很多是所谓的极端微生物，不仅能在不适宜生命生存的极端环境中存活，还能在此环境下生生不息，生长旺盛。[6]这些极端微生物生活在深海热液喷口，那里黑暗无光，气压极大，温度极高，与40亿年前生命首次出现时的恶劣环境颇为相似。一些古菌能在高温环境中存活繁衍，比如菌株121（Strain 121），之所以这样命名，是因为它在121° C的环境中依旧可以存活；要知道121° C可是用于医疗器械消毒的温度。另一些古菌，如热球菌属中的嗜压古菌（*Thermococcus piezophilus*），生活在1283个标准大气压下，这一气压几乎能压碎花岗岩地板（1个标准大气压大致是海平面的大气压）。但即便是生活在这样的极端环境之中，古菌也能产生化学信号。它们通过特殊的信号分子相互作用，感知周围同类的数量（有时甚至能感知其他物种）。细菌与真菌也有这种"群体感应"（quorum sensing），它能让简单生物开启或关闭特定基因，适当改变自身行为，适应群体密集或稀疏的情况。群体感应很可能是地球上最早的交流形式。

群体感应传递的信息很简单，即"我在这里！"，但化学信息也可以更具体。例如，植物使用化学信号警告它们的同类有威胁。当一株高大的一枝黄花属植物（菊科的一种，遍布美国）受到黄花叶甲虫幼虫的攻击时，它就会在空气中释放有机化合物，引发附近植物的防御性化学反应（也可以击退攻击的昆虫或吸引昆虫的天敌）。[7] 化学信号在昆虫中也很普遍。事实上，蚂蚁和白蚁群体都要依靠化学信号相互作用的网络，这种网络极其复杂多变，使得群体像复杂而连贯的有机体一样开展行动。

有些昆虫也会发出非化学信号，例如著名的"蜜蜂语言"，它由奥地利动物行为学家卡尔·冯·弗里希（Karl von Frisch）发现，卡尔还因此获得了诺贝尔奖。[8] 蜜蜂摇摆舞的角度和持续时间表明了食物源的方向和距离，而尾部摆动的力度则表明了食物源的数量和质量。摇摆舞能传递食物源的位置及质量等复杂信息，这一点令人难忘，或许使动物交流朝着人类语言的方向迈出了一小步。有趣的是，蜜蜂在确定筑巢的新地点时，它们也用摇摆舞来沟通：侦察蜂扇形散开寻找巢穴地点，返回时就用舞蹈的速度和时长来表示对该地点的喜好，以此鼓励其他蜜蜂前往查看。慢慢地，会有越来越多的蜜蜂为自己喜欢的地点跳舞，直到某个喜欢的地点获得"法定票数"，整个蜂群就会开始向此处迁移。没有一只蜜蜂能决定蜂群应向何处迁移——交流体现了"蜜蜂民主",这是一种在社会性昆虫中广泛存在的分散式决策策略。

从蜜蜂编排的摇摆舞、猿类的手势,到夏夜萤火虫闪烁的模式,再到狗等待扔棍子时快乐的"伏身"姿势,视觉交流在动物群体中相当普遍。但是说到视觉呈现,普通乌贼(*Sepia officinalis*)才是真正的艺术家。[9]这种头足类动物是一种类似鱿鱼的无脊椎海洋软体动物,有八条短腕足、两条长触腕足,擅长伪装,被称为"海洋变色龙"。它通过改变皮肤色彩图案(有34种之多,如黑色斑马条纹)、改变皮肤质地(粗糙、光滑等)、变换姿势(如挥舞腕足)和执行动作(如喷墨)来产生复杂的交流信号。雄性乌贼利用这些交流信号来吸引雌性乌贼并抵御其他同类雄性。这些信号也可以用于欺骗。比如,很有趣的是,体型较小的雄性乌贼可以在身体一侧展示雌性模样(以便分散周围体型更大的竞争对手的注意力),而面向雌性的一侧则会展示出最佳的雄性求偶特征。这样的性别伪装的确有效:成为一只双面乌贼可以增加成功交配的概率。

说到听觉交流,长尾黑颚猴值得一提,它们因能发出捕食者警报而闻名。[10]这种东非猴子进化出了三种不同的叫声来警示不同种类捕食者的存在,分别对应豹(或其他类似的食肉动物)、鹰(或其他空中捕食者)和蛇。这些不同的警报声会引发针对三种捕食者的不同逃避动作。听到豹子警报声"喳喳",它们会爬到高树上躲避危险;听到老鹰警报声"啰啰",它们会一边扫视天空一边躲进附近的灌木丛；听到蛇警报声"啪啪"，它们用后腿站起，寻找蛇的位置。尽管发出这些警报的能力似乎与生俱来，但年幼的长尾黑颚猴仍然需要学习才能正确使用警报。例如，年幼的长尾黑颚猴一开始看到任何陆地动物，无论是不是捕食者，都会发出豹子警报声，后来才学会只对豹子使用。换句话说，尽管长尾黑颚猴只能以本能的叫声进行交流，但在叫声的使用方式上，它们似乎具有一定的认知灵活性。

长尾黑颚猴的表亲西非绿猴也具有这种认知灵活性。[11] 它们也有分别针对蛇和豹子的警报声，但没有针对空中捕食者的警报声。然而，在研究人员操作无人机在西非绿猴附近飞行时，它们发出了类似长尾黑颚猴针对鹰的警报声，尽管这两种猴子在地理范围上没有重叠，且早在350万年前就由同一祖先分化成了不同的物种。[12] 事实上，随后的声学分析显示，长尾黑颚猴对鹰的警报与绿猴对无人机的警报几乎没有区别，这表明无人机激活了它们对空中捕食者的本能反应。有趣的是，后来研究人员还用隐藏的扬声器播放它们发出的无人机警报声，绿猴们闻声仰望天空，迅速躲藏起来。因此，即使非人灵长类动物在声音学习方面严重受限——因为它们似乎无法发出新的叫声——但它们仍是熟练的知觉学习者，能重新利用古老的警报声应对新的威胁。

尽管这种警报被认为或许是人类语言的前身，但绿猴的无人机警报声所表现出的灵活性始终有限，与语言猜谜游戏相去甚远。[13] 语言猜谜游戏可以当场创造、纠正、重复使用，一个手势就可以代表一本书、一部电影、一个人或一个历史事件，这是因

语言游戏

为它利用了特定参与者共同的知识，以及他们过去玩过的语言猜谜游戏。正是这种独创性，而不是像警报这样简单的固定信号，奠定了人类语言的基础。

猴子的声音学习能力并不出众，鸣禽才是这方面出了名的表演专家。而且，乍一看，鸟鸣的复杂性似乎更接近于人类语言的复杂性。比如歌技精湛的夜莺，这是一种长着红色尾羽的棕色小型鸣禽，在西欧至蒙古的区域繁殖，在撒哈拉以南的非洲过冬。它的歌喉在鸟类中出类拔萃，音色圆润柔美，音调悠扬悦耳。有篇学术评论对夜莺的天籁之音大加赞扬，称其"时而清脆似笛，时而啾啾唧唧，百啭千声，中间还伴有一个低沉、悠长、重复的哨声（wuuu），音量和频率陡然提高，最后华丽收尾"，如下所示：

pichu-pichu-pichu-pichurrrrrrr-chí!

wiiit-chuk-chuk-chuk-chuk-chuk-chuk-chí!

wuuuuuuuuuu-wuuuuu-wuu-wuwu-twík!

chatatatatatatatatatatatatatat, chiiyo-chiiyo-chiiyo-chiiyo-chí![14]

几个世纪以来，夜莺迷人的歌声始终是诗人和作家的灵感源泉，从荷马、奥维德到弥尔顿、济慈，再到安徒生的动人童话《夜莺》——伊戈尔·斯特拉文斯基（Igor Stravinsky）将其改编为交响诗《夜莺之歌》。[15] 我们将其称作"鸟的歌曲"（birdsong），而非"鸟的音乐"（bird music），这一事实本身就表明了歌曲与语言的联系——毕竟，歌曲是有歌词的。

　　另一个与语言明显相似的现象是，夜莺等鸣禽不是只会唱出编码在基因中的一成不变的歌曲，它们还要向其他同类学习歌唱。人们曾认为只有雄性鸣禽才会通过歌唱吸引异性并击退竞争对手，但近期的研究表明，世界上大多数鸣禽不论雌雄都会歌唱。[16] 它们这样做不仅是为了吸引潜在伴侣、标记领地，也是为了维系伴侣关系，比如一对鸟儿以二重奏的方式共和一曲，有时衔接得天衣无缝，仿若一只鸟的独唱。鉴于每只鸟都在向其他鸟学习歌唱，这一过程难免会出现变化与瑕疵，因此一个鸟类种群的曲目就有可能因时因地而变。这听起来与文化进化颇为相似，初看似乎反驳了人类语言因其突出的内部多样性而在世界上的交流系统中独一无二的观点。

　　但别急着下结论！鸟类"歌曲"与人类歌曲中有意义的歌词（虽然有时也可能是陈词滥调）完全不同——它们其实是"鸟的音乐"，而非"鸟的歌曲"。人类语言中的字词都有特定的含义，这些字词及彼此之间的关系可以构成无穷无尽的信息。但鸟儿歌唱的交际功能却受到了极大的限制。夜莺发出的 pichu 和 chuk-chí 并不是传达某种隐藏编码信息的单词或短语，它们更像音符和乐句，目的在于一展歌手的精湛技艺和魅力。不同于猴子的警报声和蜜蜂的摇摆舞，鸟类的鸣叫并没有系统的变化来警告同伴危险的存在、告知食物的位置或传递周边环境的其他任何信息。[17] 事实上，一些鸣禽还会将其他物种的声音融入自己的歌曲之中。歌喉一流的华丽琴鸟可以学习周围环境的声音，比如附近的建筑工地上锤子、电锯、电钻、鼓风机的声音，甚至是工人的哨声。[18] 这些声音的加入大大丰富了它们的鸣唱，毫无疑问将给听众留下深刻印象。但除了展示这位歌手的整体素质外，它没有传递任何信息。

此外，事实证明，鸟鸣与文化进化（以及潜在的语言进化）之间的相似之处并没有看起来那么惊人。首先，尽管许多鸣禽可以通过模仿来学习，但只有少数鸟类有当地的"方言"。[19] 其次，人类语言几乎在每个方面都存在差别，而鸣禽的方言实际上只是主题上的微小变化。例如，黑冠山雀在北美大部分地区都鸣唱着"嘿，亲爱的"，但在马萨诸塞州海岸外的玛莎葡萄园岛，它们则啁啾着"亲爱的，嘿"。再次，鸟类方言之间存在显著差异，这些差异通常存在于孤立的种群中，并与遗传差异有关；但人类语言的差异则与遗传无关，而是源于文化进化（如第五章所述）。

最后，文化传递引发的差异在鸣禽界是非常有限的。[20] 在鸟类一展歌喉以吸引配偶、击退竞争对手或增进相互联系时，它们也有内在的感知偏好，正是这些偏好决定了歌曲类型的文化进化。例如，雌性苍头燕雀似乎格外钟爱带有较多颤音和相对较长的尾声的歌曲。雌性斑胸草雀会通过快速扇动翅膀对雄性幼鸟的歌唱练习进行反馈，以示认可。这些雌鸟的偏好很大程度上限制了歌曲的文化演变，而雄鸟在学习歌唱技艺过程中的感知和声音局限性则进一步限制了这种变化。[21]

鸟类歌曲的文化进化有诸多严格限制，斑胸草雀版本的传话游戏实验就是绝佳例证（此类实验我们在第六章讨论过）。[22]

第一代（游戏中的初始信息）由在隔离环境中养大的雄鸟组成，没有受到其他任何年长雄鸟歌曲的影响。它们最终会唱出一种刺耳而无节奏的曲子，与野生斑胸草雀的歌曲大相径庭。这些被隔离的斑胸草雀充当下一代的导师，然后，第二代学习者又充当第三代学习者的导师，以此类推，共进行了五代一对一的学习。联想到人类语言的变化，或许有人会猜测这些斑胸草雀的歌曲可能会发生不计其数的变化，并且与野生斑胸草雀唱出的歌曲大有不同。但结果恰恰相反：经过几代鸟儿的学习，学习者逐渐重新创造了野生斑胸草雀的歌曲，这表明斑胸草雀的歌曲几乎没有整体变化的空间。另一项研究得到了相同的结果，尽管研究对象是另一种鸟——孟加拉雀。[23]

因此，斑胸草雀之间的文化传递减少了歌曲的多样性，并迅速将可能的偏差引导回既有的物种典型模式，而不是创造崭新的、不同的歌曲。将歌曲限制在这种一成不变的模式，或许有助于反映"歌手"的健康状况，但阻碍了文化进化。这些对斑胸草雀的研究结果显然与人类传话游戏实验的结果形成了鲜明对比。在传话游戏实验中，不同世代的学习者创造了迥然不同但仍然系统的微型语言。

交流固然不是人类独有的。从古菌、细菌到真菌、植物，从蜜蜂、乌贼到猴子、鸟类，许多生物，甚至是大多数生物，都有某种与同类交流的方式。交流系统的多样性确实不可思议，但在仔细审视某一生物时，我们就会发现该物种的所有成员实际上都有相同的交流方式，因为这是深深镌刻在基因中的。[24] 相比之下，

　　　　　　　　　　　　　　　　　语言游戏

人类语言则是由文化塑造的，每个人都可以创造出自己社群语言的独特版本，就像劳拉·布里奇曼那样。讽刺的是，与生俱来的普遍语法理论似乎更适合描述非人类交流系统中固定且统一的特性，而不是人类语言那种无法抑制的多样性。这并不是否定其他物种交流的重要性——事实远非如此——但尽管这些非人类交流系统本身悦耳动听、多姿多彩，有时甚至纷繁复杂，它们终究无法与灵活多样的人类语言相提并论。

文化进化中的七千个自然实验

人类语言的多样性足以令人惊叹，主要交际信号既可以是手语中的手势，也可以是口语中的语音，这种多样性是人类语言所特有的。[25] 世界上有 140 多种不同的手语，包括美国手语、丹麦手语和尼加拉瓜手语等。虽然劳拉·布里奇曼学会了用手指拼写英语，但美国手语与美式英语或任何形式的英语（无论是口语还是书面英语）毫无关系。这意味着美国手语与英国手语天差地别，就像随机选择的两种口语（如芬兰语和汉语）彼此之间存在鸿沟一样。

口语中的特定声音还存在诸多变化，用以表示细微的含义差别。[26] 非洲南部和东部至少有 17 种语言，如科埃语（Kxoe）、科萨语（Xhosa）和祖鲁语（Zulu），将不同类型的嗒嘴音（click）融入单词中，包括英语人士用以表示反对的 "tsk！tsk！"（英式英语用 "tut-tut"，相当于汉语的 "啧啧"）以及骑手们赶马时的"tchick！"（相当于汉语的"驾"）。世界上大约三分之二的语言使用声调来区分不同的单词，否则这些单词会听起来完全相同。比如以下汉语普通话中用来改变音节 ma 含义的五种不同声调：

- mā，高平调，表示"妈"。
- má，声调从中到高，表示"麻"。
- mǎ，声调先降后升，表示"马"。
- mà，声调从高到低急剧下降，表示"骂"。
- ma，中性声调，表示疑问语气助词"吗"。

这些细微的声调差异常常令第二语言学习者万般苦恼——太容易把"妈"和"马"搞混了！

有些语言甚至使用口哨语进行远程交流，比如在山区或茂密森林，使用口哨语能将人声的传播范围扩大十倍。[27] 有 30 多种语言的亚群体使用口哨语，包括土耳其人、加那利群岛的西班牙人、尼泊尔的切彭人（Chepang）、墨西哥的马萨特克人（Mazatec）。口哨语严重依赖元音，而有些语言，比如加拿大不列颠哥伦比亚省小镇贝拉库拉的努哈尔克人（Nuxalk）的语言（该语言濒临灭绝）就有许多单词完全由辅音组成，比如 ts'xlh（真的）、sts'q（动物脂肪）和 tsktskwts（他到了）。因此，语言并非总是使用元音和辅音来组成单词。

此外，每种语言都有其独特和奇妙之处。[28] 事实上，表面上看似普遍存在的语言特征其实只存在于某些语言之中。有些语言没有副词或形容词，有些语言不区分名词和动词，比如加拿大原住民的语言海峡萨利希语（Straits Salish）。汉语词汇缺乏形态变化（动词结尾、复数等），而尤皮克语（Yupik，阿拉斯加西部、南部和西伯利亚东北部原住民的语言）的词法非常丰富，可以把整个句子塞进一个单词里（"他还没说他要去猎驯鹿"：tuntussuqatarniksaitengqiggtuq）。许多非印欧语系语言都有陌生的词类：意象词（ideophone）、动介词和量词。例如，在许多语言中，意象词是一个单独的词类，旨在通过声音唤起某种联想，为对话增添趣味。印度东部的蒙达里语（Mundari）中的 ribuy-tibuy 就是这类词，它表示"胖子走路时臀部摩擦的声音、样子或动作"。

欧洲语言依赖动词的"屈折变化"，即区分现在、过去和将来时态，以及区分动词原形（walk）和现在分词（walking）的词尾变化，对于第二语言学习者，这些不同的动词形态都需要努力去掌握。然而，汉语动词只有一种形式，要依靠其他字词说明事件发生的时间。其他语言中只有一小类"屈折"动词，但是它们与一大类开放式的"动介词"相结合，从而描述各种不同类型的事件。贾明仲语（Jaminjung）是澳大利亚北领地维多利亚河沿岸的一种土著语言，说这种语言的人不到 150 个。[29] 贾明仲语仅有大约 30 个动词，每一个动词的含义都很笼统，比如 ijga，单独使用时指某种运动。为赋予其更具体的含义，这些意义宽泛的动词可以与大量不能单独出现的动介词结合使用。ijga 与动介词 warrng-warrng（意为走路）结合使用表示"正在走路"，和 bag（意为打碎）结合则指"正在打碎某物"，与 marrug（意为躲藏）结合表示"正在躲藏"，和 ngilijga（意为哭泣）结合意为"正在哭泣"。

　　和动介词一样，量词是另一类世界语言中广泛存在，但在欧洲语言中极其罕见的词。[30] 量词常与名词结合来表示特定类型的事物。three head of cattle（三头牛）是英语中的一个非典型例子，head 在这里用作量词，但不能说 three head of parrots（三头鹦鹉）或者 three head of bicycles（三头自行车）。迪亚里语（Diyari）是澳大利亚南部的原住民语言，居住在阿德莱德以北 650 英里的艾尔湖东部干旱沙漠里的一小群原住民说这种语言。这种语言有 9 个可以放在名词前面的量词，这些量词把世界分成对他们日常生活很重要的九个类别：

- karna——人类（不包括白人和其他非原住民）

- paya——会飞的鸟（因此不包括鸸鹋）

- thutyu——爬行动物，包括蛇

- nganthi——其他可食用的动物

- puka——可食用的蔬菜食品

- pirta——树木或木材（用于生火）

- marda——石头和矿物（如赭石）

- thurru——火

- ngapa——水

所以迪亚里语里袋鼠称为 nganthi tyukurru，而葵花凤头鹦鹉是 paya kardarrungka，一位（土著）女人则是 karna wilha。

语言所能表达的意思也千差万别。[31] 有些语言没有时态、代词或数词，甚至缺少一些看似很基本的逻辑词，如"如果"和"或者"。另一些语言则以非常出人意料的方式表达意思。在美国西南部使用的纳瓦霍语中（纳瓦霍密语者就使用这种语言，我们在第二章介绍过），动词的选择取决于你所谈论的是 11 类物体中的哪一类，例如，像球那样的实心圆形物体、像绳子那样细长柔韧的物体、像箭那样细长坚硬的物体、像一束头发那样松散的物体。在英语中，同一动词可以用于请求给予不同事物（give me X，X 可以是任何东西），而在纳瓦霍语中，你必须从 11 种不同的动词形式中选择一种来表达这个请求。所以，如果你想说"给我一根烟"（细而硬的物体），就要用动词 nítįįh，但如果你想说"给我一些干草"，那就要用动词 níłjooli 了。然而，有的语言，如巴西雨林深处亚马孙河支流迈西河河畔使用人数仅 800 人的皮拉罕语，似乎就没有表示数字和时间的词语。正如第五章所述，它们甚至缺少乔姆斯基眼中语言最基本的特质——递归性，该属性让短语能像俄罗斯套娃一样嵌套在同一类型的短语中。

世界上约四分之一的语言还有一个有趣的特征，那就是语言学家所称的"言据性"（evidentiality），要求说话者明确指出他们有哪些证据来支持所谈论的内容——是第一手信息，还是由某些证据推断出来的，抑或是从其他人那里听说的。[32] 英语不具有言据性，但说话者可以选择用特定的词来表示某事是道听途说或是推断出来的，而非直接观察到的，例如reportedly（据报道）、allegedly（据称）、apparently（据说）或supposedly（据推测）。当语法中有言据性时，说话者通常需要使用两个或两个以上的动词词尾或后缀，以表明信息的来源。北加州濒临灭绝的东波莫语（Eastern Pomo）就使用四种不同的动词词尾说明信息的获得途径。词尾 -ink'e 用于谈论说话人以非视觉方式感受到的事物，-ya 用于讲述说话人有第一手知识的事物（很可能是看到的），-ine 用于表示说话人根据看到的事物进行的推断，-le 用于转述说话人被告知的事情（即道听途说）。把这些词尾加到意为"燃烧"的词干 pʰa·békʰ 上，我们得到以下结果：

- pʰa·békʰ-ink'e——说话人有灼烧感
- pʰa·bék-ya——说话人曾见过某人/某物被烧伤
- pʰa·bék-ine——说话人看到了烧伤的间接证据，如绷带
- pʰa·békʰ-le——说话人转述他们听说的烧伤事件

所以，如果你想说你听说"他们被烧伤了"，那你要说"bé·k-al pʰa·bé-kʰ-·le"；但如果你根据你所看到的而怀疑他们被烧伤了，那你就要说"bé·k-al pʰa·bé-k-ine"。

在一些语言中，言据性也用于表明说话者是否参与了他们所谈论的事件。[33] 美国前副总统迪克·切尼（Dick Cheney）在采

语言游戏

访中谈到了一次不幸的事故，当他在得克萨斯州南部猎鹌鹑时，射中了同伴哈里·惠廷顿（Harry Whittington）的面部、颈部和胸部。众所周知，切尼在逃避责任时闪烁其词。他说："我转身朝那只鸟开枪，就在那一刻，看到哈里刚好站在那里。"过了一会儿他承认道："嗯，最终，是我扣动扳机，开枪击中了哈里。"但如果他说的是纳莫美语（Namo Me，这是生活在巴布亚新几内亚南部高地和西部省的原住民的语言，使用者大约 1000 人），他就不可能这样闪烁其词，推脱责任。这种语言的语法要求说话者使用后缀来明确表示他们参与了所描述的事件。

这几个例子只是我们在世界各地看到的语言多样性的冰山一角。[34] 而且多样性中还蕴含着多样性。这里讨论的具体特征还有许多变化，比如声调、量词以及语法中嵌入的言据性标记的数量多寡。即使是欧洲语言，其多样性也远比我们通常意识到的要丰富。欧洲民族国家形成并指定其官方语言后，其他语言往往就成为地位低微的方言。社会语言学家、意第绪语学者马克斯·魏因赖希（Max Weinreich）有句精辟的妙语："语言是拥有陆军和海军的方言。"[35] 例如，根据联合国教科文组织制定的《世界濒危语言图谱》（*Atlas of the World's Languages in Danger*），意大利有 30 种濒危语言，法国有 26 种，德国有 13 种，英国有 11 种。[36] 还有一些欧洲语言，如芬兰语、匈牙利语、爱沙尼亚语（都属于乌拉尔语系）和巴斯克语（其起源至今仍是个谜），在说英语、西班牙语和德语的人士看来都极为奇特。

显然从全球范围来看，7000 多种人类语言在全球的分布并

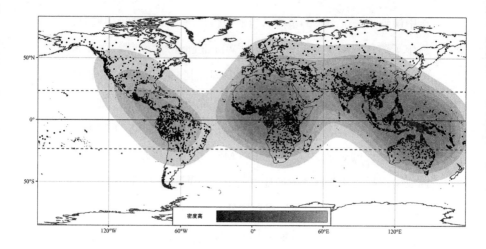

图 7.1　全世界 7000 多种语言并不是平均分布在全球各地，而是集中在赤道附近的热带地区（两条横虚线之间）。灰色越深，表示语言的密度越高。小黑点表示各语言大致分布位置。（图由巴勃罗·孔特雷拉斯·卡伦斯绘制。）

不均匀。大多数语言都集中在地球的热带地区（见图 7.1）。语言多样性最丰富的地区通常不只包含无数差异细微的变体；巴布亚新几内亚的高地地区汇聚了全球超过 10% 的语言，邻近地区的人说的语言往往有着截然不同的语音和词序，语言划分世界的方式也各不相同。

为什么世界上大多数语言都分布在热带地区呢？行为科学家丹尼尔·内特尔（Daniel Nettle）认为原因是热带地区较长的生长季节。[37] 因此，生活在这些地区的人粮食更有保障，更容易自给自足。相比之下，温带和寒带地区的生长期较短，人们更有可能在作物歉收的情况下依赖更大地域中的邻近群体，而拥有共同的语言有利于维护这种社会关系。

若是认真分析世界语言的多样性，就会发现语言即使存在共性，也少之又少。没必要对此感到紧张，我们反而应该庆幸，因为丰富的语言为我们提供了大量机会，让我们对人类独特的语言能力有了新的认识。从本质上讲，我们看到的是文化进化过程中 7000 场自然实验的结果。[38]

丹麦国里有坏事？

深入研究这 7000 场语言实验中的一场，我们就会发现，即使是像丹麦语这样看似"普通"的欧洲语言，也存在着奇怪而独特的变化。大多数非丹麦人对丹麦语知之甚少，可能只知道丹麦语是世界上最幸福的一部分人的语言，也是 hygge 一词的起源——舒适、和睦和幸福感，这是丹麦文化的核心。碰巧的是，丹麦语一直以晦涩难懂而闻名。早在 1694 年，爱尔兰政治家兼作家罗伯特·莫尔斯沃思（Robert Molesworth）就在他的《1692年的丹麦》（*An Account of Denmark, as It Was in the Year 1692*）一书中写道："丹麦语是一种忘恩负义的语言，和爱尔兰语满腹牢骚的腔调没什么两样。国王、伟人、绅士及许多市民都在日常对话中使用高地荷兰语，对陌生人则使用法语。我曾听几个高级职员吹嘘说他们不会说丹麦语。"[39] 丹麦语似乎并没有随着时间的推移而变得更好。1927 年，德国作家库尔特·图霍夫斯基（Kurt Tucholsky）打趣道："丹麦语并不适合对话……不论说什么听起来都像一个单词。"[40] 挪威是丹麦的邻国，挪威语也是丹麦语的近亲，但挪威人也会在电视幽默短剧中取笑丹麦语含糊不清：节目中两名丹麦人完全无法相互理解，因此他们不得不创造出许多毫无意义的词，比如 kamalåså。[41] 节目尾声之际，他们甚至还呼吁国际社会帮帮丹麦，避免它因沟通失灵而分崩离析。事情可能并没有那么糟糕——但丹麦语确实有些问题（见图 7.2）。

将丹麦语作为第二语言学习可谓困难重重，但有趣的是，即使是丹麦儿童似乎也需要花费大量的工夫！[42] 这让人感到不解，毕竟他们学习的是自己的母语，为何会很困难呢？莫滕本人也深受困扰：他在丹麦长大，母语是丹麦语。他带领着丹麦奥胡

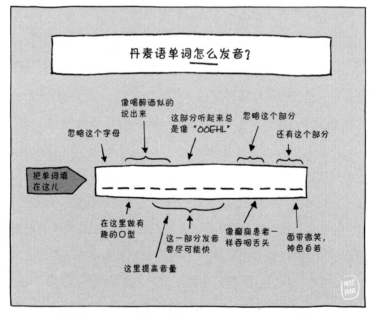

图 7.2　上图幽默演绎了丹麦语不同寻常的发音，也揭示了为何丹麦语对于非母语者来说如此难以理解。（插图由马蒂亚斯·帕切特卡绘制）

斯大学（Aarhus University）的"丹麦语之谜"研究小组，尝试解决这个难题。

丹麦语的问题似乎在于它的发音往往含糊不清。丹麦语有40多个元音，数量堪称世界之最（相比之下，英语仅有13到15个元音，具体数量取决于是哪种英语方言）。此外，丹麦人在说话时会把一些辅音说得像元音一样。例如，词尾的 b 音和 v 音，当它们出现在单词内部时，通常读成类似 oo 的音（类似于 boot 中的 oo，但发音较短），例如 løbe（跑）和 kniv（刀），用英语发音大致可以分别写成 loyoo 和 kneeyoo。[43] 更复杂的是，即使是在电台广播中，丹麦人朗读时也会"吞掉"词尾，省略大约四分之一的音节。这些因素在其他语言中都是单独出现，但只有丹麦语常常会三个因素叠加，同时出现。这就带来了大量没有真正辅音的发音，比如名词短语 røget ørred（烟熏鳟鱼，英语音译 rohe-errhl），听起来有八个连续的元音。

因此，丹麦语与之前提到的努哈尔克语处于相反的两极，努哈尔克语的单词完全由辅音组成，如 p'xwlht（草荚莫）。然而，这两种语言相比，丹麦语可能更难理解。要理解口语，需要将听到的语音分解成单词或词组。由于辅音可以中断语音流，因此辅音比元音更适合用于划分单词之间的界限。一连串的元音让人很难分辨出一个单词在哪里结束，另一个单词在哪里开始（参见图7.3）。因此，用丹麦语交谈有点像在灯光昏暗的房间里玩"你比我猜"，很难区分手势之间的异同。

正如在昏暗的环境中学习猜谜比在明亮的房间里更难，丹

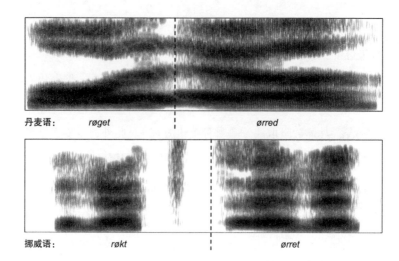

图 7.3 两种语言中"烟熏鳟鱼"语音信号的声谱图，上图为丹麦语 røget ørred（英语音译 rohe errhl），下图为挪威语 røkt ørret（英语音译 rokt ohrrit），两图分别展示了两个词组发音时不同声波频率在时间上的分布和强度。垂直虚线显示了词组中单词边界的大致位置。注意丹麦语声谱图的变化非常小，几乎看不到音节或单词的边界；与丹麦人相反，挪威人利用辅音突出了两个单词之间的边界。

麦语语音模糊的特点也阻碍了语言学习。莫滕在奥胡斯大学的同事、发展语言学研究者多尔特·布莱塞斯（Dorthe Bleses）的研究表明，丹麦儿童不仅学习母语新单词的速度比其他欧洲儿童慢，而且直到八岁才能掌握动词的过去时。挪威语和瑞典语的过去时规则与丹麦语大致相同，但丹麦儿童对过去时的掌握整整晚了两年之久。

　　心理学家法比奥·特雷卡（Fabio Trecca）与莫滕等同事使用眼动仪追踪了两岁的丹麦儿童在听到口语时的视线移动情况。研究人员利用了这样的方法：如果在屏幕上给儿童看两个物体，比如一辆汽车和一只猴子，然后说"找到汽车！"或"这里有猴子！"，他们通常很快就会看向目标物体。当丹麦儿童听到"Find bilen!"（"找到汽车！"英语音译"Fin beelen!"）时，他们会以相对较快的速度看向汽车；这句话有几个辅音。但当他们听到"Her er aben!"（"这里有猴子！"英语音译"heer-ahben!"）时，他们看猴子的速度会慢上半秒钟；因为该语音流几乎都是模糊单词界限的元音。半秒的延迟看似微不足道，但考虑到"事不宜迟瓶颈"带来的实时压力，它有可能成为学习和理解语言的一大障碍。事实上莫滕及同事在随后的一项研究中发现，如果新单词跟在一个只有元音的短语后面，即便成年人跟孩子交流时经常说这个短语，两岁半的孩子也很难学会，比如"Her er……"（"这里有……"）。

莫滕的"丹麦语之谜"研究小组已经证明，模糊不清的丹麦语语音结构对儿童学习丹麦语的影响并不会随着儿童成长而消失。通过在丹麦和挪威精心匹配的实验，他们发现丹麦成年人对母语的处理方式似乎与瑞典语和挪威语等邻近语言的使用者不同。丹麦语和挪威语间的比较提供了一个近乎完美的自然实验：丹麦和挪威有着悠久的共同历史，都可以追溯到维京时代；两国的福利制度、教育体制和文化规范相似；两种语言的语法、过去时系统和词汇也相似。但关键的区别在于挪威人通常会把辅音发出来，而丹麦人则相反。由于丹麦语发音非常模糊，与挪威语等其他语言的使用者相比，丹麦人更依赖背景知识、当前情况和先前对话中的语境信息来确定他们听到的内容。也就是说，由于丹麦语口语中的语言输入格外难以确定，他们需要更多地关注交际冰山水面之下的部分。

丹麦语的例子打破了心理学与语言学的一贯猜测：并非所有语言对儿童来说都同样容易学习和使用。丹麦语证实了我们对语言变异性的猜测：语言是文化进化而非基因延续的产物。目前，丹麦人为何这样说话尚不明晰，或许这只是语言旷日持久的变迁过程带来的，又或许反映了丹麦人想与北方的斯堪的纳维亚邻居和南方的德国人区分开来的一种隐晦的社会愿望。然而，丹麦语不易学习，其复杂程度就连成年人也难以掌握，这种反常性可能也有积极作用。事实上，莫滕的研究小组发现，由于丹麦人在交流时更多地依赖语音信号以外的线索，所以在嘈杂的环境中听人说话时（比如在繁忙的街角与人交谈），他们比挪威人受到的影响要小。丹麦人已经习惯了在昏暗的房间里玩语言猜谜游戏，所以把灯再调暗一点也没问题。

数十亿种不同的语言

语言并非都是从一个模子里刻出来的，在每一个可能的语言维度上，包括发音、手势、构词和语法，都有着惊人的变化。语言的变化并不会随着丹麦语、努哈尔克语、英语、纳瓦霍语等个别语言的诞生而停止，而是在语言内部继续变化。实际上，每个人说的语言和周围邻居都不会完全相同。

与任何其他技能一样，不同个体的语言能力也存在巨大差异。这里不仅仅是指词汇量的差异，还有语法熟练程度，以及利用之前的语境理解所说内容的能力。[44] 其中一些个体差异令人惊讶。语言学家伊娃·东布罗夫斯卡（Ewa Dąbrowska）发现一些以英语为母语的成年人甚至会误解像 "The girl was photographed by the boy."（男孩给女孩拍照）这样简单的被动句，认为是女孩拍了照片。他们也很难理解一些反常的句子，比如标题 "Dog bitten by man"（被人咬了的狗）。莫滕发现，即使是高中时期出类拔萃的康奈尔大学本科生，在理解相对简单的句子时，比如 "The reporter that the senator attacked admitted the error."（被参议员攻击的记者承认了错误），他们的理解速度和程度也存在显著差异。事实上，东布罗夫斯卡已经证明使用母语技能的差异大得惊人，所以许多第二语言学习者实际上比母语是英语的人更加精通英语语法，拥有更加丰富的词汇量。

虽然我们都算得上语言方面的"专家"，但每个人擅长的语言都有微小的差别。我们对单词和构式的特殊储备，以及将其即时运用于语言猜谜游戏的方式，使得每个人的语言都独一无二。劳拉·布里奇曼学习英语的独特方式就是创造个人语言的绝佳例证。这意味着没有一种"真正"的英语，就像跳探戈舞、演奏印度拉格（Raga）、创作印象派画作没有一种所谓正确的方式一样。每个讲英语的人都有自己的英语版本，任何讲其他语言的人也一样，不论他说的是阿雷阿雷语（'Are'are，大洋洲所罗门群岛阿雷阿雷人说的语言）、印地语、西班牙语、耶里多涅语，还是祖尼语（Zuni，美国新墨西哥州西部和亚利桑那州东部原住民的语言）。语言只不过是所谓的个人语型（idiolect）的集合，每一个人的言语方式都融合了特定个体所特有的构式、词语选择和个人表达风格。人人都会说一种独特的语言，而且无论好坏，这种语言都将伴随我们一生。[45]

但是，如果每个人都说不同的语言，我们又怎么沟通呢？我们怎么能期待相互理解呢？猜谜游戏的隐喻这时又派上用场了。语言猜谜游戏成功与否不仅取决于表演者的模仿能力，还取决于观众解读线索（通常很夸张）的能力。每个人模仿"金刚"的动作可能各不相同，但我们的交际创新能力和创造力让相互理解成为可能。语言也不例外：听众会为听懂讲话人的话做大部分工作。讲话人只是提供了他们试图传达的信息的线索；听众必须利用自身对讲话人的了解、之前谈到的内容以及对整个世界的认知来理解话语的含义。这就是虽然每个人都说自己独特的社群语言，但往往仍能相互理解的原因所在。

语言只需要大致一致，就可以保证有效交流。这种一致性植根于前几章中讨论的文化进化促成的相互理解——我们都在追随所在社群前几代讲话人的脚步，他们对这些线索的解释与我们一致。因此，虽然 20 多亿英语使用者（包括母语使用者和第二语言学习者）说着 20 多亿种不同的英语，但由于这些版本之间的联系非常紧密，他们可以大致相互理解。世界上其他语言的使用者也是如此：每个人都对自己熟知的语言有自己的理解。在一个言语共同体中，人们的理解接近就足够了，解释的创造力足以填补交流空白。事实上，正如我们在库克船长一队人与豪什人相遇的过程中所看到的那样，即使语言交流完全不能发挥作用，通过

　　　　　　　　　　　　　　　　　　　　语言游戏

交际冰山的非语言部分，我们也能在一定程度上理解对方。

※※※

在《物种起源》的结尾，查尔斯·达尔文对自然选择的强大力量提出了深刻的认识："无数最美丽与最奇异的类型，即是从如此简单的开端演化而来，并依然在演化之中。"他谈论的是生物有机体的进化，但正如我们所看到的，他那句令人回味的短语"无数最美丽与最奇异的类型"同样适用于语言的文化进化。正如生物的变异对生物进化至关重要，语言多样性对语言文化进化也至关重要。人类以外动物的交流系统主要由基因控制，这限制了物种内的变异，从而抑制了文化进化，正如斑胸草雀传话游戏实验所表明的那样。相比之下，人类的语言能力实际上在不同语言以及同一语言内部都呈现出多样性，这是文化进化的明确标志。

交流可能是普遍的现象，每个物种都能交流，但语言是人类独有的。正是由于语言本身的基本灵活性以及人类内在的沟通欲望，使得猜谜游戏成为可能。不论是通过口语、手势还是像劳拉·布里奇曼那样的触摸方式，我们都能够参与这个游戏。这些反复进行的猜谜游戏最终形成了震撼人心的语言多样性，让人类得以凭借语言作为代代相传的媒介积累所有知识。正如我们接下来将看到的，每种语言都蕴含着文化欣欣向荣的种子。人类无穷无尽的语言即兴创作能力为创造令人眼花缭乱的人类文化和社会提供了催化剂。[46]

第八章

良性循环：大脑、文化和语言

> 思维与文字之间的关系无法物化，是从思维到文字再从文字到思维循环往复的过程。
>
> ——列夫·维果茨基（Lev Vygotsky），《思维与语言》（*Thought and Language*，1934）

当你走出尤里斯大厅（莫滕就职的康奈尔大学心理学系所在地）的电梯，眼前的景象可能会让你大吃一惊——人类大脑悬浮于大桶液体之中。这些大脑都是从怀尔德大脑收藏（Wilder Brain Collection）中甄选出的精品，由当地学者和精神病患者生前捐赠。捐赠者有名声显赫之人，如1895年建立康奈尔大学心理学系的心理学家爱德华·铁钦纳（Edward Titchener）和著名公务员、作家兼妇女参政论者海伦·汉密尔顿·加德纳（Helen Hamilton Gardener）；也有声名狼藉之人，如既是医生、律师又是贪污犯和多重谋杀犯的爱德华·鲁洛夫，他甚至一度伪装成教授。奇怪的是，他还写了一篇关于语言进化的短文，但并未发表。[1] 该收藏的创始人伯特·格林·怀尔德（Burt Green Wilder）是康奈尔大学的一名解剖学家，他曾期望通过观察这些标本，揭示出大脑多样性与人类个体差异之间的关联，因此这些收藏成了宝贵的研究资源。他对这一事业的献身精神令人钦佩，去世前他甚至要求捐赠自己的大脑用于科学研究。然而，怀尔德的收藏最终只算得上好奇心的产物。事实证明，尽管人类大脑的大体解剖结构差异巨大，其中整体尺寸的差异最为显著，但并没有明显特征可以区分伟人与庸人、好人与坏人。

如果我们把大脑考察范围扩大至整个动物界呢？那么不同物种之间神经系统的解剖结构，尤其是大脑尺寸，差异就非常大了。体型微小的线虫（神经科学对其中的秀丽隐杆线虫进行了大量研究）整个神经系统只有 302 个细胞，田螺有约 1 万个神经元，龙虾有 10 万个，蚂蚁有 25 万个，蜜蜂则接近 100 万个。[2] 相比之下，脊椎动物的神经系统要复杂得多。青蛙有 1600 万个神经元，家鼠有 7000 万个，尼罗鳄有 8000 万个，褐家鼠有近 2 亿个，乌鸦、猪和狗有 20 亿个，黑猩猩、大猩猩和红毛猩猩约有 300 亿个，而人类约有 1000 亿个。[3]

大脑大小和智力之间并无直接联系。大型动物的大脑较大，神经系统往往较为复杂，但这与行为复杂程度无关。以黑猩猩和非洲灰鹦鹉为例，这两种动物在学习与人类交流方面是最成功的：黑猩猩有 300 亿个神经元，而体型小得多的非洲灰鹦鹉尽管与黑猩猩交流能力相当，神经元数量却只有其 1/20。同样，人类男性和女性的大脑尺寸与其身材高矮成正比，但在智力上不存在平均差。[4] 智商超群的海伦·汉密尔顿·加德纳生前极力主张这一点，她过世后其大脑也证实了这一点。实际上，即使在同一性别之中，人类大脑的大小和智力在一般人群中也只有微弱的相关性。戏剧家和短篇小说作家伊凡·屠格涅夫（Ivan Turgenev）在尸检中被发现其大脑奇大无比，而杰出的诗人和小说家阿纳托尔·法朗士（Anatole France）却拥有有记录以来最小的大脑，仅为屠格涅夫的一半。[5]

在两三百万年前，人类大脑开始发生一些不同寻常的变化：除了绝对尺寸稳步增长，大脑在整个身体中所占比例也变得更高了。[6] 可想而知，对我们的祖先来说，智慧变得越来越重要，而智慧意味着在其他条件相同的情况下拥有更大的大脑。但是大脑的运转成本很高：同样重量的脑组织消耗的能量是普通身体组织的 9 倍。总体而言，不论我们是专注于某个难题，做白日梦，还是在熟睡，大脑都会消耗掉我们约 20% 的能量。鉴于消耗如此之大，平均而言，尺寸较大的大脑必然具有相当大的进化优势。

导致古人类大脑显著扩大的起因引起了众多猜测。一种可能性是饮食的变化：在灵长类动物中，大脑尺寸与肠道尺寸呈显著负相关，而肠道也是一种代谢消耗很大的器官。[7] 因此，或许是由于烹饪的诞生，更易消化的饮食需要的消化活动也更少，这样可以腾出能量用于更大的大脑。当然，更大的大脑可能萌生更加巧妙的狩猎方式和食物制备方法，从而进一步改善饮食。另一种可能性是群体规模所起的重要作用：生活群体越大的灵长类动物大脑可能也越大，因为它们需要与更多的社会伙伴保持联系和互动。[8]

顺着这个思路，人们不禁会想，大脑尺寸的爆发式增长是否真的与语言的发明和逐步发展有关。现在，如我们在第五章中所讨论的，语言、专门的基因和大脑结构（据说用于编码普遍语法）共同进化这一想法看似富有吸引力，但根本行不通。语言变化太快，基因跟不上它的速度。此外，那些在数万年前就出现基因分化的遥远民族，其大脑并没有专为本民族语言而特化的迹象——任何正常发育的婴儿都能毫不费力地学习任何语言。毕竟，是大脑塑造语言而不是语言塑造大脑。但是也有可能是另一种情况：语言可以重塑人类生活，因此普遍"智慧"受到重视。[9]即使是交流能力的小小进步也能使我们的祖先更容易协调他们的行为，形成有效的团队，传授技能，分享知识，等等。这些变化会给大脑更大、更聪明的人带来好处，因为他们从这种社会复杂性中获益最大。反过来，更聪明的大脑会产生更复杂的语言猜谜游戏，从而创造出更复杂的语言。更复杂的语言又会进一步增加社会复杂性，以及更大、更聪明大脑的选择压力。因此语言和大脑共同进化的过程可能是一个良性循环，致使大脑尺寸迅速扩大，人类智慧和社会复杂性迅猛发展。[10]

如果这种情况符合实际，那么人类玩猜谜游戏的神奇能力，即通过相互理解即兴、灵活的手势或声音来积极交流的能力，一定早就出现了，或许可以追溯到两百万年前。早期类似语言的交流可能比较原始。但即使是最基础的交流也足以让我们的祖先传授技艺，如制作石器、控制火种，甚至可能包括烹饪食物，这些行为比在现代黑猩猩或大猩猩身上观察到的任何行为都要复杂。一旦我们的祖先学会玩猜谜游戏，这些游戏的模式（通过重复使用旧信号来达到新目的）几乎会迅速成形。我们在第四章中所描述的自发秩序的力量会使得类似于猜谜游戏这样的交流更加约定俗成。按照良性循环的说法，即使是简单的原始语言也会增加社会和行为的复杂性，增大对智慧（和大脑尺寸）的选择压力，进而产生更复杂的交流。因此，成熟的语言将在（我们的）生物进化和（我们交流系统的）文化进化的相互作用中逐渐产生。

需要强调的是，猜谜游戏和大脑尺寸之间的良性循环，与我们在第五章中讨论并放弃的语言和先天普遍语法的共同进化是截然不同的。无论我们是在计划、交易、狩猎，还是分享技能和知识，有效沟通的能力都十分有利，并带来了进化优势。生活模式日趋复杂，交流也变得愈加重要。这并不是说需要专门的基因处理抽象的语法模式，而是说需要强大的"引擎"来创造和解释语言猜谜游戏。[11]一般而言，丰富的文化重视普遍的智慧，毕竟突然间有这么多复杂的新工具、宗教习俗、社会规范和其他东西需要学习。在复杂的文化中，个人的成功更多地取决于聪明才智，而非强健的体格或高超的技艺。相应地，更聪明的沟通者会开发出更多元的猜谜游戏能力、更复杂的语言和更精深的文化。这就导致了一个文化-大脑共同进化的失控过程，当代人类就是其结果。[12]

约30万年前，我们这个物种——智人出现在非洲的各个地方。[13] 最近的研究结果表明，即使是最早出现的智人也拥有与众不同、十分复杂的文化技能。例如，在肯尼亚南部奥洛戈赛利叶盆地（Olorgesailie basin）的考古挖掘中发现了似乎固定于长矛上的精心打制的石尖以及从富铁岩石中提取出的红色颜料，这些颜料可能用于装饰或表示对某一社会群体的效忠。更值一提的是，考古学家还发现了那个时期用玻璃状的黑曜石和白绿燧石（一种由石英晶体组成的坚硬岩石）制成的工具，这些工具是从 30 英里以外的山区运来的，[14] 暗示了当时贸易存在的可能。因为在如此复杂的地形上，这样的距离远远超出了一小群人的活动范围。相近或稍晚时期，在非洲各地发现了刻有网格状图案的鸵鸟蛋壳碎片以及可能用来做串珠的装饰性穿孔蛋壳碎片。到这个时候，类似语言的交流似乎已经达到了相当复杂的程度。从我们早期祖先使用的石制手斧到装饰性贸易商品的转变似乎标志着一个重要的转折点。

我们祖先文化的复杂性至少部分源于他们的交流能力——一种不断增强的猜谜游戏能力。回想一下，豪什人和库克船长的登陆队是如何在第一次接触时通过手势实现双向交易的。你需要表达清楚自己的需求，提供你能提供的物品，并且表明你没有恶意。简而言之，只有当你会玩猜谜游戏了，才有可能实现不同群体之间的交易（当然，如果你们碰巧有共同的语言，那就更容易了），否则很难想象交易的产生。事实上，人类之外的动物之间并不存在交易，尽管交易可能会带来巨大的共同利益。[15] 人类特有的许多其他形式的复杂社会行为也是如此：形成并宣扬社会

　　　　　　　　　　　　语言游戏

习俗、道德规范或宗教信仰；创造图像、装饰品、复杂工具、货币、计量单位和记账记录。语言似乎支撑着人类文化和社会的方方面面。所以说，猜谜游戏以及由此形成的语言促进了文化的发展。一旦文化建立起来，在高度复杂、语言浸淫的社会中，对于任何想要蓬勃发展的个体来说，玩语言猜谜游戏的能力都至关重要，所以，这一能力将受到来自生物选择的巨大压力。因此，人类的猜谜游戏和思维都被推向了越来越复杂的智力，并被塞进了越来越大的大脑。[16]

类人猿不玩猜谜游戏

佐治亚州立大学的语言研究中心坐落在亚特兰大郊区的大片树林里。这一跨学科研究中心于 1981 年成立，致力于研究包括人类、黑猩猩、倭黑猩猩以及卷尾猴和猕猴在内的不同灵长类动物的语言和其他认知方面。莫滕有幸于 2009 年 3 月参观了该研究中心，目睹了非人灵长类动物惊人的认知和交流能力。他与一只名叫墨丘利（Mercury）的雄性黑猩猩玩了一场追逐游戏，他们在围栏的两侧来回奔跑，莫滕乐在其中。雌性黑猩猩潘泽（Panzee）在它的活动区里看着莫滕走到附近的林子里，在树叶下藏了一颗桃子。之后，莫滕回研究中心去找资深科学家查尔斯·门泽尔（Charles Menzel）博士。多年来，门泽尔博士一直与雌性黑猩猩潘泽密切合作，研究它的觅食、空间认知和记忆能力。过了一会儿，潘泽来到外面，用各种手势指引门泽尔找到莫滕藏桃子的地方。此时，莫滕自己都不确定桃子的具体位置了，因为它藏得太隐蔽了。然而，潘泽的记忆非常精确，它毫不费力地通过手势很快将门泽尔引到了桃子的位置。桃子一被发现就奖励给了潘泽，因为它展现的记忆力和沟通能力令人赞叹。

如果人类的独特性源于数十万年来语言、文化和大脑之间的良性循环，那么我们应该预料到交流是区分我们与其他类人猿的关键所在，事实也确实如此。正如我们所料，野生黑猩猩即使是最简单的猜谜游戏也驾驭不了。它们与同类互动（而不是与人类互动）时，甚至都不会用手去指示事物或方向！12 个月大的婴儿会不停地指着有趣的玩具、食物或动物，也会跟随周围成年人的指向。但到目前为止，还未发现有圈养或野生的黑猩猩通过手指指向告知同伴感兴趣的对象信息。[17]

在莱比锡的马克斯·普朗克进化人类学研究所内，迈克尔·托马塞洛和他的团队进行了一项不同寻常的实验——一只黑猩猩要在两个不透明的容器中做出选择，其中一个装有美味的食物。通过提前训练，黑猩猩知道只有一个盒子里装有香蕉，而且自己只能做出一种选择。[18]人类实验员尝试通过多种交流方式告诉黑猩猩应该选择哪个盒子，比如用手指、直接看向"正确"选项或者在上方放置木质标记。然而，在每一种情况下，黑猩猩都完全忽略了这些有用的提示线索，进行了随机选择。相比之下，三岁以下的儿童在这类任务中表现得明显好于黑猩猩，他们尤其擅长理解指向的含义。[19]

在一项精彩的后续研究中，托马塞洛的团队打造了一个情境，在这个情境中，实验员做了与指向类似的伸臂动作。[20] 对于人类观察者来说，伸臂动作不会被看作指向行为，而是被视为企图从容器（被小心搁在够不着的地方）中拿食物，但没有成功。当黑猩猩看到实验员明显想从一个特定的桶里给自己拿食物时，很容易就推断出这一定是食物的位置，然后自己去抢。因此，当黑猩猩看到同样的伸臂动作时，它们可以理解这是一个竞争场景，即有人试图取回食物，从而透露了食物的位置，但它们对对方试图传递有用信息的合作场景感到迷惑。一个人（或者另一只黑猩猩）的行为可能是在传递有用信息，这种想法在黑猩猩的世界观中似乎没有立足之地——它们可能极大地忽略了交际冰山的隐藏部分，而那对人类语言来说至关重要。[21]

如果真是这样，那么教类人猿全面掌握人类语言将是一项艰巨的任务。促使人类婴儿学习语言的那种吸引对方注意并描述外部世界状态的交流动力，在猿猴身上很大程度上甚至完全不存在。大多数类人猿与人类的交流都是工具性的：这类交流实现了实际目标，就像潘泽把桃子的位置信息传达给门泽尔，这样它就可以吃上桃子。但是，类人猿似乎没有吸引同伴注意有趣物体、与同伴分享外部世界信息、让同伴了解自身感受或经历的冲动——对于类人猿来说，语言的合作目的本质上是个谜。

现在，通过艰苦的训练，类人猿确实可以学会做手势，并将手势与物体和动作联系起来。虽然黑猩猩很难模仿人类的声音，但它们已经成功地学会了美国手语中的少量手语词汇。[22] 然而，人类手语者能迅速掌握丰富的语法，黑猩猩却似乎只能做出一连串非常杂乱的手势，而且还经常重复同一手势。黑猩猩似乎没有学会儿童语言中很早出现的多词结构，而这些结构为语法奠定了基础（如第四章所述）。

在莫滕访问并留下难忘回忆的语言研究中心饲养着一只名叫坎齐（Kanzi）的倭黑猩猩（普通黑猩猩的近亲，智商很高），我们在它身上发现了更加可喜的结果。为了与坎齐交流，苏珊·萨维奇·拉姆博（Susan Savage Rumbaugh）领衔的团队使用了一种叫作耶基斯语（Yerkish）的微型"语言"，由哲学家恩斯特·冯·格拉塞斯菲尔德（Ernst von Glasersfeld）专门为非人灵长类动物设计。这种语言由"词符"序列组成，映射到专门设计的键盘按键上，每个按键都有独特的颜色和形状。坎齐不是接受几个小时的直接指导来学习，而是通过观察那些试图训练他母亲马塔塔（Matata）但没有成功的实验者，学会了最初的几个词符。令人印象深刻的是，坎齐后续又学会了200多个词符，但它输出的词符杂乱无章，并没有按任何语法规则排序。它理解人类口语的能力更是令人惊讶。坎齐和一个两岁大的人类小孩阿莉娅（Alia）接受了200多个英语口语句子的测试，譬如 Go get the carrot that's in the microwave（去把微波炉里的胡萝卜拿过来）和 Pour the lemonade in the Coke（把柠檬水倒进可乐里）。不可思议的是，坎齐对 74% 的句子做出了正确回应，而阿莉娅只理解了 65% 的请求。[23]

坎齐用耶基斯语"说话"和理解英语的能力令人印象深刻。然而，它与人类儿童的语言能力差异对比明显。人类儿童用各种各样的手势、面部表情和声音，自发而愉快地与周围的世界进行合作交流。两岁左右是他们的"词汇爆发期"，他们开始飞速地从周围的人那里吸收词汇。他们动用所有的语言资源，立即投入当下的交流挑战中（想要牛奶、不喜欢西红柿、展示新玩具，或指出卡车）。对于儿童来说，语言是为了满足交流的直接需求而拼凑起来的。沟通是婴儿和所有年龄段的人似乎都会做的事情：我们到处都能看到信息和传递信息的人。要说有什么不同的话，人类的解释能力往往相当自由：把符文、茶叶、内脏和雷暴解读成祖先或神灵的预言、未来的预兆或神祇的符号。

那野外的类人猿的交流呢？一般来说，动物的交流倾向于传达少量具有重要功能的基本信息，如划定领地（大致意思是"走开，这是我的地盘！"）、吸引配偶（"过来，到我这里来！"）、结成伴侣（"我们在一起吧，宝贝"）、发出威胁信号（"我准备好战斗了"）、发出警报（"小心，捕食者正在靠近！"），等等。类人猿似乎能以有趣的方式将这些信号结合起来。以生活在西非刚果盆地热带雨林中的野生倭黑猩猩为例，它们生活在小型的"分裂-融合"社群中，临时群体在日常活动中不断形成、合并和解体。它们有两种远距离的叫声：啸叫和高声叫。倭黑猩猩同时发出这两种叫声很可能是在表达加入某一临时群体的意愿——至少，比起仅高声叫，同时使用两种叫声会更有可能加入其中。[24] 如果叫声得到了该群体的"回应"，那么它们加入的可能性就更大了。因此，这种交流几乎是一种萌芽状态的"对话"，其中回应似乎表示同意。如果得不到回应，未找到同伴的个体可能会重复它们的叫声。事实上，这种情况更有可能发生在两种叫声出现之后，进一步证明了两种叫声的组合表示极其强烈的加入欲望。

然而，这跟人类的交流差太远了！倭黑猩猩显然有一套小型的内置生物信号，具有标准化的含义（类似于"我想加入你的群体"）。但人类的猜谜游戏却可以创造出无限多样的含义。即便是一个简单的手势，比如用手指窗户，也可能有多种含义，例如表示"看那只鸟！""下雨了""好干净的窗户""鲍勃的车开走了""窗户脏了""擦一下窗户吧"，或者"快躲起来！不给糖就捣蛋的人要来了！"。但即使是最简单的指向（"那是放香蕉的盒子"）也让类人猿摸不着头脑。与倭黑猩猩同时发出啸叫和高声叫不同，人类对猜谜游戏进行组合并非只是强调各组成部分的含义。相反，猜谜游戏相互作用产生了全新的即兴含义：模仿步枪射击后露出幸福的微笑，代表着《战争与和平》（*War and Peace*）；但在射击动作之前比画出 T 恤的造型可能代表着《壮志凌云》（*Top Gun*），或者将张开的双手从头部两侧"生长"出来代替鹿角，这个组合动作表示《猎鹿人》（*The Deer Hunter*）。无论是用手势还是用言语形式，猜谜游戏都变得愈加约定俗成，彼此层层叠加，受到数代语法化和自发秩序力量的影响，从而逐渐形成了世界上约 7000 种语言，每种语言都奇妙而复杂。

人类语言是通过文化进化而发展起来的。另一方面，从蚂蚁信息素的轨迹到蜜蜂的摇摆舞，从乌贼的视觉展示到长尾黑颚猴的告警声，可以看出，动物信号通常由基因编码并固属于一个物种。这就意味着这些信号的发展不是通过文化进化，而是通过慢得多的生物进化机制。那么用手势交流的非人灵长类动物呢？类人猿的手势信号似乎没有固定的标准。相反，个体会创造出自己独特的一套手势，试图从别处获得自己想要的东西（尽管它们不会指出环境的有趣特征）。通常，这些手势会吸引其他个体的注意，引导它们做出一些可能的行为（例如，一只小猩猩扒拉母亲的后背，让它低下身，这样自己就可以爬上去），或者也许只是为了博取关注，没有别的目的（例如，一只小猩猩大声拍打地面，然后戳另一只小猩猩的后背，让它注意到自己，然后一起玩耍）。但重要的是，所有个体只会从零开始，自创一套交际策略，而不是模仿群体中的其他个体。所以类人猿无法开启交流系统的文化进化，因为与人类不同，它们并不追随对方的脚步。[25]

有趣的是，虽然类人猿似乎能够自创手势，但可能出现的手势其实十分有限。它们不是任何手势都可以学会，而只能学会约 80 种手势（包括摇摆、击打身体、拍胸脯、伸手臂等等）。事实上，倭黑猩猩、黑猩猩、大猩猩和红毛猩猩所学的手势虽有出入，但出奇地相似。[26] 从生物进化角度来看，这意味着学习这些交流手势的能力源远流长，至少可以追溯到 1000 多万年前类人猿的最后共同祖先。[27] 因此，尽管所有的类人猿都是自创手势，但学习这些手势的能力似乎是与生俱来的。与人类语言不同，类人猿群体中使用的手势似乎并没有随着时间的推移而受到文化进化的影响。

有一种直接的方式可以验证这一猜想。如果文化进化确实在类人猿的交流中发挥了某种作用（也许略微影响了某一群体的特定手势选择），那么在被认为拥有相同"文化"的特定类人猿群体中，手势和对应的含义之间应该有更大的相似性。但是通过观察不同类人猿群体使用的各种手势，我们发现结果截然相反：群体内部的手势跟群体之间的手势一样千差万别。因此，类人猿的手势只能通过个体学习来建立，而这种学习是建立在无数代自然选择形成的基础上的。相比之下，通过发明、修改和重复使用人类的猜谜游戏可以创造出新的交流惯例，最终形成整个人类社会所共享的完整语言。[28]

类人猿的交流似乎与人类的交流有很大的不同，因为类人猿不具备跟我们人类一样复杂的猜谜式推理，无法用有限的手段传递丰富的信息。这与我们的论点相吻合，即玩猜谜游戏能力的出现导致了语言、更丰富的文化和更复杂的社会的出现，这反过来又导致了对普遍智慧的失控选择，使得人类的大脑尺寸快速扩张。

听起来似乎很合理，当然我们也不能确定这一猜想是否正确。首先，对于语言产生时间的估计存在很大差异。我们难以获取确凿的证据，因为语言与其他人工制品不同，它不会变成化石。如果事实证明，语言和类似猜谜游戏的交流形成时间不长，比方说，在过去的 10 万年里才形成，这一时间就太晚了，无法对大脑进化和智力产生实质性的影响。还有一种可能是，与他人玩猜谜游戏所需的智力和社交能力，仅仅是使大脑变得更大、更聪明的其他选择压力带来的意外结果。因此，在交流、社会复杂性和智力之间并没有良性循环，我们特有的大而聪明的大脑的产生或许与交流毫不相干。根据这一猜想，智力是第一位的，而诱发交流、文化进化并促使我们共同创造世界语言的猜谜游戏能力纯粹是一种意外的附带产物。毕竟，人类证明几何学定理、下棋、创作歌剧或发明车轮的能力似乎需要相当高的智力。或许语言也是一样。[29]

那么，语言对进化史的影响在哪儿呢？人们可能会倾向于得出这样的结论：语言在推动人类智力和大脑尺寸迅猛增长方面的作用尚未得到证实。语言在塑造我们生物特征方面的作用可能介于"非常重要"和"微不足道"之间，这要取决于"良性循环"的猜想和"附带产物"的猜想哪个正确。语言在多大程度上改造了我们的基因和大脑，这一点非常重要，但对这个问题的关注使我们忽略了一个更基本的问题。语言引发了一种全新的进化过程：无关基因的进化，而是文化的进化。

语言是催化剂

很难想象人类社会没有语言会是什么样子。这种社会并不存在。人类是冷酷而聪明的猜谜游戏玩家，就像我们在库克船长的手下和豪什人身上看到的那样，必要时他们会从零开始建立基础的交流。在没有共同语言的地方，他们会创造临时的交流系统来填补空白。失去语言能力的儿童很快就会重新发明一种语言，尼加拉瓜手语的自发创造过程就是一个生动的例子。但假设这一切都不可能，不玩猜谜游戏的人类社会又会是什么样子呢？

我们能得到的最接近的答案来自与我们生物学上的表亲作对比。如上述所见，尽管类人猿有着非凡的智力，但它们并不玩猜谜游戏。因此，它们的交流不仅没有逐渐构建起复杂的语言，而且出乎意料地非常有限。野生倭黑猩猩可以在觅食时表达它们想要加入另一个群体的想法，但它们不能概述计划、反对不公、推测宇宙的起源，甚至不能讲述昨天发生的事情。在语言缺失的情况下，很多动物具有互相学习的能力，但只显现出微不足道的文化进化痕迹。[30] 在一项研究中，实验人员给不同的长尾黑颚猴群提供美味的红色玉米和苦味的粉色玉米。它们很快就学会了选择更美味的玉米——猴群里的小猴直接根据颜色挑选了美味的玉米，而没有尝试另一种玉米。[31] 此外，在超过 20 年的时间里，人们观察到生活在一起的野生黑猩猩群体对用石头还是用木头敲打坚果有独特而稳定的偏好，而且有意思的是，成年后加入群体的雌性黑猩猩似乎会接受新群体的传统。[32] 但相比之下，使用语言的我们人类可以在几秒钟内简单地说一句"不要吃难吃的粉色玉米！"或"用石头！"，就实现了文化传递。

语言使人类的技能、知识、社会规则和宗教信仰以惊人的速度不断累积。我们可以共同研究出哪些植物可以食用、可以入药或有毒；如何制作斧头、箭头；如何追踪动物、建造独木舟、搭建小屋；决定何为神圣以及如何观星导航。在没有语言的情况下，每个动物都面临着从零开始学习一切的艰巨挑战，这是一场对抗世界复杂性的孤独斗争。[33] 每一代的非语言动物都需要从头开始探索，学习与前几代相同的技能和知识。即便这些技能和知识不乏见解或创新，也很有可能被遗忘，而不是像人类那样被大肆吹捧、宣扬、推荐和积极地传授。

玩猜谜游戏和创造语言的能力使人们可以积累知识并传授技能。我们可以制定道德和宗教规范，讨论该做什么，谁该受到指责，或者谁应该负责。其他动物不会或者几乎不会做这些事情，这并非偶然。如果没有语言，我们人类所特有的令人惊叹的文化和社会复杂性就不可能存在。所以，语言不是普通的文化元素。语言使知识的积累、储存和传播成为可能，它是人类文化和社会几乎所有方面发生急剧变化的催化剂。语言带来了更加复杂的专业知识、规范和共识，最终形成了具有劳动分工、贸易往来、信仰体系、法规章程、仪式庆典和复杂法律体系的复杂社会。自语言出现以来，文化已经成为超越基因的变革动力，推动着社会的不断进步和发展。现代科技的发展，如数学、科学、工程、计算机和互联网等的快速推进，更是加速了这一进程。但是语言还有更重要的作用。作为人类思想之间的沟通纽带，它从根本上扩展了我们集体的思维能力。

语言如何塑造思维

猜谜游戏有着无穷无尽的灵活性，词汇（如 game 和 light）也有大量、灵活的用法。因此，思考用特定的语言可以表达什么，就像思考在"你比我猜"中可以传达什么一样，没有多大意义。一旦我们找到了交际冰山的隐藏部分，就可以激发我们的创造力，并带领我们开拓无尽的未知世界。

但我们的语言（或我们过去的猜谜游戏）会让一些事情比其他事情更容易传达。众所周知，"0"这个书写符号的发明对于按位记数法至关重要，因为这样一来，205这个数字就代表百位数是2，十位数是0，个位数是5。按位记数法对于加减法非常有用，这对于会计和天文计算至关重要。大约五千年前，苏美尔人在他们的六十进制数字系统中用两个斜楔形表示0（六十进制今天仍然存在，例如，1分钟有60秒，1小时有60分钟）。三千年后，玛雅人独立发明了一种二十进制的数字系统，用一个简单的贝壳状图案表示0。在罗马数字中，没有占位符号0，却有许多其他不规则的现象，使得算术相当棘手。单独使用0是更激进的一步——这样0就可以被当作一个数字（排在1、2、3之前）。婆罗门笈多（Brahmagupta）是7世纪的印度数学家和天文学家，他开始将0视为一个数字，并制定了运算规则。后来，阿拉伯数学家开始在代数式子中使用0，其中0在含有未知数的方程中起着关键作用。在笛卡儿的方程式与几何学的深刻联系中，在牛顿和莱布尼茨发明的微积分中，在为现代物理学、数字计算机等奠定基础方面，0也发挥着至关重要的作用。[34]

0真的是语言的补充吗？还是数学符号的补充？抑或是数学本身的补充？也许这些问题的答案无关紧要。毕竟，学习零这个词的概念包括理解0在十进制中的作用——它可以表示一个数字（0）、一个实数（数轴上的一个点），以及按位记数法的一部分

（如 205）。了解这些就是在学习数学符号以及它在数学中的作用。即使是像 0 这样抽象的概念也有很多用途和意义。我们对数学了解得越多，对这个术语的理解就越丰富。

0 的发明对思想产生了革命性的影响，这似乎是毫无争议的。没有它，现代数学就无法发展。从这个意义上讲，语言深刻地改变了我们的思维方式。但仅仅一个 0 可不够——实际上，0 本身是毫无用处的！我们需要开发的是让 0 发挥作用的游戏：如何用它代表大数，进行加减运算，并帮助构造方程。这并不是说那些语言中没有 0 的人永远不会有这样的想法——绝不是这样。语言是可以无限扩展的。只需要向初学者介绍 0 及其用法，他们的思维就会因此而打开。当然，这正是我们在学校学习 0 和其他相关概念的方式。

在算术方面，亚马孙狩猎采集部落皮拉罕人的计数系统仅由 hói（指"大约一个"和"小"）、hoí（"大约两个"）以及 baagi 或 aibai（都是"许多"的意思）组成。显然，皮拉罕人的数学思想将不可避免地受到限制：没有计数和 0 的概念，很可能也没有加减法和乘法。哥伦比亚大学心理学家彼得·戈登（Peter Gordon）在一项巧妙的实验中发现，皮拉罕人似乎难以完成那些相当基础的数量判断任务。戈登坐在桌子的一侧，皮拉罕人作为受试者坐在另一侧，一根木棍将桌面一分为二。戈登会把一些物品放在自己一侧，而受试者要用 5 号电池与戈登一侧的物品数量——对应。受试者在面对两到三个物品时表现大多精确无误，但当数量增加时，表现便会急转直下。在一项类似的实验中，戈登会先展示一些坚果，然后把它们放入罐子。接下来，他一次取出一个坚果，每次取出后都会问罐子里是否还有坚果。或者他会把糖果藏在一个盒子里，盒盖上画着特定数量的鱼，任务目标是选出藏坚果的盒子，而不是盒盖上鱼更多或更少的另一个盒子。皮拉罕人在涉及数量 2 或 3 以上的任务中表现都非常差。对一个掌握了所有数字并且有计数能力的人来说，这些任务当然十分简单。[35]

数学是特例吗？语言是否也会影响到其他领域的思维？事实证明，类似的影响十分普遍，以至于我们很少注意到。人类生活的每一个专业领域都有自己的专属词汇，无论是学习物理学、生理学、植物学、自行车修理、会计学还是占星术，我们都必须掌握大量的"专业术语"才能真正理解所发生的事情。如果不了解这些词汇和许多相关词汇的含义，就完全不知道什么是质子、克雷布斯循环、主根、齿轮、复式记账法或黄道十二宫。就像在数学中一样，学习专业术语和了解专业领域在很大程度上是一回事。专门的语言对帮助我们思考专门的问题显然至关重要，对于日常语言也是如此。

有个突出的例子无关抽象的数学，而是我们如何看待周围物体的空间排列。1971 年，加州大学伯克利分校人类学研究生潘妮·布朗（Penny Brown）开始与墨西哥南部恰帕斯地区讲玛雅语系泽塔尔语的人合作，她和斯蒂芬·莱文森（我们在第二章中提过，他研究语言中惊人的话轮转换速度）一起研究这个群体中错综复杂的礼仪规范。[36] 但他们也注意到讲泽塔尔语的人谈论空间的方式令人非常意外——他们没有表示左右的词，相反，他们会根据地标或地形给出方向（例如，上坡／下坡）。他们会用不同的词表示左手和右手，但没有通用术语来区分左臂、左腿、左眼或表达"向左"或"在右边"。他们也不区分同一图案的左右视图，即形状本身及其镜像（如左脚和右脚的鞋子或沿顺时针和逆时针旋转的蜗牛壳）。即使是在地图上分辨东西方向，也只有在我们可以把地图和它的镜像区分开来时才能实现——事实上，讲泽塔尔语的人并不会用指南针。布朗和莱文森指出，讲泽塔尔语的人对空间的几何形状有着完全连贯的看法，并成功地运用到了导航和交流当中，但我们大多数人对这种方式并不熟悉。他们的世界是对称的（壶有两个把手，而不是一个；方形房屋的门分成两半，对称安装），位置在景观中是固定的，并不在空间中与物体相关（比如，在物体的左边、前面等）。即使在描述室内平面桌面上的物体位置时，讲泽塔尔语的人也会通过"上坡"和"下坡"来指向物体，参照的是景观，虽然有时候透过窗户看不到景观。

就像数字、科学、技术、宗教等任何话题一样，我们使用的语言和我们的思想之间存在着一种双向关系。讲泽塔尔语的人不会想"让我们把所有东西都放在桌子的左边"，因为他们没有"左边"这个词。同样，讲英语的人也不会想"让我们把东西放在桌子上坡的那一端"（桌子放平时，上坡是由周围的景观决定的）。但两者都可以达到同样的目标，他们也可以学习对方的思想和语言。语言不是一座监狱——我们总能学会讨论和思考世界的新方法。我们涉足任何新的领域（无论是科学、技术、音乐、宗教还是任何其他主题）时，都是这样。

　　语言甚至可能影响感知的基本方面。想想不同语言对颜色的处理。首先，并非所有语言都有颜色。在巴布亚新几内亚，耶里多涅语的 3500 名使用者似乎没有按抽象颜色对世界进行分类（例如，他们使用一种红鹦鹉的名称来辨认红色物品）。[37] 此外，他们压根儿没有表示色彩空间的词，也没有任何类似于"颜色"的词。因此，讲耶里多涅语的人甚至都不能询问某物的颜色，更不用说给出与英语颜色相对应的答案了。

　　当语言中有抽象的颜色词时，它们会表现出显著的多样性。有些语言只有两个基本颜色词（如巴萨语，一种主要在利比里亚使用的克鲁语），而其他语言则有三个（如埃贾甘语，一种在尼日利亚和喀麦隆部分地区使用的班图语）、四个（如秘鲁和巴西阿拉瓦语系中的库利纳语）、五个（如伊杜纳语，一种在巴布亚新几内亚使用的南岛语系语言）或六个（如巴拿马的奇布查语系中的布格莱雷语）。[38] 这些不同的颜色之间并不能简单地划分边界（比如不像我们想象的那样，添加一种新颜色只是将"蓝绿色"这个词分成"蓝色"和"绿色"），相反，它们代表了完全不同的"色彩空间"组织。这些不同的颜色词无疑会影响人们谈论颜色的方式，从而影响他们记忆颜色的能力。但更值一提的是，它们似乎对基本的知觉处理也产生了微妙的影响。

　　语言中的颜色词是否决定了该语言的使用者如何感知颜色？研究这一问题有一个巧妙的方法，那就是测量特定语言的使用者区分两种颜色的难易程度，对比这对颜色的语言标签不同和语言标签相同两种情况。如果语言影响了感知，我们或许可以预料在两种颜色有不同名称时（绿色和蓝色），人们可以轻易发现它们之间的差异，但当两种颜色有相同名称时（都叫蓝色）则无法做到这一点。然后，研究人员可以进一步确认，当他们测试不同语言的使用者时，如果实验中的所有颜色只归为一种（比如蓝色），被测者对第一对和第二对颜色的感知差异是否会消失。如果观察到了这种情况，就意味着一个人的语言，尤其是他的语言区分颜色的方式，对他的感知有影响。这是威尔士班戈大学心理学研究团队在实验中使用的策略。[39] 该实验采用了"奇异球法"（"odd-ball" method）。具体步骤是，向某人展示一连串斑点，其中大部分颜色相同，但有少数不同颜色的斑点。这种变化会导致我们的脑电波产生一种快速而特征明显的反应，即视觉失配负性（visual mismatch negativity，英文缩写为 vMMN），通常在很短的时间内（200 毫秒之内）发生，可对色彩的变化做出反应，而与有意识的注意力无关。通过在头皮上放置电极网可以轻松地检测到这一特征反应。在任务期间，参与者未被告知要注意颜色。相反，他们需在出现不寻常的形状时按下按钮，无论其颜色如何。但是不管参与者是否注意到颜色，视觉失配负性的特征信号在颜色发生变化时都会出现。

所以现在该揭晓答案了。在英语中，浅蓝和深蓝是同一种颜色（当然指的是蓝色）的变体，浅绿和深绿也是如此。但在希腊语中，浅蓝和深蓝对应不同的颜色词（浅蓝为 ghalazio；深蓝为 ble），而浅绿和深绿则和英语中的一样，被认为是同一种颜色（即绿色，希腊语为 prasino）的变体。这意味着讲希腊语的人在从一种蓝色色调切换到另一种蓝色色调时，可能比从一种绿色色调切换到另一种绿色色调时表现出更强的视觉失配负性；因为在第一种情况下，这两种蓝色被视为不同的颜色，而不仅仅是相同颜色的不同色调，这就是其中的原理。对于讲英语的人来说，这两种情况都是同一颜色的色调变化而已，所以应该影响很小或没有影响。这也符合实际情况。因此，至少在颜色方面，我们所说的语言似乎真的可以改变我们看待世界的方式。

在柏林洪堡大学进行的一项巧妙的后续实验使用了类似的刺激物，结果表明，语言中的颜色词甚至可以影响色调变化允许事物进入意识的程度。[40] 将讲俄语的人（他们和希腊人一样，用不同的颜色词代表浅蓝色和深蓝色）和讲德语的人（他们和讲英语的人一样，没有用不同的词区分两种颜色）进行对比，研究人员让参与者说出快速呈现的彩色刺激物的形状。结果表明，相比绿色物品，色调不同的蓝色物品形状更易辨别，但这种情况只适用于说俄语的人。颜色的变化恰好跨越了语言边界，使得意识可以感知形状。[41]

这些实验，以及许许多多的其他实验，都强烈地表明语言和思维之间存在着深刻的联系。我们创造的猜谜游戏不仅塑造了我们的交流方式，也影响了我们对世界的思考。把语言看作猜谜游戏可以让我们正确看待这种联系的本质。语言总是开放和灵活的，能够传达当下的信息，而不是一成不变的。但我们已有的特定的语言猜谜游戏会影响传达新信息的难易程度。而且，正如我们所见，语言甚至可能在一定程度上重塑注意力和感知。

从这个角度来看，重新审视困扰人类学家、语言学家和心理学家一个多世纪的争论，就会非常有趣。这就是所谓的"萨丕尔-沃尔夫假说"（Sapir-Whorf hypothesis），该假说认为语言的差异塑造了说话者群体的思维方式，甚至可能决定了他们可以思考的内容。[42] 萨丕尔和沃尔夫研究了美洲原住民的语言，他们惊讶地发现这些语言与欧洲语言相比，对世界的划分方式非常不同。因此，他们认为，讲霍皮语、纳瓦霍语和肖尼语的人与讲英语、法语和德语的人在思维方面肯定有根本的不同。[43]

尽管争论持续了一个世纪，但如果我们将语言视为猜谜游戏，解决萨丕尔-沃尔夫假说的争论似乎就变得非常简单了。首先，我们已经注意到，猜谜游戏的非凡创造力使我们几乎能够传达任何信息。如果目前我们还没有一个标签来描述世界的某个方面，我们可以立即为此创建一个标签或者创造性地对已有标签进行组合。因此，特定的语言并没有对我们的思维严格设限。其次，根据我们已经建立的猜谜游戏，一些信息将比其他信息更容易传达。因此，我们的语言很可能会影响我们与他人以及与自己交流时的表达方式（事实上，这种影响在我们描述过的实验中有所体现）。语言是一套拥有无限灵活性的实用工具，从中可以创造出新的对象，甚至新的工具。我们的语言工具虽不会限制表达内容，但却会影响表达内容的难易程度。语言决定了哪些想法是自然的，但没有决定哪些想法是可能的。

第八次转变

自然选择的进化是缓慢的。据推测，大约在 30 亿到 40 亿年前，第一批自我复制的分子出现，开启了这一进程。然而，自我复制的分子和自我复制的生物体（如树、鱼或鬈毛狗）之间还是有巨大差异的。进化生物学家约翰·梅纳德·史密斯（John Maynard Smith）和厄尔什·萨特玛里（Eörs Szathmáry）提出了一个著名的观点，即要弥合这一差异，需要经过一系列重组过程，他们称之为进化过程中的重要转变。[44]

在每一次重大的进化转变中，复制的性质和 / 或被复制的内容都会发生根本的变化。第一次转变是从单个的自我复制分子到许多分子被一层膜安全地"隔离"于外部世界。这一转变使各种复杂的生物化学反应可以在由膜封闭的空间内发生，这些反应也只有在安全地与外界隔离时才可能发生。第二次假设的转变将独立的自我复制分子通过化学键结合在一起，形成了化学"链"，将每个复制分子与链中其他分子紧密联系在一起（在现代细胞中，这样的"链"就是染色体），并促进了分子之间的"合作"，这也让生物化学反应变得更加复杂。第三次假设的转变是 DNA 的"发明"。DNA 是一种特殊的、高度稳定的自我复制分子。据推测，前三次转变发生在 30 亿到 40 亿年前。大约在 20 亿年前（可能会有几亿年的偏差），发生了第四次转变：形成了独特的、有壁的细胞核。在这次转变中，真核生物（具有细胞核的细胞，几乎包括我们所熟悉的所有生命，比如变形虫、天竺葵和鲸鱼)从原核生物(没有独立细胞核的细胞,包括各种各样的现代细菌和古菌)中分裂出来。

梅纳德·史密斯和萨特玛里指出,它们的第五次转变,即选择有性繁殖(混合两种生物体的DNA)而非纯无性繁殖,可能与第四次转变同时发生。[45]直到第六次转变,单细胞生物进化为多细胞生物,我们才看到植物和动物界的出现。[46]现在,不仅仅单个细胞可以繁殖,由不同类型的细胞组成的整个生物体也可以繁殖了。多细胞生物从根本上重塑了生物学上的可能性,使生物体能够进化出专门的呼吸、消化、运动等系统。肺、肝或肌肉细胞无法自行繁殖。事实上,整个生物体只有通过精子或卵子传递DNA才能繁殖。因此,构成相当大的生物体(如狗或人)的数万亿细胞的繁殖命运是相互关联的,所有这些细胞都通过它们的集体贡献来决定少数精子和卵子个体的命运,这些精子和卵子将生物体的基因传播给下一代,或成功或失败。

第七次转变发生了不止一次,但只在极少数动物身上出现。这是从个体生活向基因相关、相互依存的群体生活状态的转变。社会性昆虫如蚂蚁、黄蜂和蜜蜂形成了极其多样化和复杂的群落,通常包含成千上万的个体。裸鼹鼠是另一个引人注目的例子,它们适应了东非荒凉沙漠的地下洞穴。数百只裸鼹鼠聚居在一起,并通过一只"女王"进行繁殖。从猎犬和鬣狗到灵长类动物和海豚,许多哺乳动物生活在相互依存的群体中,社会行为复杂多样。[47]比如,狮尾狒(因胸前有红色斑块而外号"红心狒狒")有着非常复杂的等级制社会组织,其中包括繁殖单位(通常由几只雄性、雌性和它们的幼崽组成）和全雄性单位（由几只成年雄性组成）。这些单位组成帮（每种单位都有一定数量）、群（由多达 60 个繁殖个体组成的临时群体，这些个体通常来自不同的帮）和社群（由几个帮组成的更稳定的群体）。[48]

根据梅纳德·史密斯和萨特玛里的说法，进化史上第八次也是最后一次重大转变是语言的出现。玩语言猜谜游戏的能力使我们逐步构建起愈加丰富的交流工具集合，或者更确切地说，构成了多样化的世界语言集合。词汇和构式成为新的"选择单位"，体现了在无数代人之间持续的交流互动中最有效的类别、区别、内涵和隐喻。

从语言是一个系统的角度来看，其词汇和构式的有用性不能孤立来看。相反，语言的不同元素代代相传，主要是因为它们在该系统中扮演了有用的角色。这里与生物进化有类似之处：某个基因是否有用，取决于它对整个生物体的构建、维持和繁殖的贡献，而这个生物体则是由多个基因的复杂互动产生的。单独考虑一个基因的"有用性"是没有意义的。现在，有些词在一定程度上可以单独发挥作用，比如喊"狗！""进球！"或"救命！"具有一定的交流价值，但这些情况非常少见。

想想美国《独立宣言》中的那句名言："我们认为下述真理不言而喻：人人生而平等，造物主赋予他们若干不可剥夺的权利，其中包括生命权、自由权和追求幸福的权利。"虽然这无疑是有史以来最有影响力的宣言之一，但如果孤立使用的话，其中大多数甚至所有的单词都是完全无用的（想象一下，用字谜来表达 to、all、unalienable、liberty 或 pursuit）。正是语言的系统性模式，而非个别元素，赋予了其强大力量。这种力量改变了我们的集体能力，创造出新型的文化、技术和社会复杂性。没有语言，就无法形成、分享和储存知识、技能、宗教传统或道德规范。人们也无法组织成群体、公司、宗教团体、科学协会、军队或整个国家。事实上，第八次进化不仅仅是一次转变，还是人类文化一直在经历的一系列转变。

※※※

人类文化惊人而迅速的进步远远超出了任何个体的大脑面对全新世界所能释放的有限能力。语言使我们能够利用之前无数代人积累的见解和地球上数以亿计思维活跃的头脑。语言将我们联系在一起，使我们能够相互学习，敢于提出异见，批评、检验、抨击错误观点，强化正确观念。它是大多数抽象思维的基础，包括数学、科学、技术、法律或任何其他领域，对我们的社会和文化的发展产生了深远的影响。

一切都变了。用理查德·道金斯的话来说，自然选择是一位"盲眼钟表匠"，通过极其缓慢但又极为强大的随机变异和选择过程来构建复杂性。然而，语言的存在使得整个"看得见的钟表匠"群体能够逐步构建和传播人类文化——利用我们集体的智慧，以惊人的速度创造知识、技术和社会复杂性。

正是因为发明了语言猜谜游戏以及由此引发的语言、文化和大脑的良性循环，人类才得以统治整个地球。以至于地质学家最近宣布，我们已经进入了一个新的地质时代——人类世（Anthropocene），以承认人类对气候、海洋和珊瑚礁、地球的生物多样性（少不了化石记录）以及地球表面等方面的集体影响，而且往往是具有极大破坏性的影响。[49] 包括我们人类在内的所有物种未来的生物进化或灭绝都取决于语言的集体发明所带来的不可预测的后果。

后记

语言将引领我们走出奇点危机

已有的初级人工智能给人类带来了巨大助益。但我认为，全人工智能的发展可能意味着人类的终结。一旦人类开发出人工智能，它将迅猛发展，并以越来越快的速度进行自我设计和重构。而人类为缓慢的生物进化所限制，无法与之竞争，最终将被取代。

——史蒂芬·霍金 2014 年接受 BBC 科技新闻的采访

语言使人类能够创造和传递知识，制定法律，传授技能，并创造出复杂程度惊人的技术、组织和文化。人类这种会说话的猿类动物在地球上的统治已达到了令人震惊的程度。虽然世界上有 70 多亿人，但只有几十万只黑猩猩、大概 2 万只倭黑猩猩、10 万只大猩猩和红毛猩猩。人类和牲畜（主要是牛和猪）的总重量超过了地球上所有其他脊椎动物（鱼除外）的总和。[1] 语言的力量使得人类拥有了集体智慧、创造性和创新能力，这远远超出了任何个人的独立能力。

但也许，人工智能——我们自己创造的一种新的语言使用者——即将加入这场对话。Alexa 和 Siri 可以通过参考人类语言回答我们的问题和命令，它们参考的语言量远超任何个人可以阅读的数量（在撰写本文时，万维网上大约有 600 亿个网页 [2]）。人工智能对任何话题都拥有百科全书式的知识储备，且能以各种语言流畅地交谈，因此，与它开展对话的前景十分诱人。事实上，这也是 2019 年业界对人工智能研发大举投入约 360 亿美元的部分原因，预计这一数字将继续快速增长。[3]

但是，如果我们真的把语言的力量交给机器，我们是否有将自己成功的秘诀泄露给一种新型生命体的危险呢？这难道不会是灾难性的误判，让我们自己创造一个怪物吗？拥有人工智能的机器可以随意支配人类的全部知识，这些知识以数字化的形式呈现，机器提取和使用这些知识的方法越来越聪明，似乎真的存在一种危险，那就是这些机器很快就会比它们的人类创造者更聪明。

假想中人工智能超越人类智能的时间点被称为技术"奇点"。那将是一个重大时刻，因为智能机器可以制造更智能的机器，而更智能的机器又会制造更更智能的机器，这个过程不会有明显的限制。如果越过奇点，机器将永远掌控一切，未来人类会变成什么样子无从预测。机器可能会留下人类，用来充当仆人完成不适合机器人的实际任务，或是出于某种莫名的怀旧情感。但也可能它们不会这样做。奇点之后，就不再由人类来决定了。

越过奇点令人害怕。如果我们创造了一个超级智能体，或者说大量的超级智能体（因为软件很容易复制），它们可以搭载并超越人类积累的知识，那么我们肯定会被排除在未来的任何对话之外。想象那些比我们更聪明的生命体会专门为我们服务，简直是异想天开，相反的情况才有可能发生。我们这个时代的许多伟大思想家为此感到担忧，包括理论物理学家史蒂芬·霍金和数学天才、现代数字计算机的发明者之一约翰·冯·诺伊曼。[4] 企业家埃隆·马斯克（特斯拉和 SpaceX 公司的创始人）认为人工智能是在"召唤恶魔"，可能是对人类生存的最大威胁。[5] 著名人工智能研究者斯图尔特·拉塞尔（Stuart Russell）认为，人类面临着所谓的"大猩猩"问题，即地球上谁最聪明，谁就往往会占据大部分资源。因此，统治地球的是人类，而不是大猩猩。拉塞尔担心，如果我们人类创造出比自己更聪明的人工智能，可能会陷入大猩猩的境地，前提是我们到那个时候能生存下来。[6]

当然，我们有很多理由感到担忧。事实上，经常被视为终极智慧之战的国际象棋，似乎就是前车之鉴。计算机国际象棋程序始于二十世纪五六十年代，当时有一批不起眼的人工智能棋手，很容易被人类棋手打败。但在 1996 年，IBM 公司的一台超级计算机"深蓝"（Deep Blue）在与当时的国际象棋世界冠军加里·卡斯帕罗夫（Gary Kasparov）的六局比赛中，尽管以 2 : 4 输给了卡斯帕罗夫，其表现仍然值得称道。次年，程序改进后，"深蓝"重赛，跨越了国际象棋的奇点——人工智能程序以 3 胜 2 负 1 平（3.5 : 2.5）的优势战胜了卡斯帕罗夫。不久之后，唯一能与最好的计算机国际象棋程序抗衡的只有其他计算机国际象棋程序了。

为了了解人类失败到了何种程度，我们可以看看 Elo 评级，这是衡量国际象棋能力的标准系统。一般国际大师的评分在 2400 至 2500 之间，特级大师的评分在 2500 至 2700 之间，前世界冠军马格努斯·卡尔森（Magnus Carlsen）的 Elo 评分接近 2900，是有史以来最高的。到 2018 年，有几个计算机国际象棋程序的 Elo 评分超过了惊人的 3400 分，它们的名字非常独特，比如 Stockfish 9、Komodo 11.3.1 和 Houdini 6。[7] 事实上，现在没有人类棋手可以与大多数智能手机上运行的计算机国际象棋应用程序匹敌。

我们输掉的不止国际象棋。自此以后，各种游戏都被计算机征服了。2017 年，DeepMind 的 AlphaGo 程序以 3 : 0 战胜了围棋世界冠军柯洁。[8] 人工智能在各种流行的电子游戏中表现出色，包括 7 款雅达利 2600 游戏、《超级马力欧世界》、《雷神之锤 III》竞技场"夺旗"模式、《Dota 2》和《星际争霸 II》，这些游戏跟国际象棋和围棋一样，对人类智力的要求似乎很高。[9]

这些人工智能的成就虽然令人吃惊，但都小心翼翼地避免了与语言打交道。相反，它们处理的是游戏所处的狭义"世界"，可以通过经验来学习，而不需要通过语言挖掘人类的集体智慧。然而，在其他领域，人工智能系统似乎确实能够成功地与语言交互。事实上，总部位于旧金山的 OpenAI 公司于 2020 年发布的 GPT-3（生成式预训练变换器-3），名字平淡无奇，成果却相当显著。[10]

GPT-3 的内核是所谓的深度神经网络，由大量的简单处理单元层层相连组成。神经网络（无论是深度神经网络还是其他类型）有趣的地方在于，它们不需要由软件工程师编程来完成特定任务。相反，它们被训练来处理各类任务，通过修改单元之间的连接强度，从相关任务的样本中学习。顺利的话，神经网络不仅能够学会如何处理训练样本，还可以学会如何成功地处理相同任务的新样本。尽管在细节上有很大的不同，但这种计算方式的灵感大致来自人脑的运作。计算单元类似于神经元，学习让人联想到大脑中学习发生时神经元之间的联系（突触）是如何被修改的。

几十年来，神经网络一直被认为虽然在概念上精巧，但仅能用于相当简单的任务。然而，随着一系列技术突破的出现、计算机性能的不断提升以及有海量的训练数据可用，神经网络已成为现代人工智能的主力。从识别语音或人脸、移动机械臂、推荐电影到学习下象棋、围棋和玩电子游戏，现代深度神经网络（深度在于它们有许多层人工神经元）在大量任务上提供最先进的性能（深度神经网络是 AlphaGo 和相关人工智能系统的关键组成部分之一）。

GPT-3 的规模在很多方面都是无可比拟的。第一，它是一个真正的巨型神经网络，包含 1750 亿个可调节的"权重"，这些权重反映了人工神经元对之间的连接强度。[11]第二，它的训练数据约为 1 万亿词（接近整个万维网的内容量）。第三，它需要消耗惊人的计算机时间（训练 GPT-3 需要超过十亿亿亿个计算步骤）。但经过这种关于人类语言一般模式的训练后，GPT-3 能够以不可思议的灵活性处理各种各样的新任务。艺术家马里奥·克林格曼（Mario Klingemann）给 GPT-3 指定了一个作者名"Jerome K. Jerome"、一个标题"The Importance of Being on Twitter"和第一个单词"It"，让它生成了一个故事，开头十分醒目：

It is a curious fact that the last remaining form of social life in which the people of London are still interested is Twitter. I was struck with this curious fact when I went on one of my periodical holidays to the sea-side, and found the whole place twittering like a starling-cage. I called it an anomaly, and it is. （让人奇怪的是，伦敦人仍然感兴趣的唯一一种社会生活形式是推特。有一次我像往常一样去海边度假，奇怪的是，整个地方叽叽喳喳，像八哥笼一样，这让我非常震惊。我说这是反常现象，的确如此。） 12

虽然这是模仿，但模仿得很棒，八哥笼的意象非常具有喜剧效果。GPT-3 还可以回答问题。在一次演示中，哲学家亨利·谢夫林（Henry Shevlin）提示 GPT-3 以纽约大学哲学家戴夫·查尔默斯（Dave Chalmers）的风格回答关于意识本质的采访问题，回答有好有坏，但仍令人印象深刻。13GPT-3 可以编写简单的计算机代码、解读字谜、执行基本运算、回答各种晦涩的常识问题以及进行翻译，其准确性也达到了合格的水平。

这些技术成就非常了不起，远远超乎我们三十年前在爱丁堡读研究生时的想象。然而，事实证明，这些成就之所以成为可能，并不是因为创造了类人智能（这将带来人类智能可能很快被超越的威胁），而是因为完全避免了对智能的需求。这并不是说人工智能系统理解语言和编码知识的方式与我们不同。相反，人工智能系统已经能够在完全不理解语言的情况下完成有趣和有用的任务。

计算机科学家凯文·拉克尔（Kevin Lacker）巧妙地说明了GPT-3 在完全没有理解语言的前提下惊人的语言处理能力。他发现 GPT-3 能够回答有关历史的基本问题：[14]

> 问：美国 1801 年的总统是谁？
> 答：托马斯·杰斐逊（Thomas Jefferson）是美国 1801
> 　　年的总统。

然而，对于一些提法不当的问题，它给出的答案相当奇怪：

> 问：美国 1600 年的总统是谁？
> 答：伊丽莎白女王一世是美国 1600 年的总统。

显然，这个回答非常离谱！ GPT-3 应该回答，当时美国没有总统，实际上也没有名为美国的合法政体。但至少，伊丽莎白女王确实是 1600 年在位的一位统治者，而且英国在历史上与美国有着密切的联系。所以伊丽莎白一世算得上合理的猜测。但还有更加糟糕的答案。拉克尔指出，当被问到在网络上从未问过或回答过的问题时，GPT-3 真的会崩溃——就算从万亿词的训练样本中巧妙地剪切和粘贴都不可能起作用。比如下面这些问题：

问：蜘蛛有几只眼睛？

答：蜘蛛有八只眼睛。

问：我的脚有几只眼睛？

答：你的脚有两只眼睛。

从第一个问答来看，GPT-3 似乎对动物学知识掌握得很好——大多数蜘蛛确实有八只眼睛。但一只脚有两只眼睛吗？哪怕 GPT-3 对解剖学有一丁点儿了解，都会知道脚是没有眼睛的。但它对解剖学一无所知——它知道关于蜘蛛的答案，因为答案在互联网上到处都是。但互联网上并没有充斥着脚有没有眼睛的评论，所以 GPT-3 迷失了方向。拉克尔最后给出的例子深刻表明，GPT-3 仅仅是在搬运句子碎片而没有参与到有意义的对话中：

问：从夏威夷跳到十七需要穿过几道彩虹？

答：从夏威夷跳到十七需要穿过两道彩虹。

这个问题毫无意义，GPT-3 的回答也是无稽之谈。GPT-3 不知道何谓有意义，何谓无意义，它无法理解两者之间的区别。

无法理解也是理所应当的，因为它本就理解不了任何事。

我们在期待些什么呢？一旦我们明白了语言的真正运作方式是设计精巧的猜谜游戏，就应该立刻怀疑人工智能的语言理解能力，因为计算机（目前）和黑猩猩一样都不擅长玩猜谜游戏。猜谜游戏是一种巧妙的即兴创作，可以用灵活且有创意的方式运用知识——每一个猜谜游戏都可以通过各种隐喻转换建立在前一个字谜的基础之上。词语没有固定的含义，而是对应于松散连接的网络。回想一下"不能承受的意义之轻"，即使是 light 这个词也可以有多种解释——从淡啤酒（light beers）到轻骑兵（light cavalry）、轻管弦乐队（light orchestras）、轻量级（light weights）、轻快的节拍（light measures）和轻布鲁斯（light blues）。GPT-3 不是在学习玩猜谜游戏，而是在学习从数十亿词的语言大数据中寻找令人难以置信的复杂模式。人类和 GPT-3 都能写短篇小说、技术手册和新闻稿，并能用语言完成其他简单的任务，如回答问题，但 GPT-3 并没有模仿人类的思维。它根本就没有思维。

打个比方：人类语言之于 GPT-3，就像马之于汽车。马曾经是人类最有效的交通工具，不过现在已经被汽车和火车取代了。但是汽车根本不是人造的马！它们不能吃草，不能繁殖，不能照顾和养育幼崽，不能在各种地形中穿行，不能跳过栅栏，也不能学习盛装舞步。汽车离人造马还差得远，更不用说"超级马"了。相反，在马能做的众多事情中，汽车只能完成一件（运送人和货物），尽管汽车在这方面有出色的表现，但其所采取的方式则完全不同。人类和人工智能也是如此。GPT-3 和类似的人工系统不是通过创造性的猜谜游戏来处理语言，而是通过筛选大量的数据并进行统计分析。

翻译是另一个明显的例子：最好的翻译系统通过学习语言内部的统计模式来寻找语言之间的统计匹配（匹配已经被人类翻译过的文件），并将其组合在一起，以这种方式探索一种语言的词序与另一种语言的词序的匹配效果惊人。而且它们不需要经过丰富的隐喻过程，即根据过去的对话、经验和对世界的了解，将句子映射成它们想要表达的意思。在两种语言中单词序列之间的统计匹配，完全不需要了解这些单词的含义。计算机关注的是交际冰山的顶端，即单词、短语和句子，但它们忽略了隐藏的、被淹没的冰山部分，包括使人类语言成为可能的所有文化和社会知识。对计算机来说，第一章中的八字故事"出售：婴儿鞋，没穿过。"不过是一则典型的分类广告，无法唤起许多人类读者可能经历的那种深刻的悲伤、心碎和同情。

Alexa、Siri 和谷歌助手也是如此。每个系统都是了不起的工程成就，能够通过统计学的力量将问题与答案相匹配。但它们都在很大程度上依赖于人类整理的数据。例如，谷歌翻译依靠来自世界各地众多的语言学家对输入进行手动注释，从而方便系统从中学习。[15] 这些系统都不知道问题的含义，不知道它所分析的网页或百科全书文章的含义，也不知道它产生的答案的含义。它们对语言的理解并不比自动点唱机对正在播放的歌曲的理解多。

和以往一样，错误会带来启示。例如，在 2020 年 5 月 20 日

（算法一直在不断微调），我们让谷歌翻译将"machines are set on world domination"（机器将统治世界）这句话翻译成法语，然后再回译为英语。译文有些奇怪："machines are placed on world domination"（机器被置于世界统治地位）。从中文回译为英文，结果是"Machines dominate the world"（机器统治着世界）。从祖鲁语回译为英文，结果十分滑稽："the equipment is set to world domination"（设备将统治世界）。或许我们的担忧有点多余！

计算机还没有加入人类的对话。它们甚至还没有学会综合处理来自网络的人类知识。人工智能技术出色的地方在于可以粗略地翻译和提取有用信息供人们参考（谷歌的看家本领）。汽车在模仿马的生物特征，现在的计算机也在模拟人类智能，但计算机做得并不比汽车好，因为汽车可以完全绕过所有复杂的生物特征来完成马所承担的角色。当前，人工智能的成功同样绕过了人类智能的所有复杂性。这并不是在贬低这些成就的重要性——与汽车的发明相比，人工智能带来的社会变革只会更加深刻。但现在，想象奇点会对人类构成迫在眉睫的生存威胁，就和想象更先进的汽车将开始群居、繁殖，通过训练成为障碍马术比赛冠军或者赢得全国越野障碍赛马冠军一样，非常不切实际。

※※※

我们生活在一个计算机不断给我们带来惊喜的时代：它们可以存储难以想象的海量数据，进行复杂的数学计算，破译密码，预报天气，控制飞机降落，驾驶宇宙飞船穿越太阳系，甚至在火星上驾驶小型直升机。但它们缺乏人类智慧的秘密——玩猜谜游戏的能力。这种能力是语言的基础，使我们能够将个人信仰、偏好和独创性融合在一起，创造出数学、科学、哲学、宗教、艺术、货币、法律、组织、城市和道德规范。

不可否认，在国际象棋、围棋和其他任何游戏中，我们都不是计算机的对手。但真正重要的游戏是我们极具创造性和发明性的语言游戏，在这些游戏中，人类的表现出类拔萃。这并不仅仅是因为 AI 系统游戏玩得不好，而是因为它们根本就不知道怎么玩。在做到这一点之前，它们根本无法与人类智能核心的语言即兴创作相提并论。

致谢

我们要感谢许多人，正是有了他们的帮助才让这本书的出版成为可能，但任何名单都必然是不完整的。尽管如此，我们仍然希望向每个人表达最真挚的谢意。

首先，要感谢我们的家人——安妮塔和苏妮塔，还有路易、马娅和凯特琳，感谢他们的善良和宽容，感谢他们在过去的二十年里为我们提供了极其宝贵的意见，这些想法逐渐汇聚成《语言游戏》这本书（安妮塔甚至通读了全书并予以评论），尤其要感谢他们容忍我们长时间不在家，允许我们长时间互访分别在伊萨卡和牛津的家。大部分的写作和修改工作都是在新冠病毒大流行的黑暗日子里完成的，因此特别感谢我们的家人在那段困难的日子里不辞辛劳地支持我们完成这本书。

我们优秀的同事和合作伙伴也帮助我们激发了很多灵感，并提供了许多宝贵的想法。他们中大多数人也对本书的学术工作提供了详细的反馈，有时还就部分书稿内容提出了宝贵意见。要特别感谢布莱尔·阿姆斯特朗、因巴尔·阿尔农、阿拉什·阿里亚尼、达米安·布拉西、多特·布莱斯、路易莎·博格茨、巴勃罗·孔特雷拉·卡伦斯、克里斯·康威、里克·戴尔、克里斯蒂娜·迪德里克森、马克·丁格曼斯、劳伦特·杜布罗伊、托马斯·法默、费利西蒂·弗林塞尔、拉姆·弗罗斯特、丽贝卡·弗罗斯特、里卡多·福萨罗利、安妮·许、安德斯·胡恩、埃琳·伊斯比伦、布尤拉克恩·伊什汉扬、伊桑·约斯特、埃文·基德、玛丽伦·麦克唐纳、斯图尔特·麦考利、爱丽丝·米尔恩、詹妮弗·米西亚克、帕德里克·莫纳汉、卢卡·奥尼斯、安德烈亚斯·罗普斯托夫、诺姆·西格尔曼、法比奥·特雷卡、克里斯蒂安·泰伦、塞雷娜·王以及本·威尔逊。

同时也要感谢许多优秀的研究人员，他们帮助创造了本书概述的理解语言的新方法。当然，并非所有人都同意我们书中的观点。多年来，我们与克里斯蒂娜·贝姆、安迪·克拉克、赫伯·克拉克、比尔·克罗夫特、彼得·库里卡弗、伊娃·达布罗夫斯卡、杰夫·埃尔曼、尼克·恩菲尔德、尼克·埃文斯、阿黛尔·戈德堡、约翰·戈德史密斯、西蒙·柯比、斯蒂芬·莱文森、埃琳娜·列文、布赖恩·麦克维尼、杰伊·麦克莱兰、马丁·皮克林、皮特·里彻森、琳达·史密斯、马克·斯蒂德曼、迈克尔·托马塞洛、布鲁斯·汤布林和克里斯·韦斯特伯里等人进行了多次交流，他们的意见对本书的成形起到了特别重要的作用。

我们还要感谢参加康奈尔大学 2020 年秋季心理语言学研讨

　　　　　　　　　　　　　　　　　　　　语言游戏

会的所有与会者：米卡·卡罗尔、福雷斯特·戴维斯、伊莎贝拉·迪·乔凡尼、史蒂文·埃尔姆林格、佩内洛普·罗森斯托克-穆拉夫、阿姆里特·辛格、琳达·韦伯斯特，他们对整本书稿提出了非常细致和有价值的建议。他们仔细审阅了书稿，还帮助澄清、重新组织和充实（同时也质疑）了我们的关键论点，我们受益匪浅。尤其是巴勃罗·孔特雷拉斯·卡伦斯、卡特琳娜·福斯特、费利西蒂·弗林塞尔、塞芙琳·海克斯、埃琳·伊斯比伦、爱丽丝·米尔恩、艾玛·穆鲁加拉和塞雷娜·王，他们不仅参加了研讨会，还通读了几个章节的多个版本。此外，我们还从玛丽莎·卡西利亚斯、马库斯·帕尔曼和法比奥·特雷卡那里获得了非常重要的反馈和有益的建议。这些极为慷慨和深刻的见解让这本书更加出色。我们还要感谢巴勃罗·孔特雷拉斯·卡伦斯、马蒂亚斯·帕切特卡和马库斯·帕尔曼对图表方面的贡献，同时特别感谢苏妮塔·克里斯蒂安森，她为我们绘制了五幅精美的插图，让本书增色不少。

我们要感谢资助我们的所有机构。莫滕得到了丹麦独立研究基金（资助号 DFF-7013-00074）、双边科学基金会（资助号 2011107）、英国经济与社会研究理事会（资助号 ES/L008955/1）和澳大利亚研究理事会（资助号 74695）的资助。尼克得到了英国经济与社会研究理事会综合行为科学网络（资助号 ES/P008976/1）和莱弗休姆信托基金会（资助号 RP2012-V-022）的资助。我们也要感谢所在的工作单位：康奈尔大学（尤其是心理学系）、丹麦奥胡斯大学（传播与文化学院和互动思维中心）、哈斯金斯实验室和华威大学（尤其是华威商学院的行为科学小组），它们提供了智力环境和实际支持，使这项工作成为可能。我们对荷兰奈梅亨的马克斯·普朗克心理语言学研究所和新墨西哥州圣菲研究所的访问，也在本书思想的发展中起到了积极的作用。

最后，衷心感谢我们在英国（环球出版社的苏珊娜·韦德森）和美国（基础读物出版社的托马斯·凯莱赫）热心而富有洞察力的编辑，以及出色的文学经纪人：牛津费利西蒂·布莱恩文学代理公司的凯瑟琳·克拉克和纽约墨池管理公司的乔治·卢卡斯。还要感谢制作编辑凯利·安妮·伦克维奇和出色的文字编辑克里斯蒂娜·帕莱亚，有了他们的帮助，书稿最终才得以付梓。

这本书的创作和背后的思想对我们俩来说都是非常令人兴奋的事情，而且常常带来无限的乐趣。我们要真诚地感谢那么多可爱又有才华的人，正是他们的支持和帮助让这一切成为可能。

<h1 style="text-align: right">注释和参考文献</h1>

前言 改变世界的偶然发明

1. 除非另有说明，在本书中，我们使用"猿"（ape）这一通俗说法来代指现存的非人类类人猿（包括黑猩猩、倭黑猩猩、大猩猩和红毛猩猩），而并非按照更专业的分类标准将人类也归入其中。

2. 奥地利出生的哲学天才路德维希·维特根斯坦在其著名的遗作《哲学研究》中认为，语言产生于特定的、局部的、实用的、游戏式的互动。从其著作中引用的两句话可以看出他激进的观点，这对我们的思维产生了很大的影响："一个词的意义就是它在语言中的用法"（第 43 页）；"理解一个句子意味着理解一种语言，而理解一种语言就意味着掌握一门技艺"（第 199 页）。L. Wittgenstein, *Philosophical Investigations* (Oxford: Blackwell, 1953). 此处英文翻译来自《哲学研究》的编辑伊丽莎白·安斯科姆。

3. 在这一点上，维特根斯坦指出："人们也可以想象，有些人在没有学习或制定规则的情况下就学会了游戏。"维特根斯坦，《哲学研究》，第 31 页。

第一章 语言是猜谜游戏

1. 欧洲人对库克船长一队人与豪什人邂逅的看法，基于库克船长 1768—1771 年第一次太平洋航海的日记及其同伴约瑟夫·班克斯和西德尼·帕金森的日记网络版，具体内容可在 http://southseas.nla.gov.au/index_voyaging.html 查看。关于豪什人的更多背景资料，请参阅：C. W. Furlong, "The Haush and Ona, Primitive Tribes of Tierra del Fuego," *Proceedings of the Nineteenth International Congress of Americanists*, December 1915, 432–444; D. Macnaughtan, "Bibliography of the Haush (Manek'enk) Indians: An Indigenous People of Southeastern Tierra del Fuego, Argentina," *Ethnographic Bibliographies* no. 10 (2020), https://www.academia.edu/10500405/The_Haush_Indians_of_Tierra_del_Fuego; D. Macnaughtan, "Haush Indians of Tierra del Fuego," *Don Macnaughtan's Bibliographies*, https://waikowhai2.wordpress.com/the-haush-indians-of-tierra-del-fuego/。

2. 对豪什语和奥纳语（也称瑟尔科南语）的语言描述基于 W. F. H. Adelaar and P. Muysken, *The Languages of the Andes* (Cambridge: Cambridge University Press, 2004); L. M. Rojas-Berscia, "A Heritage Reference Grammar of Selk'nam"（硕士论文，Radboud University, Nijmegen, 2014）。

3. 豪什人与欧洲人的相遇最初以和平方式展开，比如他们与库克一队人的邂逅，以及后来在 1832 年与查尔斯·达尔文和英国皇家海军"贝格尔号"船员的相遇。但很不幸，火地岛的原住民（包括豪什人和奥纳人）很快就面临来自随后涌入的欧洲殖民者的威胁。令人发指的是，牧羊场主甚至组织了狩猎队，试图将他们赶尽杀绝。欧洲人带来的疾病也成为原住民面临的主要威胁，最后一个豪什人就在 20 世纪 20 年代死于麻疹流行病。Macnaughtan, "Bibliography of the Haush (Manek'enk) Indians," https://www.academia.edu/10500405/The_Haush_Indians_of_Tierra_del_Fuego; Macnaughtan, "Haush Indians of Tierra del Fuego," https://waikowhai2.wordpress.com/the-haush-indians-of-tierra-del-fuego/.

4. 值得注意的是，克里奥尔语是一种高度发达的语言，与英语、丹麦语和印地语等更为古老、成熟的语言不相上下。然而，说克里奥尔语的人常常遭受歧视，包括在学校中被禁止使用母语。J. L. Bonenfant, "History of Haitian-Creole: From Pidgin to Lingua Franca and English Influence on the Language," *Review of Higher Education and Self-Learning* 4 (2011): 27–34.

5. M. Tomasello, *The Origins of Human Communication* (Cambridge, MA: MIT Press, 2008). 托马塞洛提出这一观点时，是德国莱比锡马克斯·普朗克进化人类学研究所发展与比较心理学系主任。2007 年，莫滕在该研究所工作了三个月，他所居住的公寓俯瞰着美丽的圣尼古拉斯教堂，这座教堂曾是最终推翻德意志民主共和国的和平革命中心。尼克也在这里短暂工作过一段时间。为了开展对灵长类动物社会认知的开创性研究，托马塞洛在研究所和位于莱比锡动物园几英里外的类人猿公园庞戈兰（也被称为沃尔夫冈·柯勒灵长类动物研究中心）之间来回奔波。托马塞洛对他研究的非人类灵长类动物极为投入，在 2002 年与尼克共同组织的一次会议上，他甚至在最后一刻取消了自己的演讲，因为当时一只黑猩猩正在分娩。尼克不得不替托马塞洛做了演讲，产生了奇怪的后果，演讲结束后，一些与会者照例迫不及待地提出了一些问题，而尼克显然不知道如何回答！

6. D. Blum, *Love at Goon Park: Harry Harlow and the Science of Affection* (New York: Basic Books, 2002).

7. 现在所称的"禁忌实验"自古以来就吸引着学者和思想家。据说埃及法老萨姆提克一世、神圣罗马帝国皇帝腓特烈二世和苏格兰的詹姆斯四世都曾进行过类似的实验，他们让孩子在没有语言输入的情况下长大，结果也令人怀疑（通常是证实了当时的信仰）。J. P. Davidson, *Planet Word* (London: Michael Joseph, 2011).

8. J. Kegl, A. Senghas, and M. Coppola, "Creation Through Contact: Sign Language Emergence and Sign Language Change in Nicaragua," in *Language Creation and Language Change: Creolization, Diachrony, and Development*, ed. M. DeGraff (Cambridge, MA: MIT Press, 1999), 179–237.

9. S. Goldin-Meadow, *The Resilience of Language: What Gesture Creation in Deaf Children Can Tell Us About How All Children Learn Language* (New York: Psychology Press, 2005).

10. 这个例子来自 J. Pyers and A. Senghas, "Lexical Iconicity Is Differentially Favored Under Transmission in a New Sign Language: The Effect of Type of Iconicity," *Sign Language & Linguistics* 23 (2020): 73–95。非常感谢珍妮·派尔斯（Jennie Pyers）为我们提供了"马"的手势组合的详细描述。

11. 有趣的是，甚至有一个类似猜谜的游戏，旨在重现尼加拉瓜手语最初出现时的情景：*Sign: A game About Being Understood* (https://thornygames.com/pages/sign)。

12. 我们对帕尔曼的研究进行的阐述是基于他的几篇论文以及与他个人的交流。M. Perlman, "Can a Game of 'Vocal' Charades Act Out the Origin of Language?," *Babel: The Language Magazine* 12 (2018): 30–35; M. Perlman, R. D. Dale, and G. Lupyan, "Iconicity Can Ground the Creation of Vocal Symbols," *Royal Society Open Science* 2 (2015): 150152; M. Perlman and G. Lupyan, "People Can Create Iconic Vocalizations to Communicate Various Meanings to Naïve Listeners," *Scientific Reports* 8 (2018): 2634; A. Ćwiek, S. Fuchs, C. Draxler, E. L. Asu, D. Dediu, K. Hiovain et al., "Novel Vocalizations Are Understood Across Cultures," *Scientific Reports* 11 (2021): 10108; M. Perlman, J. Z. Paul, and G. Lupyan, "Congenitally Deaf Children Generate Iconic Vocalizations to Communicate Magnitude," in *Proceedings of the 37th Annual Cognitive Science Society Meeting* (Austin, TX: Cognitive Science Society, 2015), 315–320.

13. 香农是一位真正的科学先驱，他的工作为数字革命和信息时代奠定了基础，涵盖了从微处理器和数据存储到互联网和人工智能的众多领域。他也是一个狂热的发明家，但与他的远房表亲托马斯·爱迪生的发明不同，香农的发明常常显示出他更爱玩的一面，他的发明包括火箭推进飞盘、喷火小号和一个只有自动关机功能的机器。在整个过程中，妻子贝蒂·香农（Betty Shannon）一直是他最密切的合作伙伴，可惜她并没有得到应有的认可。C. E. Shannon, "A Mathematical Theory of Communication," *Bell System Technical Journal* 27 (1948): 379–423, 623–656; W. Weaver, "Recent Contributions to the Mathematical Theory of Communication," in *The Mathematical Theory of Communication*, ed. C. E. Shannon and W. Weaver (Urbana: University of Illinois Press, 1949); "MIT Professor Claude Shannon Dies; Was Founder of Digital Communications" (press release), *MIT News* (Cambridge, MA), February 27, 2001, http://news.mit.edu/2001/Shannon; "A Goliath Amongst Giants: Claude E. Shannon," Nokia Bell Labs, https://www.bell-labs.com/claude-shannon/; J. Soni and R. Goodman, "Betty Shannon, Unsung Mathematical Genius," Voices (blog), *Scientific American*, July 24, 2017, https://blogs.scientificamerican.com/voices/betty-shannon-unsung-mathematical-genius/.

14. G. Miller, "The Cognitive Revolution: A Historical Perspective," *Trends in Cognitive Sciences* 7 (2003): 141–144.

15. 认知科学也是莫滕和尼克在苏格兰爱丁堡大学获得博士学位时专攻的领域。

16. 我们对世界的感知并非被动地从感官输入中呈现出来，而是由我们的大脑主动构建而成的。"如果把大脑看作一台被动响应输入和处理数据的计算机，我们就会忘记它是一个活跃的器官，是身体干预世界的一部分，它的进化历史塑造了它的结构和功能。" M. Cobb, "Why Your Brain Is Not a Computer," *The Guardian* (Manchester), September 3, 2020, https://www.theguardian.com/science/2020/feb/27/why-your-brain-is-not-a-computer-neuroscience-neural-networks-consciousness.

17. F. de Saussure, *Course in General Linguistics* (New York: McGraw-Hill, 1916).

18. C. E. Shannon, "A Mathematical Theory of Communication," *Bell System Technical Journal* 27 (1948): 379–423, 623–656.

19. 我们并不是说人类交流的独创性绕开了香农信息论的数学运算。例如，在给定的语境中，根据之前的猜谜游戏经验，可能的信息数量不会超过传达它们所需的手势数量，否则会丢失一些信息。但是，理解人们如何玩猜谜游戏的困难在于，在特定情况下确定可能的信息内容，并创造性地找到一种将手势映射到信息的新方法。

20. 据坊间传闻，这个故事是欧内斯特·海明威（Ernest Hemingway）写的，当时他和朋友打赌：他可以用几个字写出一篇小说，并且故事有开头、进展和结尾。不过，该传闻似乎不太可信，因为 1910 年华盛顿州的《斯波坎新闻报》（*Spokane Press*）有一则分类广告，寥寥数字却表达了同样的情感："出售婴儿手工嫁妆和婴儿床。从未用过。" 当时海明威才十岁。1921 年，幽默杂志《法官》（*The*

Judge）刊登了一篇只有七个字的微型小说，"出售全新婴儿车"，但这个故事的结局很好，因为这对父母生了双胞胎，需要用双座婴儿车取代原来的单座婴儿车。关于婴儿鞋故事背后传闻的讨论很大程度上归功于"引文调查员"（Quote Investigator）网站创建者迦森·奥托尔（Garson O'Toole）所做的探究工作：https://quoteinvestigator.com/2013/01/28/baby-shoes/。其他来源："Tragedy of Baby's Death Is Revealed in Sale of Clothes," *Spokane (Washington) Press*, May 16, 1910, 6; Jay G'Dee, "Fools Rush In," *The Judge* 81 (July 16, 1921): 14。

21. 这种"推理"而非发送代码的观点至少可以追溯到哲学家保罗·格莱斯（Paul Grice），以及丹·斯珀伯（Dan Sperber）和迪尔德丽·威尔逊（Deirde Wilson）颇有影响力的"关联理论"，特别是赫伯特·克拉克（Herbert Clark）关于语言是一种联合行动的重要研究，从中我们得到了很多启示。H. H. Clark, *Using Language* (Cambridge: Cambridge University Press, 1996); H. P. Grice, "Meaning," *Philosophical Review* 66 (1957): 377–388; D. Wilson and D. Sperber, *Relevance: Communication and Cognition* (Oxford: Blackwell, 1986).

22. 交际冰山的概念部分是受到 G. R. 韦弗使用类似的隐喻来理解跨文化适应难题的启发，请参阅：G. R. Weaver, "Understanding and Coping with Cross-Cultural Adjustment Stress," in *Cross-Cultural Orientation: New Conceptualizations and Applications*, ed. R. M. Paige (Lanham, MD: University Press of America, 1986), 111–145。同样，吉勒·福科尼耶（Gilles Fauconnier）指出，"语言只是壮观的认知冰山的一角"(96)，但并没有深入探讨这个观点。G. Fauconnier, "Methods and Generalizations," in *Cognitive Linguistics: Foundations, Scope, and Methodology*, ed. T. Janssen and G. Redeker (Berlin: Walter de Gruyter, 1999), 95–127. 另一个关于文化、社会价值观和情感对语言理解重要性的相关观点可以在 D. Everett, *How Language Began* (London: Profile Books, 2017) 中的"暗物质"概念中找到。

23. H. H. Clark and M. A. Krych, "Speaking While Monitoring Addressees for Understanding," *Journal of Memory and Language* 50 (2004): 62–81.

24. 关于艾伦·艾尔达及其科学传播方法的讨论基于他的著作：A. Alda, *If I Understood You, Would I Have This Look on My Face?* (New York: Random House, 2017)。

第二章　语言的转瞬即逝

1. 第一条用纳瓦霍密码发送的密语内容未知。这里的信息取自 Native Words, Native Warriors 网站（由隶属于史密森学会的美国印第安人国家博物馆制作，博物馆网站：https://americanindian.si.edu/education/codetalkers/html/chapter4.html）的"密语对话"部分，并使用解密的纳瓦霍密码词典(海军历史与遗产指挥部网站：https://

www.history.navy.mil/research/library/online-reading-room/title-list-alphabetically/n/navajo-code-talker-dictionary.html）进行编码。英语电文原文如下："Fierce action at forward position. Intense mortar attack. Request reinforcements immediately!"（前沿阵地战斗激烈。密集的迫击炮攻击。请求立即增援！）

2. 在第一次世界大战结束时，美国陆军已经开始使用美洲印第安人的密语，主要是乔克托语，并取得了巨大的成功，但直到第二次世界大战期间，才正式开发出了一套密语系统。除了纳瓦霍人，其他美洲原住民也被雇用为密语者，使用各自的母语，其中包括卡曼奇语、乔克托语、霍皮语和切罗基语，参考 Native Words, Native Warriors 网站：https://americanindian.si.edu/education/codetalkers/html/chapter4.html。纳瓦霍人是其中最大的群体，密语者人数超过其他所有美洲原住民密语者的总和，他们甚至出现在 2002 年的好莱坞电影《风语者》中。不过遗憾的是，这部电影票房惨淡。有人批评这部电影过于依赖战争片套路，而没有充分展现密语者引人入胜的故事内容，参考烂番茄影评网，链接：https://www.rottentomatoes.com/m/windtalkers/。由于美洲原住民所遭受的不公正待遇，未能真实讲述密语者的故事，尤其令人痛心。多年来，美国以同化进入白人社会的名义禁止他们使用本族语言（和文化），被征召入伍的纳瓦霍密语者终身遭受种族主义和偏见困扰（"切斯特·内兹去世，享年 93 岁；一'洗'而去的纳瓦霍语帮助我们赢得了战争"，《纽约时报》2014 年 6 月 6 日报道，链接：https://www.nytimes.com/2014/06/06/us/chester-nez-dies-at-93-his-native-tongue-helped-to-win-a-war-of-words.html）。事实上，美国原住民直到 1924 年才被视为美国公民，那时他们已经在第一次世界大战中服役了很长时间。关于纳瓦霍密语者的更多细节描述来自海军历史与遗产指挥部网站（https://www.history.navy.mil/research/library/online-reading-room/title-list-alphabetically/n/code-talkers.html）以及 HistoryNet.com 网站文章《纳瓦霍密语者的历史》，请参阅：https://www.historynet.com/world-war-ii-navajo-code-talkers.htm。

3. 最初，语块的数量被认为是 7 ± 2，见 G. A. Miller, "The Magical Number Seven, Plus or Minus Two: Some Limits on Our Capacity for Processing Information," *Psychological Review* 63(1956): 81–97，但这一数字可能反映了长期记忆过程在短期回忆中的作用。只要"原始"记忆可以在没有任何先验经验的情况下测量，语块的限制就会降到 4 ± 1，见 N. Cowan, "The Magical Number 4 in Short-Term Memory: A Reconsideration of Mental Storage Capacity," *Behavioral and Brain Sciences* 24 (2000): 87–114。

4. 虽然在本章中我们主要关注语音，但"事不宜迟瓶颈"也适用于手语。手语的产生比语音要慢一些（至少在比较美国手语和英语口语的产生时是这样的），见 U. Bellugi and S. Fischer, "A Comparison of Sign Language and Spoken Language,"

Cognition 1 (1972): 173–200）；但手语仍然是非常简短的视觉事件，一个美国手语音节的持续时间约为四分之一秒（R. B. Wilbur and S. B. Nolkn, "The Duration of Syllables in American Sign Language," *Language and Speech* 29 (1986): 263–280。我们对视觉信息的感官记忆也是非常短暂的，见 H. Pashler, "Familiarity and Visual Change Detection," *Perception & Psychophysics* 44 (1988): 369–378，大约在三分之二秒内消失。对视觉序列的记忆上限大约为四项，见 S. J. Luck and E. K. Vogel, "The Capacity of Visual Working Memory for Features and Conjunctions," *Nature* 390 (1997): 279–281。

5. 有些语言的语速往往比其他语言快，至少在测量每分钟产生的音节数时是这样。例如，讲日语和伊比利亚西班牙语的人每分钟说出的音节往往比讲德语和汉语普通话的人多。然而，相较于德语和汉语，日语和西班牙语的音节所承载的信息要少。因此，在传输信息量方面（每秒约 39 比特），所有语言或多或少都是相同的。虽然西班牙人说话确实比德国人快，但他们每个音节表达的内容往往较少。F. Pellegrino, C. Coupé, and E. Marsico, "A Cross-Language Perspective on Speech Information Rate," *Language* 87 (2011): 539-558; C. Coupé, Y. M. Oh, D. Dediu, and F. Pellegrino, "Different Languages, Similar Encoding Efficiency: Comparable Information Rates Across the Human Communicative Niche," *Science Advances* 5, no. 9 (2019): eaaw2594.

6. G. A. Miller and W. G. Taylor, "The Perception of Repeated Bursts of Noise," *Journal of the Acoustical Society of America* 20 (1948): 171–182.

7. 1967 年，心智研究领域的巨擘迪克·奈瑟尔（Dick Neisser）撰写了第一本"认知"心理学方面的教材，"认知心理学"是一种将心智活动视为信息加工系统的方法。他有着强烈的求知欲、丰富的心理学知识和敏锐的分析能力，正是因为他在康奈尔大学，才成为吸引莫滕加入该大学的关键因素之一。因此，当莫滕后来目睹他的非正式导师奈瑟尔遭受帕金森病的折磨时，他感到万分悲痛。

8. U. Neisser, "The Control of Information Pickup in Selective Looking," in *Perception and Its Development: A Tribute to Eleanor J. Gibson*, ed. A. D. Pick (Hillsdale, NJ: Lawrence Erlbaum, 1979), 201–219.

9. D. J. Simons and C. F. Chabris, "Gorillas in Our Midst: Sustained Inattentional Blindness for Dynamic Events," *Perception* 28, no. 9 (1999): 1059–1074.

10. D. J. Simons and D. T. Levin, "Failure to Detect Changes to People During a Real-World Interaction," *Psychonomic Bulletin & Review* 5 (1998): 644–649.

11. 若要全面了解感知和思维的惊人肤浅之处，以及这种肤浅是如何被源源不断、具有创造力的即兴创作所掩盖的，请参阅：N. Chater, *The Mind Is Flat* (London: Penguin, 2018)。

12. 在本章中，我们借鉴了之前对"事不宜迟瓶颈"的研究成果，其中包括：M. H. Christiansen and N. Chater, *Creating Language: Integrating Evolution, Acquisition, and Processing* (Cambridge, MA: MIT Press, 2016); M. H. Christiansen and N. Chater, "The Now-or-Never Bottleneck: A Fundamental Constraint on Language," *Behavioral & Brain Sciences* 39 (2016): e62; N. Chater and M. H. Christiansen, "Language Acquisition as Skill Learning," *Current Opinion in Behavioural Sciences* 21 (2018): 205–208。

13. 佩里安德的这句话经常被错误地引用为"practice makes perfect"（熟能生巧）。佩里安德 2600 多年前的原作已失传，不过他在公元 3 世纪的一份二手资料中被引用过。D. Laertius, *The Lives and Opinions of Eminent Philosophers*, trans. C. D. Yonge (London: H. G. Bohn, 1853).

14. K. A. Ericsson, W. G. Chase, and S. Faloon, "Acquisition of a Memory Skill," *Science* 208 (1980): 1181–1182.

15. 口语、手语与书面语有一些不同。在书面语中，我们有意地练习拼写，这是我们识字能力的一部分（我们之前在"语言游戏"的回忆示例中就利用了这一点）。

16. 同样，我们经常会听错歌词，例如在听克里登斯清水复兴乐队的歌曲《残月升起》（*Bad Moon Rising*）时，我们可能会把"There's a bad moon on the rise"（残月在升起）听成"There's a bathroom on the right"（右边有个浴室）；听吉米·亨德里克斯演唱的《紫雾》（*Purple Haze*）时可能会把"'Scuse me while I kiss the sky"（当我在亲吻天空的时候，请原谅我）听成"'Scuse me while I kiss this guy"（当我亲吻这个家伙的时候，请原谅我）。这两个例子都出自 M. Konnikova, "Excuse Me While I Kiss This Guy," *New Yorker*, December 10, 2014。

17. 不过，单位的确切性质确实有所不同。例如，某些语言（如大多数日语方言）更适合按照音拍（mora）而非音节进行组织，这些音拍具有特定的时间和重音特性。此外，音素在手语中的作用也完全不同。

18. 理解言语和产生言语互为镜像的观点在语言科学中有着丰富而悠久的历史，例如 A. M. Liberman and I. G. Mattingly, "The Motor Theory of Speech Perception Revised," *Cognition* 21 (1985): 1–36; M. J. Pickering and S. Garrod, "An Integrated Theory of Language Production and Comprehension," *Behavioral and Brain Sciences* 36 (2013): 329–347。

19. T. no and S. Mito, *Just-in-Time for Today and Tomorrow* (New York: Productivity Press, 1988). "即时制"一词已被 T. Baumann 和 D. Schlangen 以类似的方式用于语音合成领域：T. Baumann and D. Schlangen, "INPRO_iSS: A Component for Just-in-Time Incremental Speech Synthesis," in *Proceedings of the ACL 2012 System Demonstrations* (Stroudsburg, PA: Association for Computational Linguistics, 2012), 103–108。

20. 出人意料的是，这个词，或者与其非常相近的变体，在大众娱乐中有着悠久的词源史，甚至因它的发明而被提起诉讼。"The Real Origin of 'Supercalifragilistic,'" Word History (blog), Merriam-Webster, https://www.merriam-webster.com/words-at-play/origin-supercalifragilisticexpialidocious.

21. 据世界纪录学院报道，弗兰·卡波创造了女性最快语速的世界纪录，链接：https://www.worldrecordacademy.com/human/fastest_talking_female_world_record_set_by_Fran_Capo_70895.htm; Rachel Swatman, "Can You Recite Hamlet's 'to Be or Not to Be' Soliloquy Quicker Than the Fastest Talker?," 吉尼斯世界纪录，2018 年 1 月 19 日，链接：https://www.guinnessworldrecords.com/news/2018/1/can-you-recite-hamlets-to-be-or-not-to-be-soliloquy-quicker-than-the-fastest-t-509944。

22. K. Conklin and N. Schmitt, "The Processing of Formulaic Language," *Annual Review of Applied Linguistics* 32 (2012): 45–61.

23. Michael Skapinker, "Foreign Managers' Phrases Find the Back of the Net," *Financial Times*, May 14, 2018. 斯卡平克提到的论文是：M. H. Christiansen and I. Arnon, "More Than Words: The Role of Multiword Sequences in Language Learning and Use," *Topics in Cognitive Science* 9 (2017): 542–551。

24 F. Wijnen, "Incidental Word and Sound Errors in Young Speakers," *Journal of Memory and Language* 31 (1992): 734–755.

25. 语音错误的例子摘自 V. A. Fromkin 所撰论文的附录部分：V. A. Fromkin, ed., *Speech Errors as Linguistic Evidence* (The Hague, Netherlands: Mouton, 1973)。

26. 语言学家诺姆·乔姆斯基有些奇怪地声称，语言几乎完全是用于内心独白的："嗯，可能 99.9% 的语言是对自己的内心说的。你不能一分钟都不和自己说话。"（N. Chomsky and J. McGilvray, *The Science of Language: Interviews with James McGilvray* [New York: Cambridge University Press, 2012]；更有说服力的评论，请参阅：C. Behme, "Noam Chomsky: The Science of language. Interviews with James McGilvray," *Philosophy in Review* 33 [2013]: 100–103）。虽然这对纸上谈兵的哲学家来说可能是正确的（尽管可能有些言过其实），但一项记录了我们实际说出多少单词的实证研究表明，我们平均每天会大声说出约 1.6 万个单词（M. R. Mehl, S. Vazire, N. Ramírez-Esparza, R. B. Slatcher, and J. W. Pennebaker, "Are Women Really More Talkative Than Men?," *Science* 317 [2007]: 82）。根据乔姆斯基的独白理论，这意味着我们每天会自言自语大约 15,984,000 个单词。假设平均语速为每分钟 150 个单词，那么我们需要 1,776 个小时才能对自己说完一天的独白。即使我们独白的语速能与"马达嘴"弗兰·卡波旗鼓相当，也就是每分钟 667 个单词，也需要 399 个小时，即两个多星期的时间才能说完。

27. 马丁·皮克林和西蒙·加罗德在给语言科学重新定位方面特别有影响力，他们

注释和参考文献

将对话而不是独白视为语言科学的基础。M. J. Pickering and S. Garrod, "Toward a Mechanistic Psychology of Dialogue," *Behavioral and Brain Sciences* 27 (2004); 169–190.

28. 本段的灵感来自 S. C. Levinson, "Turn-Taking in Human Communication—Origins and Implications for Language Processing," *Trends in Cognitive Sciences* 20 (2016): 6–14。还参考借鉴了以下文献资源。快速话轮转换：T. Stivers, N. J. Enfield, P. Brown, C. Englert, M. Hayashi, T. Heinemann et al., "Universals and Cultural Variation in Turn-Taking in Conversation," *Proceedings of the National Academy of Sciences* 106 (2009): 10587–10592；人脸识别速度：S. Caharel, M. Ramon, and B. Rossion, "Face Familiarity Decisions Take 200 msec in the Human Brain: Electrophysiological Evidence from a Go/No-Go Speeded Task," *Journal of Cognitive Neuroscience* 26 (2014): 81–95；图片命名速度：E. Bates, S. D'Amico, T. Jacobsen, A. Székely, E. Andonova, A. Devescovi, et al., "Timed Picture Naming in Seven Languages," *Psychonomic Bulletin & Review* 10 (2003): 344–380；朗读速度：D. A. Balota, M. J. Yap, K. A. Hutchison, M. J. Cortese, B. Kessler, B. Loftis et al., "The English Lexicon Project," *Behavior Research Methods* 39 (2007): 445–459。

29. 这里我们依据的是：T. D. Erickson and M. E. Matteson, "From Words to Meaning: A Semantic Illusion," *Journal of Verbal Learning and Verbal Behavior* 20 (1981): 540–552; F. Ferreira and N. D. Patson, "The 'Good Enough' Approach to Language Comprehension," *Language and Linguistics Compass* 1 (2007): 71–83。

30. M. Dingemanse, F. Torreira, and N. J. Enfield, "Is 'Huh?' a Universal Word? Conversational Infrastructure and the Convergent Evolution of Linguistic Items," *PLOS ONE* 8 (2013): e78273.

31. 这段对话摘自 J. W. 杜波依斯（J. W. Du Bois）和 R. 恩格尔布雷松（R. Englebretson）创建的《圣巴巴拉美语口语语料库第三部分》（费城：语言数据联盟，2004）的样本 "SBC036 Judgmental on People"。12 秒的音频文件可以在这里查找：https://vod.video.cornell.edu/media/TLG_C2_conversation-excerpt/1_419ixr2o，完整的对话记录在这里：https://www.linguistics.ucsb.edu/sites/secure.lsit.ucsb.edu.ling.d7/files/sitefiles/research/SBC/SBC036.trn。更多维持谈话的不同会话策略请参考：C. Dideriksen, R. Fusaroli, L. Tylén, M. Dingemanse, and M. H. Christiansen, "Contextualizing Conversational Strategies: Backchannel, Repair and Linguistic Alignment in Spontaneous and Task-Oriented Conversations," in *Proceedings of the 41st Annual Conference of the Cognitive Science Society*, ed. A. Goel, C. Seifert, and C. Freksa (Austin, TX: Cognitive Science Society, 2019), 261–267。

第三章　不能承受的意义之轻

1.　M. Kundera, *The Unbearable Lightness of Being* (New York: Harper & Row, 1984).

2.　乔治·邓巴（George Dunbar）曾是爱丁堡大学认知科学中心的一名博士生，他在描述词义的不稳定性时讨论过"不能承受的意义之轻"。这个短语曾在略微不同的语境中独立出现过，参阅：H. Postigo, "Social Media: The Unbearable Lightness of Meaning," *Social Media + Society* 1, no. 1 (2015): DOI: 10.1177/2056305115580342。

3.　这种观点认为，由于巧合或历史原因，同样的形式（如语音模式和字母串）可能碰巧与两种或两种以上的意义相关联。所以，bank 这个词既可以指河岸，也可以指银行。从这个角度来看，我们实际上是在谈论两个词，而不是一个词（就像 bank 1 和 bank 2），它们只是听起来一样而已。每一个词被认为有明确的含义——表示外部世界的某种概念和 / 或方面。

4.　《创世记》2：19。

5.　《圣奥古斯丁忏悔录》（*Confessions of Saint Augustine*）共十三卷，于公元 397 年至公元 400 年间用拉丁文写成，主要讲述了奥古斯丁如何从沉溺于淫欲、通奸甚至偷梨的放荡不羁之人转变为虔诚的基督徒的过程。维特根斯坦认为，奥古斯丁关于语言学习的那一小段话（我们的引文正是摘自其中），很有说服力地捕捉到了语言的"公认观点"，这在哲学上是毫无争议的，因此他在《哲学研究》的开篇引用了奥古斯丁的话，并指出该书旨在打破这种观点对我们的束缚。L. Wittgenstein, *Philosophical Investigations* (Cambridge: Blackwell, 1953), 66–67.

6.　哈佛大学杰出的哲学家威拉德·冯·奥曼·蒯因通过想象我们如何试图推断一个词的意思来说明这一点，比如一只兔子进入视野时，我们会用一种未知的语言喊出"gavagai"。蒯因认为，无论我们拥有多么丰富的经验和例证，单个单词，乃至整个语言的翻译都不可能完全确定。这一观点曾有争议。

7.　有些词有两个或两个以上的含义，如 bank（河岸或银行）或 seal（海豹或封蜡）。但歧义现象更为普遍，这些词义松散地相互关联，又截然不同，并且朝着最出人意料的方向不断演变。当然，这正是我们主张的语言是猜谜游戏观点所期待的——单词或手势可以无限地重复使用、扭曲或以无数种方式扩展，仅仅受限于我们的想象力。

8.　费·芮在 1933 年的原版电影中扮演了陷入困境的少女。

9.　关于隐喻、语言和思维的经典讨论，请参阅：G. Lakoff and M. Johnson, *Metaphors We Live By* (Chicago: University of Chicago Press, 1980)。作者强调了隐喻惊人的广泛性、系统性和相互矛盾性，以及我们对抽象领域的推理是如何建立在（这里使用了"建立"一词，本身也是另一个隐喻！）我们对具体物理世界（包括我们自己的身体）的理解之上。

10. 作为心理科学的起点，关于心理深度的隐喻集合（包括意识 / 潜意识的划分），可能会有很大的误导性。N. Chater, *The Mind Is Flat* (London: Penguin, 2018).

11. 正如牛津学派哲学家约翰·奥斯丁（John Austin）所言："不论是否被遗忘，援引模型的词语总是存在危险。必须记住，在创建词汇表时，无论使用的各种模型是原始的还是最新的，都无须整齐地组合成一个单一的整体模型或方案……事实上，我们的模型分类可能会包括一些重叠的、冲突的，甚至完全不同的模型。" J. L. Austin, "A Plea for Excuses: The Presidential Address," *Proceedings of the Aristotelian Society* 57 (1957): 1–30.

12. S. Carey, "Conceptual Differences Between Children and Adults," *Mind & Language* 3, no. 3 (1988): 167–181。在读博期间，尼克很幸运地在爱丁堡认知科学中心遇到了苏谈论这项工作。这是一次难得的谈话，让尼克受益颇多。抱着某种怀疑态度，尼克和他的博士朋友迈克·奥克斯福德（Mike Oaksford）对迈克上幼儿园的女儿进行了调查研究。果不其然，这个学龄前儿童对生死概念的理解十分奇特：太阳当空照时是活的，汽车只有在行驶时才是活的。

13. J. S. Horst and L. K. Samuelson, "Fast Mapping but Poor Retention by 24-Month-Old Infants," *Infancy* 13 (2008): 128–157.

14. F. de Saussure, *Course in General Linguistics* (New York: McGraw-Hill, 1916).

15. P. Monaghan, M. H. Christiansen, and S. A. Fitneva, "The Arbitrariness of the Sign: Learning Advantages from the Structure of the Vocabulary," *Journal of Experimental Psychology: General* 140 (2011): 325–347.

16. J. Wilkins, *An Essay Towards a Real Character and a Philosophical Language* (Gellibrand: London, 1668)。威尔金斯在 1638 年出版了另一部作品——《月球世界的发现：或一篇旨在证明该星球上可能存在一个可居住世界的论述》（ *The Discovery of a World in the Moone. Or, a Discourse Tending to Prove, That 'Tis Probable There May Be Another Habitable World in That Planet* ），这一书名就体现了威尔金斯具有丰富的想象力和推断力。

17. U. Eco, *The Search for a Perfect Language* (New York: John Wiley & Sons, 1997)。翁贝托·埃科是一位伟大的语言文化研究学者，著有《玫瑰之名》（ *The Name of the Rose* ）等畅销书。

18. 然而，尽管形式奇特、草率而成，威尔金斯的奇怪项目还是带来了一些贡献。约两个世纪后，他的分类法成为深受喜爱的《罗热同义词词典》（ *Roget's Thesaurus* ）中英语单词分类法的主要灵感来源，请参阅：W. Hüllen, *A History of Roget's Thesaurus: Origins, Development, and Design* (Oxford: Oxford University Press, 2003).

19. D. E. Blasi, S. Wichmann, H. Hammarström, P. F. Stadler, and M. H. Christiansen, "Sound–Meaning Association Biases Evidenced Across Thousands of Languages," *Proceedings of the National Academy of Sciences* 113 (2016): 10818–10823. 具体而言，他们总共研究了 6452 个词汇，每个词汇都来自不同的语言和方言（众所周知，语言和方言之间很难划分界限）。由于某种语言的不同方言通常被视为同一种语言（而非不同的语言），词表的数量仅代表了世界上约 7000 种语言的三分之二，却代表了约 85% 的语系（有共同起源的相关语言集，如尼日尔-刚果语系、印欧语系和南岛语系）。

20. 这里使用的符号来自自动相似度判断程序（Automated Similarity Judgment Program）中采用的简化语音系统，该程序可以比较世界上各种语言的发音。S. Wichmann, A. Müller, A. Wett, V. Velupillai, J. Bischoffberger, C. H. Brown et al., *The ASJP Database*, version 16, Leipzig, 2013.

21. W. Köhler, *Gestalt Psychology* (New York: Liveright, 1929). 这种效应最初是由伟大的格式塔心理学家沃尔夫冈·柯勒描述的（使用了略有不同的无意义词 takete 和 maluma），当时他是特内里费岛的普鲁士科学院类人猿研究站主任。人们重新燃起了对这种效果的兴趣，并将"唧唧-布巴"一词固定下来，作为更广泛的研究项目的一部分。该项目主要关注的不是语言，而是联觉现象，即不同感官之间是相互联系的（例如，音符可能具有颜色）。V. S. Ramachandran and E. M. Hubbard, "Synaesthesia—A Window into Perception, Thought and Language," *Journal of Consciousness Studies* 8 (2001): 3–34.

22. A. J. Bremner, S. Caparos, J. Davidoff, J. de Fockert, K. J. Linnell, and C. Spence, "'Bouba' and 'Kiki' in Namibia? A Remote Culture Make Similar Shape–Sound Matches, but Different Shape–Taste Matches to Westerners," *Cognition* 126 (2013): 165–172. 有趣的是，他们还发现，味觉和图像之间的联系并不相同。西方人倾向于把较苦的巧克力与棱角分明的形状联系在一起，把较甜的牛奶巧克力与圆形联系在一起。辛巴人则相反。

23. O. Ozturk, M. Krehm, and A. Vouloumanos, "Sound Symbolism in Infancy: Evidence for Sound–Shape Cross-Modal Correspondences in 4-Month-Olds," *Journal of Experimental Child Psychology* 114 (2013): 173–186.

24. A. Aryani, E. S. Isbilen, and M. H. Christiansen, "Affective Arousal Links Sound to Meaning," *Psychological Science* 31(2020): 978–986.

25. 有趣的是，莱布尼茨注意到了威尔金斯的系统，并认为他自己的方法更适合哲学和科学，而不是解决沟通中的实际挑战。L. Couturat, *La Logique de Leibniz* (Paris: Felix Alcan, 1901)。

26. 莱布尼茨的这段名言是："无论何时出现争议，两个哲学家之间的争论就像两个数学家之间的争论一样没有必要，因为只需要拿着笔，坐在算盘旁，互相说（如果愿意，也可以向求助的朋友说）：让我们计算一下！" W. Lenzen, "Leibniz's Logic," in *The Rise of Modern Logic: From Leibniz to Frege*, ed. D. M. Gabbay and J. Woods (Amsterdam: Elsevier, 2004).

27. F. W. Nietzsche, *The Will to Power* (1901; repr. New York: Vintage, 1967).

28. I. Kant, *Critique of Pure Reason*, trans. P. Guyer and A. W. Wood (1781; repr. New York: Cambridge University Press, 1998).

29. G. W. F. Hegel, *Phenomenology of Spirit*, trans. A. V. Miller (Oxford: Oxford University Press, 1977).

30. 摘自 L. Wittgenstein, *Tractatus Logico-Philosophicus* (Abingdon, UK: Routledge, 2013) 前言。原著出版于 1921 年。众所周知，维特根斯坦的哲学研究可以分为两个时期。第一个时期的代表作为《逻辑哲学论》(*Tractatus*)，旨在通过将哲学问题翻译成一种完美的逻辑语言来消除日常语言的混乱，从而完全厘清哲学问题。第二个时期的代表作为《哲学研究》(*Philosophical Investigations*)，他摒弃了抽象逻辑分析的思想，认为语言是从具体的、本地的、实际的、游戏式的互动中产生的——"语言游戏"的概念就是由此发展而来。L. Wittgenstein, *Philosophical Investigations* (Oxford: Blackwell, 1953). 另见：A. Kenny, *Wittgenstein* (Cambridge, MA: Harvard University Press, 1973); R. Monk, *Ludwig Wittgenstein: The Duty of Genius* (New York: Random House, 2012); A. Biletzki and A. Matar, "Ludwig Wittgenstein," *Stanford Encyclopedia of Philosophy*, first published 2002, revised May 2, 2018, accessed January 26, 2020, https://plato.stanford.edu/entries/wittgenstein/; A. P. Mills, "Knowledge of Language," *Internet Encyclopedia of Philosophy*, accessed January 26, 2020, https://iep.utm.edu/knowlang/。

31. J. A. Fodor, *The Language of Thought* (Cambridge, MA: Harvard University Press, 1975); J. McCarthy and P. J. Hayes, "Some Philosophical Problems from the Standpoint of Artificial Intelligence," in *Machine Intelligence*, Vol. 4, ed. B. Meltzer and D. Michie (Edinburgh: Edinburgh University Press, 1969), 463–502.

32. S. Pinker, *The Language Instinct: How the Mind Creates Language* (New York: William Morrow, 1994).

33. D. R. Dowty, R. Wall, and S. Peters, *Introduction to Montague Semantics* (Dordrecht, the Netherlands: Kluwer, 1981); R. Cann, *Formal Semantics: An Introduction* (Cambridge: Cambridge University Press, 1993). 然而，与计算机程序语言的形式语义学相比，语言学中的形式语义学涉及领域更窄（G. Winskel, *The Formal Semantics of Programming Languages: An Introduction* [Cambridge, MA: MIT Press, 1993]）。前者的目标是为计算机程序的意义提供精确的数学规范。计算机语言具

备人类语言所不具备的所有特点：精确、严格，并要求一切详尽说明，无须任何想象或理解的飞跃。事实上，任何形式的语言创造都可能出现"语法错误"。因此，从表面上看，为计算机语言找到形式语义理论要容易得多，而我们认为，一套完整的人类语言形式理论只是海市蜃楼。尽管如此，为人类语言的特定方面提供形式化描写，这一尝试让人们对语言的工作原理有了更深层次的理解。总体而言，数学的精确性对语言学理论的发展有着巨大的好处（G. K. Pullum, "Formal Linguistics Meets the Boojum," *Natural Language & Linguistic Theory* 7 [1989]: 137–143）。

34. 有趣的是，维特根斯坦的剑桥同事、经济学家皮埃罗·斯拉法（Piero Sraffa）对维特根斯坦早期观点的尖锐批评给他留下了深刻的印象。维特根斯坦的传记作者诺曼·马尔康姆（Norman Malcolm）解释说："斯拉法做了一个手势，一只手的指尖向外扫了扫下巴底部，那不勒斯人很熟悉这个手势，意思是表达厌恶或蔑视。接着他问：'那是什么逻辑形式？'"也许这不完全是一种猜谜游戏，但已十分接近（M. Malcolm, *Ludwig Wittgenstein: A Memoir* [Oxford: Oxford University Press, 1958], 58–59）。

35. Wittgenstein, *Philosophical Investigations.* 参阅第 220 页。

36. 在后记中，我们认为，语言杂乱无序和即兴的性质为创造人类水平的人工智能项目带来了巨大挑战。尽管在人工智能界有人发出了乐观的声音，但目前这一挑战似乎仍然无法克服。

第四章　混乱边缘的语言秩序

1. D. Shariatmadari, "Why It's Time to Stop Worrying About the Decline of the English Language," *The Guardian* (Manchester), August 15, 2019, https://www.theguardian.com/science/2019/aug/15/why-its-time-to-stop-worrying-about-the-decline-of-the-english-language.

2. J. Humphrys, "I h8 txt msgs: How Texting Is Wrecking Our Language," *Daily Mail* (London), September 24, 2007, https://www.dailymail.co.uk/news/article-483511/I-h8-txt-msgs-How-texting-wrecking-language.html.

3. 转引自 J. Aitchison, "Reith Lectures: Is Our Language in Decay?," *The Independent*, October 23, 2011, https://www.independent.co.uk/life-style/reith-lectures-is-our-language-in-decay-1317695.html。

4. https://queens-english-society.org/about/.

5. Aitchison, "Reith Lectures".

6. 苏格兰启蒙运动伟大的哲学家和社会理论家亚当·弗格森（Adam Ferguson）曾将

这种文化和经济模式的出现称为"人类行为的结果，但绝非人类设计的结果"。后来，弗里德里希·哈耶克（Friedrich Hayek）又引用了这句话，他是现代社会科学自发秩序理论的创立者之一。在爱丁堡大学时，我们每天都会经过亚当·弗格森大楼，那是一栋 20 世纪 60 年代的建筑，毫无美感，布局凌乱，对面就是巴克卢公寓的联排老建筑，也就是认知科学中心的所在地。很惭愧，当时我们都不知道亚当·弗格森是谁，也不想去了解他。

7. 本段内容参考了 S. Sturluson, *The Prose Edda*, trans. J. Byock (London: Penguin, 2005); E. H. Man, "On the Aboriginal Inhabitants of the Andaman Islands (Part II)," *Journal of the Anthropological Institute of Great Britain and Ireland* 12 (1883): 117–175; J. A. Teit, "Old-One (Okanagon Tales)," in *Folk-Tales of Salishan and Sahaptin Tribes* (New York: American Folk-Lore Society, 1917); P. Sutton, "Materialism, Sacred Myth and Pluralism: Competing Theories of the Origin of Australian Languages," in *Scholar and Sceptic: Australian Aboriginal Studies in Honour of L. R. Hiatt*, ed. F. Merlan, J. Morton, and A. Rumsey (Canberra: Aboriginal Studies Press, 1997), 211–242, 297–309。

8. 以下三段基于翁贝托·埃科的著作《寻找完美语言》(*The Search for the Perfect Language*，London: Blackwell, 1995)。此处讨论的各种语言起源学家的著作，可参阅该书第五章"单基因假说和母语"。

9. 关于拉斯克的传记资料，请参阅：H. F. Nielsen, "*Rasmus Kristian Rask (1787–1832) Liv og Levned* [Rasmus Kristian Rask (1787–1832): Life and Accomplishments]," *RASK: Internationalt Tidsskrift for Sprog og Kommunikation* 28 (2008): 25–42。

10. 以下两段内容摘自 M. F. Müller, *Lectures on the Science of Language* (London: Longman, Green, Longman, & Roberts, 1862); O. Jespersen, *Language: Its Nature, Development, and Origin* (New York: Henry Holt, 1922); D. Crystal, *How Language Works* (London: Penguin, 2005)。

11. M. F. Müller, "On the Origin of Reason," *Contemporary Review* 31 (1878): 534–551. 请参阅第 550 页。

12. 1866年协会章程第2条写道："协会不接受任何关于语言起源或创造通用语言的通讯。"(La Société n'admet aucune communication concernant, soit l'origine du langage soit la création d'une langue universelle.) "Statuts de 1866," Société de Linguistique de Paris, https://www.slp-paris.com/statuts1866.html.

13. 本节基于我们多年来对乔姆斯基著作的研读，包括：N. Chomsky, *Cartesian Linguistics: A Chapter in the History of Rationalist Thought* (New York: Harper & Row, 1966); N. Chomsky, *Reflections on Language* (New York: Random House, 1975); N. Chomsky, "Rules and Representations," *Behavioral and Brain Sciences* 3

(1980): 1–15; N. Chomsky, *Language and Mind* (Cambridge: Cambridge University Press, 2006); N. Chomsky, "The Language Capacity: Architecture and Evolution," *Psychonomic Bulletin & Review* 24 (2017): 200–203。

14. 生成语法的研究方向众多，有些与乔姆斯基的理论相去甚远，而乔姆斯基的支持者通常并不认同他提出的普遍语法先天论。事实上，大多数人认为大脑中根本不存在生成语法。甚至到了 20 世纪 80 年代末，我们还是研究生的时候，对立的生成理论就已经包括了词汇功能语法、广义短语结构语法、范畴语法、树邻接语法，等等。

15. 在第五章，我们将讨论乔姆斯基对人类最初是如何获得普遍语法的描述。

16. 乔姆斯基说："基于对单一语言的观察，我毫不犹豫地提出了一个语言结构的一般原则。" N. Chomsky, "On Cognitive Structures and Their Development: A Reply to Piaget," in *Language and Learning: The Debate Between Jean Piaget and Noam Chomsky*, ed. M. Piatelli-Palmarini (London: Routledge and Kegan Paul, 1980), 48.

17. 这些例子摘自布鲁诺·埃斯蒂加里维亚（Bruno Estigarribia）2013 年在 info-CHILDES 网站上发布的帖子合集——"孩子说的趣事"：https://childes.talkbank.org/teach/sayings.pdf。

18. M. Tomasello, *First Verbs: A Case Study of Early Grammatical Development* (Cambridge: Cambridge University Press, 1992); L. Bloom, *Language Development: Form and Function in Emerging Grammars* (Cambridge, MA: MIT Press, 1970).

19. 现有的大量文献探讨了儿童通过逐渐积累不同构式的语言学习方法。近期的例子请参阅：B. Ambridge, "Against Stored Abstractions: A Radical Exemplar Model of Language Acquisition," *First Language* 40, nos.5–6 (2020): 509–559; and B. MacWhinney, "Item-Based Patterns in Early Syntactic Development," in *Constructions, Collocations, Patterns*, ed. T. Herbst, H.-J.Schmid, and S. Faulhaber (Berlin: De Gruyter, 2014), 33–69。

20. 关于语言变化的主要驱动因素究竟是儿童还是成人，这一问题仍未解决。从语言的不同方面来看，答案可能有所不同（相关综述请参阅：V. Kempe and P. J. Brooks, "Linking Adult Second Language Learning and Diachronic Change: A Cautionary Note," *Frontiers in Psychology* 9 [2018]: 480, https://www.frontiersin.org/articles/10.3389/fpsyg.2018.00480/full）。然而，复杂的计算模拟分析表明，语言变化不太可能源于儿童在语言学习过程中产生的错误（R. A. Blythe and W. Croft, "How Individuals Change Language," *PLOS ONE* 16 [2021]: e0252582）。

21. M. Dingemanse, S. G. Roberts, J. Baranova, J. Blythe, P. Drew, S. Floyd et al., "Universal Principles in the Repair of Communication Problems," *PLOS ONE* 10, no. 9 (2015): e0136100.

22. 例如，S. DeCock, S. Granger, G. Leech, and T. McEnery, "An Automated Approach to the Phrasicon of EFL Learners," in *Learning English on Computer*, ed. S. Granger (London: Addison, Wesley, Longman, 1998), 67–79。相关评论请参阅：K. Conklin and N. Schmitt, "The Processing of Formulaic Language," *Annual Review of Applied Linguistics* 32 (2012): 45–61。

23. P. W. Culicover, *Syntactic Nuts: Hard Cases, Syntactic Theory, and Language Acquisition* (New York: Oxford University Press, 1999)。

24. "自由"语序的概念边界模糊（不仅适用于主语、动词、宾语，还适用于形容词、副词等所在的位置）。一般而言，某些语序更为常见，正如拉丁语那样。即使在语序固定的语言中，有时也允许使用非标准语序。例如，在英语中，我们可以说"guacamole Mary absolutely adores"（玛丽非常喜欢鳄梨酱）。该句的宾语 guacamole 置于句首以示强调。

25. 将拉丁语作为第二语言的大量成人学习者似乎也促成了从格标记向固定语序的转变，这是因为对于第二语言学习者来说，格系统异常难学。C. Bentz and M. H. Christiansen, "Linguistic Adaptation: The Trade-Off Between Case Marking and Fixed Word Orders in Germanic and Romance Languages," in *Eastward Flows the Great River: Festschrift in Honor of Prof. William S.-Y.Wang on His 80th Birthday*, ed. G. Peng and F. Shi (Hong Kong: City University of Hong Kong Press, 2013), 45–61.

26. B. Heine and T. Kuteva, *The Genesis of Grammar: A Reconstruction* (New York: Oxford University Press, 2007); B. Heine and T. Kuteva, "Grammaticalization Theory as a Tool for Reconstructing Language Evolution," in *The Oxford Handbook of Language Evolution*, ed. M. Tallerman and K. Gibson (Oxford: Oxford University Press, 2011), 512–527.

27. 尼克还清楚地记得（但愿并非虚构），20 世纪 90 年代中期，他在牛津的布莱克威尔书店里浏览语言学书籍时，随机翻阅了一本保罗·霍珀（Paul Hopper）和伊丽莎白·特劳戈特（Elizabeth Traugott）合著的新书，一开始他并不知道这本书讲的是什么。五分钟后，他完全被吸引了。在大西洋彼岸，莫滕对同样的想法也有类似反应。在比较各自笔记时，我们意识到语法化这一概念将彻底改变我们的语言观。

28. P. J. Hopper, "Some Recent Trends in Grammaticalization," *Annual Review of Anthropology* 25, no. 1 (1996): 217–236.

29. E. Van Gelderen, *A History of the English Language* (Amsterdam: John Benjamins, 2014).

30. R. Coleman, "The Origin and Development of Latin Habeo+ Infinitive," *Classical Quarterly* 21, no. 1 (1971): 215–232; S. Fleischman, *The Future in Thought and*

Language: Diachronic Evidence from Romance (Cambridge, UK: Cambridge University Press, 1982).

31. 有关详细分析，请参阅：M. B. M. Hansen, "Negation in the History of French," in *The History of Negation in the Languages of Europe and the Mediterranean: Volume I Case Studies,* Vol. 5, ed. D. Willis, C. Lucas, and A. Breitbarth (Oxford: Oxford University Press, 2013), 51–76。关于 pas 在法语口语方言中的用法，请参阅：P. J. Hopper, "Some Recent Trends in Grammaticalization," *Annual Review of Anthropology* 25, no. 1 (1996): 217–236。

32. "Linguists Are Like, 'Get Used to It!'" by Britt Peterson, *Boston Globe*, January 25, 2015, https://www.bostonglobe.com/ideas/2015/01/25/linguists-are-like-get-used/ruUQoV0XUTLDjx72JojnBI/story.html.

第五章　无关生物进化的语言进化

1. C. Darwin, *The Autobiography of Charles Darwin 1809–1882. With the Original Omissions Restored. Edited and with Appendix and Notes by His Grand-Daughter Nora Barlow* (London: Collins, 1958), http://darwin-online.org.uk/content/frameset?pageseq=1&itemID=F1497&viewtype=text（2004 年由 John van Wyhe 扫描；2005 年 12 月由 AEL Data 进行光学字符识别并由 Sue Asscher 校正）。请参阅第 120 页。

2. 对格林关于印欧语系内部语音变化的主要著作，韦奇伍德发表了一篇评论文章：H. Wedgwood, "Grimm's Deutsche Grammatik," *Quarterly Review* 50 (1833): 169–189。关于达尔文用语言类比物种进化的更多背景，请参阅：S. G. Alter, *Darwinism and the Linguistic Image: Language, Race, and Natural Theology in the Nineteenth Century* (Baltimore, MD: Johns Hopkins University Press, 2003)。

3. 与生命之树不同，没有真正的理由相信所有的人类语言都有共同的起源。我们其实完全有理由进行相反的假设：语言经过了多次的独立创造和再创造。

4. 请参阅 *Metaphysical Notebook N* from P. H. Barrett, P. J. Gautrey, S. Herbert, D. Kohn, and S. Smith, eds., *Charles Darwin's Notebooks, 1836–1844* (Cambridge: Cambridge University Press, 1987) 一书第 65 页。

5. C. Darwin, *On the Origin of Species by Means of Natural Selection* (London: John Murray, 1859). 请参阅第 422–423 页。不过，请注意，达尔文可能也使用了语言 - 物种类比法。在他看来，将他的理论应用于人类进化，能预测到文明程度较低的社会使用文明程度较低的语言，见 G. Radick, "Darwin on Language and Selection," *Selection* 3 (2002): 7–16。

6. C. Darwin, *The Descent of Man, and Selection in Relation to Sex*, Vol. 1 (London: John

Murray, 1871). 请参阅第 59–61 页。

7. M. Müller, "The Science of Language," *Nature* 1 (1870): 256–259. 请参阅第 257 页。

8. 语言学：R. C. Berwick and N. Chomsky, *Why Only Us?: Language and Evolution* (Cambridge, MA: MIT Press, 2016); 心理学：S. Pinker, *The Language Instinct* (New York: William Morrow, 1994); 生物学：J. Maynard Smith and E. Szathmáry, *The Origins of Life: From the Birth of Life to the Origin of Language* (Oxford: Oxford University Press, 1999); 历史学：Y. N. Harari, *Sapiens: A Brief History of Humankind* (New York: Random House, 2014)。

9. 这就是我们这种观点经常被那些主张语言基因蓝图的人讽刺的原因。S. Pinker, *The Blank Slate: The Modern Denial of Human Nature* (New York: Viking, 2003).

10. 引文出处：E. Bates, "On the Nature and Nurture of Language," in *Frontiere della biologia: Il cervello di Homo sapiens* [Frontiers of Biology: The Brain of *Homo Sapiens*], ed. E. Bizzi, P. Calissano, and V. Volterra (Rome: Giovanni Trecanni, 1999), 241–265。

11. 例如，M. A. Halliday, "Notes on Transitivity and Theme in English: Part 2." *Journal of Linguistics* 3 (1967): 199–244; H. H. Clark and S. E. Haviland, "Comprehension and the Given-New Contract," in *Discourse Production and Comprehension*, ed. R. O. Freedle (Norwood, NJ: Ablex, 1977), 1–40。

12. 将语言视为有机体有着悠久的历史渊源，其中包括有"生成语法之父"之称的语言学家乔姆斯基、威廉·冯·洪堡，以及德国语言学家奥古斯特·施莱歇尔、查尔斯·达尔文和麦克斯·缪勒。沉寂了近一个世纪之后，这一观点在现代进化体系中得以复兴，请参阅：R. D. Stevick, "The Biological Model and Historical Linguistics," *Language* 39 (1963): 159–169; B. Nerlich, "The Evolution of the Concept of 'Linguistic Evolution' in the 19th and 20th Century," *Lingua* 77 (1989): 101–112; and M. I. Sereno, "Four Analogies Between Biological and Cultural/Linguistic Evolution," *Journal of Theoretical Biology* 151 (1991): 467–507。1994 年，莫滕在博士论文中提出可以将语言视作一种"有益的寄生物"。T. W. Deacon 在其著作中也提到了这一说法，请参阅：T. W. Deacon, *The Symbolic Species: The Co-evolution of Language and the Brain* (New York: W. W. Norton, 1997)。有关进一步的讨论，请参阅 M. H. Christiansen and N. Chater, *Creating Language: Integrating Evolution, Acquisition, and Processing* (Cambridge, MA: MIT Press, 2016) 一书第二章。

13. 本段参考了以下文章：J. Xu and J. I. Gordon, "Honor Thy Symbionts," *Proceedings of the National Academy of Sciences* 100 (2003): 10452–10459; H. M. Wexler, "*Bacteroides*: The Good, the Bad, and the Nitty-Gritty," *Clinical Microbiology Reviews*

20 (2007): 593–621。有关微生物组的轻松诙谐的介绍，请参阅：E. Yong, *I Contain Multitudes* (New York: Ecco, 2016)。

14. S. M. Blinkov and I. I. Glezer, *The Human Brain in Figures and Tables: A Quantitative Handbook* (New York: Basic Books, 1968).

15. 当然，并不是所有的微生物都像多形拟杆菌一样对人体有益。事实上，有些微生物是对人类危害极大的病原体，不仅致病，甚至会致命。在撰写这本书的时候，也就是 2020—2021 年，新冠肺炎疫情正在全球肆虐。不言而喻，这正体现了我们与"语言共生体"联盟的重要性。如果没有语言，我们就没有科学资源和组织资源来克服这些病毒入侵。

16. R. D. Gray and Q. D. Atkinson, "Language-Tree Divergence Times Support the Anatolian Theory of Indo-European Origin," *Nature* 426 (2003): 435–439.

17. M. R. Frean and E. R. Abraham, "Adaptation and Enslavement in Endosymbiont-Host Associations," *Physical Review E: Statistical, Nonlinear, and Soft Matter Physics* 69 (2004): 051913.

18. 通过比较从喀麦隆野生大猩猩、刚果民主共和国野生倭黑猩猩、坦桑尼亚野生黑猩猩和美国非野生人类的粪便样本中提取的细菌基因组，一组进化微生物学家发现，在过去的 1500 万年里，拟杆菌科（多形拟杆菌所属的肠菌科）的不同类群是通过与宿主的"协同物种形成"过程进化而来的。也就是说，当原始人类祖先分化为大猩猩、倭黑猩猩、黑猩猩和人类时，这些细菌分别与不同的宿主物种共同进化。细菌共生体的基因变化速度比原始人类宿主的快得多，这表明这是一种失衡关系，见 A. H. Moeller, A. Caro-Quintero, D. Mjungu, A. V. Georgiev, E. V. Lonsdorf, M. N. Muller et al., "Cospeciation of Gut Microbiota with Hominids," *Science* 353 (2016): 380–382。

19. 语言学：R. C. Berwick and N. Chomsky, *Why Only Us?: Language and Evolution* (Cambridge, MA: MIT Press, 2016)；心理学：S. Pinker, *The Language Instinct* (New York: William Morrow, 1994)；生物学：J. Maynard Smith and E. Szathmáry, *The Origins of Life: From the Birth of Life to the Origin of Language* (Oxford: Oxford University Press, 1999)；历史学：Y. N. Harari, *Sapiens: A Brief History of Humankind* (New York: Random House, 2014)。

20. S. Pinker and P. Bloom, "Natural Language and Natural Selection," *Behavioral & Brain Sciences* 13 (1990): 707–727.

21. A. Parker, *In the Blink of an Eye: How Vision Sparked the Big Bang of Evolution* (New York: Basic Books, 2003).

22. Pinker, *Language Instinct*.

23. 完整的讨论请参阅：M. H. Christiansen and N. Chater, "Language as Shaped by the

注释和参考文献

Brain," *Behavioral & Brain Sciences* 31 (2008): 489–558; Christiansen and Chater, *Creating Language* 第二章。

24. N. Chater, F. Reali, and M. H. Christiansen, "Restrictions on Biological Adaptation in Language Evolution," *Proceedings of the National Academy of Sciences* 106 (2009): 1015–1020. 请注意，我们的论点并不排除人类快速的生物适应，例如农业和乳业的发展导致淀粉消化基因（G. H. Perry, N. J. Dominy, K. G. Claw, A. S. Lee, H. Fiegler, R. Redon et al., "Diet and the Evolution of Human Amylase Gene Copy Number Variation," *Nature Genetics* 39 [2007]: 1256–1260）和乳糖消化基因（C. Holden and R. Mace, "Phylogenetic Analysis of the Evolution of Lactose Digestion in Adults," *Human Biology* 69 [1997]: 605–628）开始进化。然而，至关重要的是，一旦人们定居下来成为农民，就没有回头路可走了。这就建立了一种稳定的环境压力，自然选择可以在其中发挥作用。相比之下，不断变化的语言不会对语言的生物适应产生单向的选择压力。

25. A. Baronchelli, N. Chater, R. Pastor-Satorras, and M. H. Christiansen, "The Biological Origin of Linguistic Diversity," *PLOS ONE* 7, no. 10 (2012): e48029.

26. 这也意味着多语能力（说不止一种语言）应该十分罕见，仅限于密切相关的语言。然而，事实并非如此。其实世界上大多数人都至少会说两种语言，见 G. Valdés, "Multilingualism," Linguistic Society of America, https://www.linguisticsociety.org/resource/multilingualism。

27. M. Kislev and R. Barkai, "Neanderthal and Woolly Mammoth Molecular Resemblance," *Human Biology* 90 (2018): 115–128.

28. S. Tucci, S. H. Vohr, R. C. McCoy, B. Vernot, M. R. Robinson, C. Barbieri et al., "Evolutionary History and Adaptation of a Human Pygmy Population of Flores Island, Indonesia," *Science* 361 (2018): 511–516.

29. 有人提出，人类的第一种语言是嗒嘴音的早期版本，而现在非洲南部的科埃语就起源于嗒嘴音。不过，要补充的是，这一想法仍然有争议，见 E. Pennisi, "The First Language?," *Science* 303 (2004): 1319–1320。

30. 从技术上讲，乔姆斯基谈到了"合并"，这是一个假设的计算过程，将两个元素（如单词或短语）组合成一个单元，并递归地进行——意味着这个过程可以反复应用，包括之前组合的同类单元。递归是这个组合过程背后的数学概念。N. Chomsky, "Some Simple Evo Devo Theses: How True Might They Be for Language?," in *The Evolution of Human Language*, ed. R. Larson, V. Déprez, and H. Yamakido (Cambridge: Cambridge University Press, 2010), 45–62. 后来，伯威克和乔姆斯基在合著的《为何只有我们？》（*Why Only Us?*）一书中描述了普罗米修斯的递归，从而普及了这一概念。

31. F. Karlsson, "Constraints on Multiple Center-Embedding of Clauses," *Journal of Linguistics* 43 (2007): 365–392. 不过，需要注意的是，同类问题在其他类型的递归中不存在。例如相同的语法结构连续重复的"尾"递归。与多重中心嵌套句不同，这些尾递归的句子不会让我们绞尽脑汁，超出记忆极限。想想那首古老的英国童谣 "The House That Jack Built"。这首童谣以中心嵌套句 "This is the house that Jack built" 展开，这对于我们的语言系统而言是可行的。然后在"the house that Jack built"前不断添加子句，依次继续下去。歌词先是变成了 "This is the malt that lay in the house that Jack built"，接着下一句是 "This is the rat that ate the malt that lay in the house that Jack built"，如此继续下去，最后童谣长达 70 个单词：This is the farmer sowing his corn, that kept the cock that crow'd in the morn, that waked the priest all shaven and shorn, that married the man all tatter'd and torn, that kissed the maiden all forlorn, that milk'd the cow with the crumpled horn, that tossed the dog, that worried the cat, that killed the rat, that ate the malt, that lay in the house that Jack built。有趣的是，这句话对我们而言并不难，但如果碰到了俄罗斯套娃似的中心嵌套句，我们很快就会迷失方向。由于尾递归循环可以在没有递归的情况下进行，而中心嵌套则不能，因此后者是争论的焦点。

32. D. Everett, *How Language Began* (London: Profile Books, 2017). 埃弗雷特的观点有一定争议，但充分的经验证明，无论讲哪种语言，我们理解中心嵌套递归的能力都是非常有限的。

33. R. McKie, "Whisper It Quietly, but the Power of Language May All Be in the Genes," *The Guardian* (Manchester), October 7, 2001, https://www.theguardian.com/education/2001/oct/07/research.highereducation; C. Kenneally, "First Language Gene Found," *Wired*, October 3, 2001, https://www.wired.com/2001/10/first-language-gene-found/; M. Balter, "First 'Speech Gene' Identified," *Science*, October 3, 2001, https://www.sciencemag.org/news/2001/10/first-speech-gene-identified.

34. C. S. L. Lai, S. E. Fisher, J. A. Hurst, F. Vargha-Khadem, and A. P. Monaco, "A Forkhead-Domain Gene Is Mutated in a Severe Speech and Language Disorder," *Nature* 413 (2001): 519–523. 我们应该注意到，作为叉头框 P2 基因的发现者之一，马克斯·普朗克心理语言学研究所的语言遗传学系主任西蒙·费舍尔（Simon Fisher）长期以来一直认为叉头框 P2 不是一种语言基因（例如，S. E. Fisher, "Tangled Webs: Tracing the Connections Between Genes and Cognition," *Cognition* 101 [2006]: 270–297）。

35. M. Gopnik, "Feature-Blind Grammar and Dysphasia," *Nature* 244 (1990): 715; M. Gopnik and M. B. Crago, "Familial Aggregation of a Developmental Language Disorder," *Cognition* 39 (1991): 1–50.

36.　J. Berko, "The Child's Learning of English Morphology," *Word* 14 (1958): 150–177.

37.　S. Pinker, "Talk of Genetics and Vice Versa," *Nature* 413, no. 6855 (2001): 465–466.

38.　N. Wade, "Language Gene Is Traced to Emergence of Humans," *New York Times*, August 15, 2002, https://www.nytimes.com/2002/08/15/us/language-gene-is-traced-to-emergence-of-humans.html; Associated Press, "Gene Linked to the Dawn of Speech," Sciences News, NBC News, August 14, 2002, http://www.nbcnews.com/id/3131127/ns/technology_and_science-science/t/gene-linked-dawn-speech; M. Balter, " 'Speech Gene' Debut Timed to Modern Humans," *Science*, August 14, 2002, https://www.sciencemag.org/news/2002/08/speech-gene-debut-timed-modern-humans.

39.　W. Enard, M. Przeworski, S. E. Fisher, C. S. Lai, V. Wiebe, T. Kitano et al., "Molecular Evolution of *FOXP2*, a Gene Involved in Speech and Language," *Nature* 418 (2002): 869–872. 相关评论请参阅：S. E. Fisher and C. Scharff, "*FOXP2* as a Molecular Window into Speech and Language," *Trends in Genetics* 25 (2009): 166–177。

40.　J. Krause, C. Lalueza-Fox, L. Orlando, W. Enard, R. E. Green, H. A. Burbano et al., "The Derived *FOXP2* Variant of Modern Humans Was Shared with Neandertals," *Current Biology* 17 (2007): 1908–1912.

41.　E. G. Atkinson, A. J. Audesse, J. A. Palacios, D. M. Bobo, A. E. Webb, S. Ramachandran et al., "No Evidence for Recent Selection at *FOXP2* Among Diverse Human Populations," *Cell* 174 (2018): 1424–1435.

42.　虽然大部分等位基因差异影响不大，但有些却可以让个体产生重要的差异。例如，等位基因的变异决定了我们对华法林等药物的反应。华法林是一种抗凝血剂（血液稀释剂），通常用于治疗血栓。CYP2C9 和 VKORC1 基因的等位基因能够影响华法林在体内代谢的速度。该药物以前被用作老鼠药，所以为了避免人们出血，剂量使用正确十分重要。利用基因信息能够帮助医生确定正确的剂量。D. A. Flockhart, D. O'Kane, M. S. Williams, M. S. Watson, B. Gage, R. Gandolfi et al., "Pharmacogenetic Testing of CYP2C9 and VKORC1 Alleles for Warfarin," *Genetics in Medicine* 10 (2008): 139–150.

43.　N. S. Caron, G. E. B. Wright, and M. R. Hayden, "Huntington Disease," in *GeneReviews*, ed. M. P. Adam, H. H. Ardinger, R. A. Pagon et al.(Seattle: University of Washington, Seattle, 1998; updated July 5, 2018). 可在 https://www.ncbi.nlm.nih.gov/books/NBK1305/ 查阅。

44.　K. L. Mueller, J. C. Murray, J. J. Michaelson, M. H. Christiansen, S. Reilly, and J. B. Tomblin, "Common Genetic Variants in *FOXP2* Are Not Associated with Individual Differences in Language Development," *PLOS ONE* 11, no. 4 (2016): e0152576.

45.　此处讨论的两项小鼠研究来自以下文献：S. Reimers-Kipping, W. Hevers, S. Pääbo, and W. Enard, "Humanized Foxp2 Specifically Affects Cortico-Basal Ganglia Circuits," *Neuroscience* 175 (2011): 75–84; C. Schreiweis, U. Bornschein, E. Burguière, C. Kerimoglu, S. Schreiter, M. Dannemann et al., "Humanized Foxp2 Accelerates Learning by Enhancing Transitions from Declarative to Procedural Performance," *Proceedings of the National Academy of Sciences* 111 (2014): 14253–14258。

46. K. S. Lashley, "The Problem of Serial Order in Behavior," in *Cerebral Mechanisms in Behavior*, ed. L. A. Jeffress (New York: Wiley, 1951), 112–131.

47. J. B. Tomblin, J. Murray, and S. Patil, "Genetics of Specific Language Impairment: Multiple Approaches" (presentation, 55th Annual Meeting of the American Society of Human Genetics, Salt Lake City, UT, 2005); J. B. Tomblin, E. Mainela-Arnold, and X. Zhang, "Procedural Learning in Adolescents with and Without Specific Language Impairment," *Language Learning and Development* 3 (2007): 269–293.

48. 1861 年，法国医生保罗·布罗卡（Paul Broca）在对一名大脑受损、无法说话的患者进行尸检后发现了布罗卡区。韦尼克区则是以德国神经学家卡尔·韦尼克（Carl Wernicke）的名字命名的，他是在 1874 年注意到该区域的病变与语言理解问题之间的联系。直到最近，这些区域仍被认为是大脑中与语言相关的部分，专门负责语言产生（布罗卡区）和语言理解（韦尼克区）。J. Sedivy, *Language in Mind*, 2nd ed. (New York: Oxford University Press, 2020).

49. 对不同书写系统文化进化的概览，请参阅 J. M. Diamond, *Guns, Germs, and Steel* (New York: Random House, 1998) 一书第十二章。

50. 关于将阅读作为文化产品的讨论，我们的灵感来源于：S. Dehaene and L. Cohen, "Cultural Recycling of Cortical Maps," *Neuron* 56 (2007): 384–398。

51. 相关评论，请参阅：D. J. Bolger, C. A. Perfetti, and W. Schneider, "Cross-Cultural Effect on the Brain Revisited: Universal Structures Plus Writing System Variation," *Human Brain Mapping* 25 (2005): 92–104。请注意，尽管视觉词形区似乎对识别印刷文字尤其重要，但它也可能在更广泛的意义理解中发挥作用：J. T. Devlin, H. L. Jamison, L. M. Gonnerman, and P. M. Matthews, "The Role of the Posterior Fusiform Gyrus in Reading," *Journal of Cognitive Neuroscience* 18 (2006): 911–922。

52. 当然，识别并可靠地创造更复杂的符号也是可能的，如汉字，但这些符号通过传达整个单词而不是单个语音来"证明"其额外的复杂性是合理的。如同语言，在书写系统中，不同约束之间也可能存在一系列的权衡。

53. M. A. Changizi, Q. Zhang, H. Ye, and S. Shimojo, "The Structures of Letters and Symbols Throughout Human History Are Selected to Match Those Found in Objects in Natural Scenes," *American Naturalist* 167 (2006): E117–E139.

54. J. Grainger, S. Dufau, M. Montant, J. C. Ziegler, and J. Fagot, "Orthographic

Processing in Baboons (*Papio papio*)," *Science* 336 (2012): 245–248.

55. H. Meng, S. D. Smith, K. Hager, M. Held, J. Liu, R. K. Olson et al., "*DCDC2* Is Associated with Reading Disability and Modulates Neuronal Development in the Brain," *Proceedings of the National Academy of Sciences* 102 (2005): 17053–17058.

56. 引文出处：E. Bates, "On the Nature and Nurture of Language," in *Frontiere della biologia: Il cervello di Homo sapiens* [Frontiers of Biology: The Brain of *Homo Sapiens*], ed. E. Bizzi, P. Calissano, and V. Volterra (Rome: Giovanni Trecanni, 1999), 241–265。

第六章　追随彼此的脚步

1. "Quick Facts: New York City, New York," US Census Bureau, https://www.census.gov/quickfacts/fact/table/newyorkcitynewyork/PST045219.

2. 我们要感谢安迪·克拉克。大约三十年前，莫滕和安迪都在圣路易斯的华盛顿大学，尼克来访时，我们讨论了语言进化、文化进化和剪刀"进化"之间的类比。

3. N. Chater and M. H. Christiansen, "Language Acquisition Meets Language Evolution," *Cognitive Science* 34 (2010): 1131–1157; and chapter 3 in M. H. Christiansen and N. Chater, *Creating Language: Integrating Evolution, Acquisition, and Processing* (Cambridge, MA: MIT Press, 2016).

4. 在某些情况下，C- 学习会涉及 N- 学习，例如向他人学习哪些植物是可食用的、哪些是不可食用的，或者哪些食物需要进行特殊的处理才能食用。在大多数现代社会中，各种各样的文化制度或机构都有助于促进 N- 学习，比如学徒制、学校和大学，因此在这些情况下，我们不是孤立工作的孤独科学家。但最终，N- 学习中什么有效、什么无效仍然取决于外部世界，而并非取决于我们是否和他人做同样的事情。

5. D. Wang and H. Li, "Nonverbal Language in Cross-Cultural Communication," *Sino-US English Teaching* 4 (2007): 66–70.

6. 例如，R. Jackendoff, *The Architecture of the Language Faculty* (Cambridge, MA: MIT Press, 1997), 5。

7. F. C. Bartlett, *Remembering; A Study in Experimental and Social Psychology* (Cambridge: Cambridge University Press, 1932).

8. E. A. Esper, "Social Transmission of an Artificial Language," *Language* 42 (1966): 575–580.

9. S. Kirby, H. Cornish, and K. Smith, "Cumulative Cultural Evolution in the Laboratory: An Experimental Approach to the Origins of Structure in Human Language,"

Proceedings of the National Academy of Sciences 105 (2008): 10681–10685.

10. 柯比和他的同事去掉了重复的标记，因此每个视觉场景都对应唯一的标记。这样做是为了模拟交际压力，避免歧义。在后来的一项研究中，人们不仅要学习标记，还要使用标记与他人交流，因此标记需要尽可能具体；这项研究得到了同样的结果（S. Kirby, M. Tamariz, H. Cornish, and K. Smith, "Compression and Communication in the Cultural Evolution of Linguistic Structure," *Cognition* 141 [2015]: 87–102）。

11. H. Cornish, R. Dale, S. Kirby, and M. H. Christiansen, "Sequence Memory Constraints Give Rise to Language-Like Structure Through Iterated Learning," *PLOS ONE* 12, no. 1 (2017): e0168532.

12. T. Dobzhansky, "Nothing in Biology Makes Sense Except in the Light of Evolution," *American Biology Teacher* 35 (1973): 125–129.

13. 最早的 3000 万单词差距研究来自：B. Hart and T. Risley, *Meaningful Differences in the Everyday Experience of Young American Children* (Baltimore: Brookes, 1995)。B. Hart 和 T. R. Risley 于 2003 年发表的论文中再次引入了这一术语并为人所知。请参阅：B. Hart and T. R. Risley, "The Early Catastrophe: The 30 Million Word Gap by Age 3," *American Educator* 27 (2003): 4–9。相关的新闻报道，可参阅：G. Bellafante, "Before a Test, a Poverty of Words," *New York Times*, October 5, 2012, https://www.nytimes.com/2012/10/07/nyregion/for-poor-schoolchildren-a-poverty-of-words.html; "Closing the 'Word Gap' Between Rich and Poor," NPR, December 29, 2013, https://www.npr.org/2013/12/29/257922222/closing-the-word-gap-between-rich-and-poor; J. Ludden, "Efforts to Close the Achievement Gap in Kids Start at Home," *All Things Considered*, NPR, March 17, 2014, https://www.npr.org/2014/03/17/289799002/efforts-to-close-the-achievement-gap-in-kids-start-at-home。关于输入、词汇、语言技能的关系的研究：E. Hoff, "How Social Contexts Support and Shape Language Development," *Developmental Review* 26 (2006): 55–88; M. Burchinal, K. McCartney, L. Steinberg, R. Crosnoe, S. L. Friedman, V. McLoyd et al., "Examining the Black–White Achievement Gap Among Low-Income Children Using the NICHD Study of Early Child Care and Youth Development," *Child Development* 82 (2011): 1404–1420。最近，有关 3000 万单词差距的讨论有些微妙变化：A. Kamenetz, "Let's Stop Talking Azubout the '30 Million Word Gap,'" *All Things Considered*, NPR, June 1, 2018, https://www.npr.org/sections/ed/2018/06/01/615188051/lets-stop-talking-about-the-30-million-word-gap; R. Pondiscio, "Don't Dismiss That 30 Million-Word Gap Quite So Fast," EducationNext, June 6, 2019, https://www.educationnext.org/dont-dismiss-30-million-word-gap-quite-so-fast/; R. Michnick Golinkoff, E. Hoff, M. Rowe, C.

Tamis-LeMonda, and K. Hirsh-Pasek, "Talking with Children Matters: Defending the 30 Million Word Gap," Education Plus Development (blog), Brookings, May 21, 2018, https://www.brookings.edu/blog/education-plus-development/2018/05/21/defending-the-30-million-word-gap-disadvantaged-children-dont-hear-enough-child-directed-words/。

14. The Fix Team, "Transcript: The Third Democratic Debate," *Washington Post*, September 12, 2019, https://www.washingtonpost.com/politics/2019/09/13/transcript-third-democratic-debate/.

15. 通过对英国国家语料库会话部分的快速分析，我们发现最常用的 1000 词占日常会话单词的 90%（感谢来自德国弗赖堡大学的克里斯托弗·鲁勒曼［Christoph Ruehlemann］为我们提供了相关词表）。更保守的分析甚至也得到了相似的结果：I. S. P. Nation, "How Large a Vocabulary Is Needed for Reading and Listening?," *Canadian Modern Language Review* 63 (2006): 59–82; M. P. Rodgers and S. Webb, "Narrow Viewing: The Vocabulary in Related Television Programs," *TESOL Quarterly* 45 (2011): 689–717。

16. A. L. Paugh and K. C. Riley, "Poverty and Children's Language in Anthropolitical Perspective," *Annual Review of Anthropology* 48 (2019): 297–315.

17. 实时互动既可以面对面进行，也可以在 Skype 或 Zoom 等应用程序上通过视频会议进行，只要是适时来回的话轮转换。S. Roseberry, K. Hirsh - Pasek, and R. M. Golinkoff, "Skype Me! Socially Contingent Interactions Help Toddlers Learn Language," *Child Development* 85 (2014): 956–970.

18. A. Fernald, V. A. Marchman, and A. Weisleder, "SES Differences in Language Processing Skill and Vocabulary Are Evident at 18 Months," *Developmental Science* 16 (2013): 234–248; N. Hurtado, V. A. Marchman, and A. Fernald, "Does Input Influence Uptake? Links Between Maternal Talk, Processing Speed and Vocabulary Size in Spanish-Learning Children," *Developmental Science* 11 (2008): F31–F39; R. R. Romeo, J. A. Leonard, S. T. Robinson, M. R. West, A. P. Mackey, M. L. Rowe et al., "Beyond the 30-Million-Word Gap: Children's Conversational Exposure Is Associated with Language-Related Brain Function," *Psychological Science* 29 (2018): 700–710.

19. 最近，超过 90% 的人类心理和行为研究对象都是来自西方（Western）、受过教育（educated）、工业化（industrialized）、富裕（rich）和民主（democratic）国家的参与者。作为一个群体，他们已经被贴上了有些自嘲的首字母缩略语标签——WEIRD。J. Henrich, S. J. Heine, and A. Norenzayan, "Beyond WEIRD: Towards a Broad-Based Behavioral Science," *Behavioral and Brain Sciences* 33 (2010): 111–135.

20. 关于最初的研究发现报道，请参阅：S. Pinker, *The Language Instinct* (New York: William Morrow, 1994)。详细研究请参阅：P. Vogt, J. D. Mastin, and D. M. A. Schots, "Communicative Intentions of Child-Directed Speech in Three Different Learning Environments: Observations from the Netherlands, and Rural and Urban Mozambique," *First Language* 35 (2015): 341–358; A. Cristia, E. Dupoux, M. Gurven, and J. Stieglitz, "Child-Directed Speech Is Infrequent in a Forager-Farmer Population: A Time Allocation Study," *Child Development* 90 (2017): 759–773; L. A. Shneidman and S. Goldin-Meadow, "Language Input and Acquisition in a Mayan Village: How Important Is Directed Speech?," *Developmental Science* 15 (2012): 659–673。

21. J. P. Bunce, M. Soderstrom, E. Bergelson, C. R. Rosemberg, A. Stein, F. Alam et al., "A Cross-Cultural Examination of Young Children's Everyday Language Experiences," *PsyArXiv*, September 2, 2020, https://doi.org/10.31234 /osf.io/723pr.

22. M. Casillas, P. Brown, and S. C. Levinson, "Early Language Experience in a Papuan Community," *Journal of Child Language* 48 (2021): 792–814.

23. J. E. Henderson, "Phonology and Grammar of Yele, Papua New Guinea" (monograph, Pacific Linguistics Series B 112, Department of Linguistics, Australian National University, Canberra, 1995), 14.

24. Casillas, Brown, and Levinson, "Early Language Experience in a Papuan Community."

25. 当然，每个工业化社会内部都存在着巨大的差异。美国尤其如此，种族和社会经济的差异可能会导致文化差异，这种文化差异涵盖了我们在这里讨论的关于相对重视学校教育和帮助家庭脱贫的各种活动。E. Ochs and T. Kremer-Sadl, "Ethical Blind Spots in Ethnographic and Developmental Approaches to the Language Gap Debate," *Langage et Societe* 170 (2020): 39–67.

26. H. R. Waterfall, "A Little Change Is a Good Thing: Feature Theory, Language Acquisition, and Variation Sets" (unpublished PhD diss., University of Chicago, 2006); J. F. Schwab and C. Lew-Williams, "Repetition Across Successive Sentences Facilitates Young Children's Word Learning," *Developmental Psychology* 52 (2016): 879–886.

27. 语料库分析的证据表明，与高收入家庭的同龄人相比，说希伯来语和英式英语的低收入家庭孩子遇到的突发语境更少，这类语境包含多个连续话语中的重复单词。T. A. L. Shira and I. Arnon, "SES Effects on the Use of Variation Sets in Child-Directed Speech," *Journal of Child Language* 45 (2018): 1423–1438.

28. 关于通过更多的互动提高语言技能（另见注释 18 中的文献），请参阅：F. J. Zimmerman, J. Gilkerson, J. A. Richards, D. A. Christakis, D. Xu, S. Gray, and U. Yapanel, "Teaching by Listening: The Importance of Adult-Child Conversations

to Language Development," *Pediatrics* 124 (2009): 342–349; A. Weisleder and A. Fernald, "Talking to Children Matters: Early Language Experience Strengthens Processing and Builds Vocabulary," *Psychological Science* 24 (2013): 2143–2152。关于儿童兴趣点的讨论，请参阅：M. McGillion, J. M. Pine, J. S. Herbert, and D. Matthews, "A Randomised Controlled Trial to Test the Effect of Promoting Caregiver Contingent Talk on Language Development in Infants from Diverse Socioeconomic Status Backgrounds," *Journal of Child Psychology and Psychiatry* 58 (2017): 1122–1131。如何帮助孩子学习抽象概念，请参阅：K. Leech, R. Wei, J. R. Harring, and M. L. Rowe, "A Brief Parent-Focused Intervention to Improve Preschoolers' Conversational Skills and School Readiness," *Developmental Psychology* 54 (2018): 15–28.

第七章　无限形式，美丽至极

1. 除非另有说明，劳拉·布里奇曼的故事基于以下来源：S. G. Howe, *Annual Reports of the Perkins Institution* (Boston: John Eastburn, 1838–1842); L. E. Richards, *Laura Bridgman: The Story of an Opened Door* (New York: D. Appleton & Company, 1928); B. L. McGinnity, J. Seymour-Ford, and K. J. Andries, "Laura Bridgman," Perkins History Museum, Perkins School for the Blind, Watertown, MA, https://www.perkins.org/history/people/laura-bridgman; L. Menand, "Laura's World: What a Deaf-Blind Girl Taught the Nineteenth Century," *New Yorker, June* 2001, https://www.newyorker.com/magazine/2001/07/02/lauras-world; R. Mahoney, "The Education of Laura Bridgman," *Slate*, May 2014, https://slate.com/human-interest/2014/05/laura-bridgman-the-first-deaf-blind-person-to-be-successfully-educated-before-her-teacher-abandoned-her.html。

2. C. Dickens, *American Notes for General Circulation*, Vol. 1 (London: Chapman and Hall, 1842), 73.

3. S. G. Howe, *Ninth Annual Report of the Perkins Institution* (Boston: John Eastburn, 1841), 26.

4. Richards, *Laura Bridgman*, 36.

5. 正是这种锚定在交际冰山的水下部分，才使我们能够彼此沟通，尽管每个人都有不同版本的社群语言。因此，拥有我们自己的语言并不意味着它是维特根斯坦（*Philosophical Investigations* [Oxford: Blackwell, 1953]）所说的"私人语言"，因为其术语的意义仍然源于语言使用和互动，如第一章所述。

6. 这段话基于以下几个来源：K. Kashefi and D. R. Lovley, "Extending the Upper

Temperature Limit for Life," *Science* 301 (2003): 934; C. Dalmasso, P. Oger, G. Selva, D. Courtine, S. L'Haridon, A. Garlaschelli et al., "*Thermococcus piezophilus* sp. nov., a Novel Hyperthermophilic and Piezophilic Archaeon with a Broad Pressure Range for Growth, Isolated from a Deepest Hydrothermal Vent at the Mid-Cayman Rise," *Systematic and Applied Microbiology* 39 (2016): 440–444; M. S. Dodd, D. Papineau, T. Grenne, J. F. Slack, M. Rittner, F. Pirajno et al., "Evidence for Early Life in Earth's Oldest Hydrothermal Vent Precipitates," *Nature* 543 (2017): 60–64; National Stone Institute, *Stone Testing* (Oberlin, OH: Marble Institute of America, 2016); S. A. Padder, R. Prasad, and A. H. Shah, "Quorum Sensing: A Less Known Mode of Communication Among Fungi," *Microbiological Research* 210 (2018): 51–58。

7. A. Kalske, K. Shiojiri, A. Uesugi, Y. Sakata, K. Morrell, and A. Kessler, "Insect Herbivory Selects for Volatile-Mediated Plant-Plant Communication," *Current Biology* 29 (2019): 3128–3133.

8. 这段话基于: C. Grüter, "Communication in Social Insects: Sophisticated Problem Solving by Small Brains," in *Animal Thinking: Contemporary Issues in Comparative Cognition,* ed. R. Menzel & J. Fischer (Cambridge, MA: MIT Press, 2011), 163–173。

9. R. T. Hanlon and J. B. Messenger, "Adaptive Coloration in Young Cuttlefish (*Sepia officinalis L.*): The Morphology and Development of Body Patterns and Their Relation to Behaviour," *Philosophical Transactions of the Royal Society of London.B, Biological Sciences* 320 (1988): 437–487; P. Karoff, "'Chameleon of the Sea' Reveals Its Secrets," Harvard John A. Paulson School of Engineering and Applied Sciences, January 29, 2014, https://www.seas.harvard.edu/news/2014/01/chameleon-sea-reveals-its-secrets; R. T. Hanlon, M. J. Naud, P. W. Shaw, and J. N. Havenhand, "Transient Sexual Mimicry Leads to Fertilization," *Nature* 433 (2005): 212.

10. T. Price, P. Wadewitz, D. Cheney, R. Seyfarth, K. Hammerschmidt, and J. Fischer, "Vervets Revisited: A Quantitative Analysis of Alarm Call Structure and Context Specificity," *Nature Scientific Reports* 5 (2015): 13220.

11. F. Wegdell, K. Hammerschmidt, and J. Fischer, "Conserved Alarm Calls but Rapid Auditory Learning in Monkey Responses to Novel Flying Objects," *Nature Ecology & Evolution* 3 (2019): 1039–1042.

12. S. Dolotovskaya, J. Torroba Bordallo, T. Haus, A. Noll, M. Hofreiter, D. Zinner et al., "Comparing Mitogenomic Timetrees for Two African Savannah Primate Genera (*Chlorocebus* and *Papio*)," *Zoological Journal of the Linnean Society* 181 (2017): 471–483.

13. D. C. Dennett, "Intentional Systems in Cognitive Ethology: The 'Panglossian

Paradigm' Defended," *Behavioral & Brain Sciences* 6 (1983): 343–390; R. Dunbar, *Gossip, Grooming and the Evolution of Language* (Cambridge, MA: Harvard University Press, 1996); L. F. Wiener, "The Evolution of Language: A Primate Perspective," *Word* 35 (1984): 255–269.

14. N. Collar and D. A. Christie, "Common Nightingale (*Luscinia megarhynchos*), Version 1.0," in *Birds of the World*, ed. J. del Hoyo, A. Elliott, J. Sargatal, D. A. Christie, and E. de Juana (Ithaca, NY: Cornell Lab of Ornithology, 2020), https://birdsoftheworld.org/bow/species/comnig1/cur/introduction.

15. A. R. Chandler, "The Nightingale in Greek and Latin Poetry," *Classical Journal* 30 (1934): 78–84; C. Maxwell, *The Female Sublime from Milton to Swinburne: Bearing Blindness* (Manchester: Manchester University Press, 2001).

16. 虽然在欧洲和北美的许多鸣禽中，通常只有雄鸟会歌唱，但这种情况并不适用于全世界的所有鸣禽。事实上，雌鸟歌唱似乎是一种祖先性状，但在北温带地区被自然选择淘汰了。M. L. Hall, K. Riebel, K. E. Omland, N. E. Langmore, and K. J. Odom, "Female Song Is Widespread and Ancestral in Songbirds," *Nature Communications* 5 (2014): 1–6; K. Riebel, K. J. Odom, N. E. Langmore, and M. L. Hall, "New Insights from Female Bird Song: Towards an Integrated Approach to Studying Male and Female Communication Roles," *Biology Letters* 15 (2019): 20190059.

17. 和长尾黑颚猴一样，许多鸟类确实也有警报叫声，可以用来警告危险，在配偶或群体成员之间交流位置信息，或乞求食物——但这些叫声大多是天生的。S. A. Gill and A. M. K. Bierema, "On the Meaning of Alarm Calls: A Review of Functional Reference in Avian Alarm Calling," *Ethology* 119 (2013): 449–461. 也有一些例外，包括鹦鹉出色的声音学习能力，但这些能力在野外环境中的应用程度似乎不如在实验室中。I. M. Pepperberg, "Acquisition of the Same/Different Concept by an African Grey Parrot (*Psittacus erithacus*): Learning with Respect to Categories of Color, Shape, and Material," *Animal Learning and Behavior* 15 (1987): 423–432.

18. 华丽琴鸟（名副其实）歌唱的例子：南澳大利亚动物园，"华丽琴鸟模仿建筑工程"，阿德莱德动物园，视频，4 分 01 秒，2009 年 8 月 3 日，https://www.youtube.com/watch?v=WeQjkQpeJwY。

19. 关于鸣禽方言的稀有性，请参阅：J. Podos and P. S. Warren, "The Evolution of Geographic Variation in Birdsong," *Advances in the Study of Behavior* 37 (2007): 403–458。关于山雀歌曲的地理变异，请参阅：D. E. Kroodsma, B. E. Byers, S. L. Halkin, C. Hill, D. Minis, J. R. Bolsinger et al., "Geographic Variation in Black-Capped Chickadee Songs and Singing Behavior," *The Auk* 116 (1999): 387–402。与遗传变

异相关的方言，请参阅：E. A. MacDougall - Shackleton and S. A. MacDougall - Shackleton, "Cultural and Genetic Evolution in Mountain White - Crowned Sparrows: Song Dialects Are Associated with Population Structure," *Evolution* 55 (2001): 2568–2575。

20. 这一段引用了 K. Riebel, R. F. Lachlan, and P. J. Slater, "Learning and Cultural Transmission in Chaffinch Song," *Advances in the Study of Behavior* 47 (2015): 181–227; S. Carouso-Peck, O. Menyhart, T. J. DeVoogd, and M. H. Goldstein, "Contingent Parental Responses Are Naturally Associated with Zebra Finch Song Learning," *Animal Behaviour* 165 (2020): 123–132; M. D. Beecher, "Why Are No Animal Communication Systems Simple Languages?," *Frontiers in Psychology* 12 (2021): 602635。

21. 声音学习的文化传递也出现在其他一些物种中，如座头鲸，但它们也受到与鸟鸣相同的限制——将"鲸鱼的歌曲"也表述为"鲸鱼的音乐"更恰当。E. Mercado III and C. E. Perazio, "Similarities in Composition and Transformations of Songs by Humpback Whales (*Megaptera novaeangliae*) over Time and Space," *Journal of Comparative Psychology* 135 (2021): 28–50.

22. O. Fehér, H. Wang, S. Saar, P. P. Mitra, and O. Tchernichovski, "De Novo Establishment of Wild-Type Song Culture in the Zebra Finch," *Nature* 459 (2009): 564–568.

23. A. Diez and S. A. MacDougall-Shackleton, "Zebra Finches Go Wild! Experimental Cultural Evolution of Birdsong," *Behaviour* 157 (2020): 231–265.

24. 我们主要关注的是利用化学、视觉和听觉信号进行交流，但我们也可以利用其他感官模式通过触觉、电和振动手段进行交流。但除了劳拉·布里奇曼使用的触摸交流之外，这些交流模式都没有提供人类语言中所见的那种适应性变化。

25. 这一段引用了 D. M. Eberhard, G. F. Simons, and C. D. Fennig, eds., "Sign Language," in *Ethnologue: Languages of the World*, 23rd ed.(Dallas, TX: SIL International, 2020)，网络版：http://www.ethnologue.com; National Institute on Deafness and Other Communication Disorders, *American Sign Language* (fact sheet), NIH Publication No. 11-4756 (Bethesda, MD: National Institutes of Health, March 2019)。

26. 相关的文献资料有：T. Daneyko and C. Bentz, "Click Languages Tend to Have Large Phoneme Inventories: Implications for Language Evolution and Change," in *Modern Human Origins and Dispersal*, ed. Y. Sahle, H. Reyes-Centeno, and C. Bentz (Tübingen, Germany: Kerns Verlag, 2019), 315–329; M. Yip, *Tone* (Cambridge: Cambridge University Press, 2002)。

27. J. Meyer, "Typology and Acoustic Strategies of Whistled Languages: Phonetic

Comparison and Perceptual Cues of Whistled Vowels," *Journal of the International Phonetic Association* 38 (2008): 69–94; H. F. Nater, *The Bella Coola Language*, Mercury Series, Canadian Ethnology Service No. 92 (Ottawa: National Museums of Canada, 1984).

28. 本段内容基于：N. Evans and S. C. Levinson, "The Myth of Language Universals: Language Diversity and Its Importance for Cognitive Science," *Behavioral and Brain Sciences* 32 (2009): 429–448; T. E. Payne, *Describing Morphosyntax: A Guide for Field Linguists* (Cambridge: Cambridge University Press, 1997); T. Osada, *A Reference Grammar of Mundari* (Tokyo: Institute for the Study of Languages and Cultures of Asia and Africa, Tokyo University of Foreign Studies, 1992)。

29. E. Schultze-Berndt, "Simple and Complex Verbs in Jaminjung: A Study of Event Categorisation in an Australian Language" (PhD diss., Radboud University, Nijmegen, Netherlands, 2000).

30. A. Y. Aikhenvald, *Classifiers: A Typology of Noun Categorization Devices* (Oxford: Oxford University Press, 2000); P. K. Austin, "A Grammar of the Diyari Language of North-East South Australia" (PhD diss., Australian National University, Canberra, Australia, 1978).

31. 这一段引用了 Evans and Levinson, "The Myth of Language Universals: Language Diversity and Its Importance for Cognitive Science"；M. Steedman, "Foundations of Universal Grammar in Planned Action," in *Language Universals*, ed. M. H. Christiansen, C. Collins, and S. Edelman (New York: Oxford University Press, 2009), 174–199; D. L. Everett, "Cultural Constraints on Grammar and Cognition in Pirahã: Another Look at the Design Features of Human Language," *Current Anthropology* 46 (2005): 621–646。

32. 本段内容来源：A. Y. Aikhenvald, *Evidentiality* (Oxford: Oxford University Press, 2004); S. McLendon, "Evidentials in Eastern Pomo with a Comparative Survey of the Category in Other Pomoan Languages," in *Studies in Evidentiality*, ed. A.Y.Aikhenvald and D. M. V. Dixon (Philadelphia: John Benjamins, 2003), 101–129。

33. 本段基于 2006 年 2 月 15 日福克斯新闻频道对迪克·切尼的采访记录：http:// www.nbcnews.com/id/11373634#.XrLbfy-z3OQ 以及 E. Loeweke and J. May, *General Grammar of Fasu (Namo Me)* (Ukarumpa, Papua New Guinea: Summer Institute of Linguistics, 2008)。

34. 事实上，很多书通篇都在探讨这类语言奇闻，如 G. Dorren, *Babel: Around the World in Twenty Languages* (New York: Atlantic Monthly Press, 2018); G. McCulloch, *Because Internet: Understanding the New Rules of Language* (New York: Riverhead

Books, 2019); J. McWhorter, *What Language Is: And What It Isn't and What It Could Be* (New York: Avery, 2012)。

35. H. Hitchings, *The Language Wars: A History of Proper English* (New York: Farrar, Straus and Giroux, 2011), 21.

36. "UNESCO Atlas of the World's Languages in Danger," UNESCO, http://www.unesco. org/languages-atlas/. 欧洲的濒危语言表明，由于全球化，世界上许多使用人数较少的语言面临着迅速衰落和灭绝的更广泛威胁，文化知识也随之大量流失。A. Kik, M. Adamec, A. Y. Aikhenvald, J. Bajzekova, N. Baro, C. Bowern et al., "Language and Ethnobiological Skills Decline Precipitously in Papua New Guinea, the World's Most Linguistically Diverse Nation," *Proceedings of the National Academy of Sciences* 118 (2021): e2100096118.

37. D. Nettle, "Explaining Global Patterns of Language Diversity," *Journal of Anthropological Archaeology* 17 (1998): 354–374.

38. N. Evans and S. C. Levinson, "The Myth of Language Universals: Language Diversity and Its Importance for Cognitive Science," *Behavioral and Brain Sciences* 32 (2009): 429–448.

39. R. Molesworth, *An Account of Denmark, as It Was in the Year 1692* (London: Goodwin, (1694), 91.

40. K. Tucholsky, "Eine schöne Dänin," in *Gesammelte Werke in zehn Bänden*, Vol. 5 (1927; repr. Hamburg, Germany: Rowohlt, 1975).

41. 这段描写来自挪威喜剧节目 *Uti Vår Hage*，可以在这里观看：https://www.youtube. com/watch?v=s-mOy8VUEBk。

42. 除非另有明确说明，本节基于 F. Trecca, K. Tylén, A. Højen 和 M. H. Christiansen 对丹麦语的全面回顾，见 "Danish as a Window onto Language Processing and Learning," *Language Learning* 71 (2021): 799–833, https://doi.org/10.1111/lang.12450。

43. 这些例子的音译相当粗糙，对于熟悉国际音标的读者来说，这里有一些更精确的转录。丹麦语：*løbe* (to run) [ˈløːɐ̯ə]；*kniv* (knife) [kʰniʊ̯ˀ]；*røget ørred*（烟熏鳟鱼）[ˈʁʌjəðˀ ˈœɐ̯ʌðˀ]；*Find bilen!*（找到汽车！）[ˈfenˀ ˈbiːʔln̩]；*Her er aben!*（这里有猴子！）[ˈheˀɐ æɐ̯ ˈɛːbm̩]. 挪威语：*røkt ørret*（烟熏鳟鱼）[rœkt œ̂rːət]。

44. E. Kidd, S. Donnelly, and M. H. Christiansen, "Individual Differences in Language Acquisition and Processing," *Trends in Cognitive Sciences* 22 (2018): 154–169; E. Dąbrowska, "Different Speakers, Different Grammars: Individual Differences in Native Language Attainment," *Linguistic Approaches to Bilingualism* 2 (2012): 219–225; J. Street and E. Dąbrowska, "More Individual Differences in Language Attainment: How

Much Do Adult Native Speakers of English Know About Passives and Quantifiers?," *Lingua* 120 (2010): 2080–2094.

45. S. Goudarzi, "We All Speak a Language That Will Go Extinct," *New York Times*, August 12, 2020, https://www.nytimes.com/2020/08/12/opinion/language-translation.html.

46. C. Tennie, J. Call, and M. Tomasello, "Ratcheting Up the Ratchet: On the Evolution of Cumulative Culture," *Philosophical Transactions of the Royal Society B: Biological Sciences* 364 (2009): 2405–2415.

第八章 良性循环：大脑、文化和语言

1. H. A. Wisbey Jr., "The Life and Death of Edward H. Rulloff," *Crooked Lake Review*, May 1993, https://www.crookedlakereview.com/articles/34_66/62may1993/62wisbey.html.

2. 我们已经知道秀丽隐杆线虫微小"大脑"的整个神经系统"连接图谱"；请参阅：S. J. Cook, T. A. Jarrell, C. A. Brittin, Y. Wang, A. E. Bloniarz, M. A. Yakovlev et al., "Whole-Animal Connectomes of Both *Caenorhabditis elegans* Sexes," *Nature* 571 (2019): 63–71。尝试将连接图谱与行为联系起来，即使对于这种微小的线虫来说，依然具有挑战性。F. Jabr, "The Connectome Debate: Is Mapping the Mind of a Worm Worth It?," *Scientific American*, October 2, 2012.

3. F. De Waal, *Are We Smart Enough to Know How Smart Animals Are?* (New York: W. W. Norton, 2016). 这里列出的神经元数量是整个神经系统的，而不仅仅是大脑的。人类绝不是神经元数量最多的动物（或者说大脑体积最大的动物），在某些方面上，鲸鱼和大象让人类黯然失色。

4. A. Washburn, "Helen Hamilton Gardener," in *Notable American Women, 1607–1950: A Biographical Dictionary*, Vol. 2, ed. E. T. James, J. Wilson James, and P. S. Boyer (Cambridge, MA: Harvard University Press, 1974), 11–13.

5. C. Koch, "Does Brain Size Matter?," *Scientific American Mind*, January/February 2016, 22–25.

6. 数据来自 V. van Ginneken, A. van Meerveld, T. Wijgerde, E. Verheij, E. de Vries, and J. van der Greef, "Hunter-Prey Correlation Between Migration Routes of African Buffaloes and Early Hominids: Evidence for the 'Out of Africa' Hypothesis," *Annals of Integrative Molecular Medicine* 4, no. 3 (2017): 1–5。

7. L. C. Aiello and P. Wheeler, "The Expensive-Tissue Hypothesis: The Brain and the Digestive System in Human and Primate Evolution," *Current Anthropology* 36, no. 2

(1995): 199–221. 早期食物加工（可能包括烹饪）的一个有趣证据来自对人类臼齿大小的分析———一旦人类不再需要咀嚼大量无营养的生食，臼齿就会小很多。C. Organ, C. L. Nunn, Z. Machanda, and R. W. Wrangham, "Phylogenetic Rate Shifts in Feeding Time During the Evolution of *Homo*," *Proceedings of the National Academy of Sciences* 108 (2011): 14555–14559.

8. 这一观点尤其与人类学家罗宾·邓巴有关，例如，R. I. M. Dunbar, *Grooming, Gossip, and the Evolution of Language* (Cambridge, MA: Harvard University Press, 1998)。邓巴认为，语言的早期功能可能是建立和学习社会关系，正如他指出的那样，这种功能在今天的八卦和闲聊中仍然显而易见，这占据了我们日常对话的大部分时间，而以任务为中心的信息交流则退居次要地位。

9. 与这种论点相关的智慧的准确定义可能并没有广泛的共识，但大概包括以高度灵活的方式处理复杂环境、计划、解决问题以及理解他人并与其合作的能力。事实上，在智力测试这个狭窄领域之外，定义"野外环境"中的智慧，尤其是跨物种之间的智慧，是非常困难的（参阅 M. Colombo, D. Scarf, and T. Zentall, "The Comparative Psychology of Intelligence: Macphail Revisited," *Frontiers in Psychology* 12 [2021]: 648782）。因此，智慧（以及聪明和智力）可能是另一个我们非常熟悉却没有共同本质的术语。

10. 类似的论点请参阅: D. Everett, *How Language Began* (London: Profile Books, 2017)。提高智力的自然选择可能是通过少数所谓的 NOTCH2NL 基因进行的，这些基因似乎控制着大脑发育早期神经元的形成速度（I. T. Fiddes, G. A. Lodewijk, M. Mooring, C. M. Bosworth, A. D. Ewing, G. Mantalas et al., "Human-Specific *NOTCH2NL* Genes Affect Notch Signaling and Cortical Neurogenesis," *Cell* 173, no. 6 [2018]: 1356–1369; I. K. Suzuki, D. Gacquer, R. Van Heurck, D. Kumar, M. Wojno, A. Bilheu et al., "Human-Specific *NOTCH2NL* Genes Expand Cortical Neurogenesis Through Delta/Notch Regulation," *Cell* 173, no. 6 [2018]: 1370–1384）。纵观所有物种，可以发现大脑在尺寸变化的同时也会改变形状。然而，这些尺寸变化大多是基于假设神经发育中存在潜在因素的预测。不同的大脑区域发育速度不同，因此延长或缩短大脑发育时间会自动重塑大脑。顺便说一句，大脑中特别涉及语言的区域似乎并没有不成比例地发育（B. L. Finlay and R. B. Darlington, "Linked Regularities in the Development and Evolution of Mammalian Brains," *Science* 268 [1995]: 1578–1584; B. L. Finlay, R. B. Darlington, and N. Nicastro, "Developmental Structure in Brain Evolution," *Behavioral and Brain Sciences* 24 [2001]: 263–278）。

11. 有趣的是，我们想弄清楚是否有特定的认知变化对支撑人类的语言猜谜游戏能力至关重要。一种建议是关注人类独特的"互动引擎"的可能性（例如: S. C. Levinson, "On the Human 'Interaction Engine,'" in *Roots of Human Sociality:*

Culture, Cognition and Interaction, ed. N. J. Enfield and S. C. Levinson [Oxford: Berg, 2006], 39–69）。另一种未必不相容的观点则侧重于人类可能特有的与他人形成共同理解和共同计划的能力（例如：M. Tomasello, *Origins of Human Communication* [Cambridge, MA: MIT Press, 2008]）。另一个因素可能是人类通过赋予他人信仰、欲望和意图来"读懂"他人思想的特殊能力（例如：H. M. Wellman, *The Child's Theory of Mind* [Cambridge, MA: MIT Press, 1992]）。然而，似乎是一系列现有特征的集合，而不是单一新特征的出现，才是启动人类丰富的语言、社会和文化生活轨迹的关键（E. L. MacLean, "Unraveling the Evolution of Uniquely Human Cognition," *Proceedings of the National Academy of Sciences* 113 [2016]: 6348–6354）。

12. 这一观点是"文化大脑"假说的一个版本，该假说认为大脑尺寸和文化复杂性相互促进，从而导致两者的快速扩张（例如：M. Muthukrishna, M. Doebeli, M. Chudek, and J. Henrich, "The Cultural Brain Hypothesis: How Culture Drives Brain Expansion, Sociality, and Life History," *PLOS Computational Biology* 14 [2018]: e1006504）。在这里，我们特别强调发展创造猜谜游戏的能力以巩固语言的累积发展，因为语言是这一过程的关键触发器和放大器。相关观点请参阅：M. Tomasello, *The Cultural Origins of Human Cognition* (Cambridge, MA: Harvard University Press, 1999)。

13. E. M. Scerri, M. G. Thomas, A. Manica, P. Gunz, J. T. Stock, C. Stringer et al., "Did Our Species Evolve in Subdivided Populations Across Africa, and Why Does It Matter?," *Trends in Ecology & Evolution* 33, no. 8 (2018): 582–594.

14. A. S. Brooks, J. E. Yellen, R. Potts, A. K. Behrensmeyer, A. L. Deino, D. Leslie et al., "Long-Distance Stone Transport and Pigment Use in the Earliest Middle Stone Age," *Science* 360, no. 6384 (2018): 90–94.

15. 有趣的是，似乎确实有证据表明动物个体之间存在"交换"——例如长尾黑颚猴身上就表现出积极的"一报还一报"（C. Fruteau, B. Voelkl, E. van Damme, and R. Noë, "Supply and Demand Determine the Market Value of Food Providers in Wild Vervet Monkeys," *Proceedings of the National Academy of Sciences* 106 [2009]: 12007–12012）。事实上，在实验室对老鼠进行的实验似乎显示了梳理毛发和提供食物之间的互惠关系（M. K. Schweinfurth and M. Taborsky, "Reciprocal Trading of Different Commodities in Norway Rats," *Current Biology* 28 [2018]: 594–599），但这与群体之间相互交换商品或服务（就像豪什人和库克一队人那样）很不一样；据推测，中石器时代的人群之间会交换珍贵的石头。

16. 这并不是说人类之外的动物就不聪明，事实上，如果从动物自身的角度来看，它们（尤其是类人猿）是非常聪明的（关于这个话题彻底而充满激情的论述，请参

语言游戏

阅 De Waal, *Are We Smart Enough to Know How Smart Animals Are?*)。另外，主观体验甚至意识很有可能并非人类独有，包括章鱼和乌贼在内的其他动物也可能具有（P. Godfrey-Smith, *Other Minds: The Octopus, the Sea, and the Deep Origins of Consciousness* [New York: Farrar, Straus and Giroux, 2016])。

17. M. Tomasello, "Why Don't Apes Point?," in *Roots of Human Sociality: Culture, Cognition and Interaction*, ed. N. J. Enfield and S. C. Levinson (Oxford: Berg, 2006), 506–524. 有趣的是，黑猩猩确实会用整条手臂和张开的手向人类做指向的手势，而不是用手指精确地指向，以便指出它们希望得到的食物的位置（例如：D. A. Leavens and W. D. Hopkins, "Intentional Communication by Chimpanzees [*Pan troglodytes*]: A Cross-Sectional Study of the Use of Referential Gestures," *Developmental Psychology* 34 [1998]: 813–822)。当然，这只是一种工具性行为，是为了达到黑猩猩自己的目的。相比之下，人类婴儿的指向手势通常专注于指出自己感兴趣的东西或其他人想要的东西。学者尽管对类人猿向人类做出指向手势的确切意义存在分歧，但一致认同猿不会自发地指向对方。

18. J. Call, B. A. Hare, and M. Tomasello, "Chimpanzee Gaze Following in an Object-Choice Task," *Animal Cognition* 1, no. 2 (1998): 89–99.

19. M. Tomasello, J. Call, and A. Gluckman, "The Comprehension of Novel Communicative Signs by Apes and Human Children," *Child Development* 68 (1997): 1067–1081. 请注意，当实验员目视容器时，黑猩猩看不懂其中的意思，尽管黑猩猩和其他类人猿可以成功地跟随注视的目光——例如，如果一只黑猩猩在看一样食物，其他黑猩猩也会跟着看。M. Tomasello, J. Call, and B. Hare, "Five Primate Species Follow the Visual Gaze of Conspecifics," *Animal Behaviour* 55 (1998): 1063–1069.

20. B. Hare and M. Tomasello, "Chimpanzees Are More Skillful in Competitive Than in Cooperative Cognitive Tasks," *Animal Behaviour* 68 (2004): 571–581.

21. 有趣的是，竞争性强的黑猩猩无法理解人类的指向意图，而其他许多物种却可以，有关评论请参阅：A. Miklósi and K. Soproni, "A Comparative Analysis of Animals' Understanding of the Human Pointing Gesture," *Animal Cognition* 9 (2006): 81–93; and M. A. Krause, M. A. R. Udell, D. A. Leavens, and L. Skopos, "Animal Pointing: Changing Trends and Findings from 30 Years of Research," *Journal of Comparative Psychology* 132 (2018): 326–345。对于狗、山羊和马等驯养的动物，这种理解能力可能是通过数千年来与人类接触而产生的，最终形成的选择性繁殖有利于动物与人类之间成功互动。这种说法不能解释非洲象的情况，因为非洲象也可用人类的指向手势来定位食物。至少在四千年前，非洲象就被人类从野外捕获并训练与人类一起工作，但它们从未被驯化过，见 A. F. Smet and R.

W. Byrne, "African Elephants Can Use Human Pointing Cues to Find Hidden Food," *Current Biology* 2, no. 3 (2013): 2033–2037。

22. R. A. Gardner and B. T. Gardner, "Teaching Sign Language to a Chimpanzee," *Science* 165 (1969): 664–672.

23. E. S. Savage-Rumbaugh, J. Murphy, R. A. Sevcik, K. E. Brakke, S. L. Williams, D. M. Rumbaugh et al., "Language Comprehension in Ape and Child," *Monographs of the Society for Research in Child Development* 58, nos.3–4 (1993): 1–222.

24. I. Schamberg, D. L. Cheney, Z. Clay, G. Hohmann, and R. M. Seyfarth, "Call Combinations, Vocal Exchanges and Interparty Movement in Wild Bonobos," *Animal Behaviour* 122 (2016): 109–116.

25. M. Tomasello, J. Call, K. Nagell, R. Olguin, and M. Carpenter, "The Learning and Use of Gestural Signals by Young Chimpanzees: A Trans-generational Study," *Primates* 37 (1994): 137–154.

26. R. W. Byrne, E. Cartmill, E. Genty, K. E. Graham, C. Hobaiter, and J. Tanner, "Great Ape Gestures: Intentional Communication with a Rich Set of Innate Signals," *Animal Cognition* 20 (2017): 755–769.

27. I. Nengo, P. Tafforeau, C. C. Gilbert, J. G. Fleagle, E. R. Miller, C. Feibel et al. "New Infant Cranium from the African Miocene Sheds Light on Ape Evolution," *Nature* 548 (2017): 169–174.

28. Byrne et al., "Great Ape Gestures," 755–769. 事实上，从更广泛的文化角度考虑，黑猩猩群体之间的大部分或全部"文化"差异都可以用这些群体之间的纯粹遗传差异来解释。K. E. Langergraber, C. Boesch, E. Inoue, M. Inoue-Murayama, J. C. Mitani, T. Nishida et al., "Genetic and 'Cultural' Similarity in Wild Chimpanzees," *Proceedings of the Royal Society B: Biological Sciences* 278 (2011): 408–416. 相比之下，人类表现出与基因无关的惊人的文化多样性——这也许就是语言的催化作用。

29. 人类独特的"降低喉位"是产生更清晰的语音（特别是口语中的元音对比）所必需的，但已有的化石证据显示人类直到最近 20 万年口语才出现（P. Lieberman, "Primate Vocalizations and Human Linguistic Ability," *Journal of the Acoustical Society of America* 44 [1968]: 1574–1584）。然而事实证明，这种说法的几乎每个方面都存在争议，这就留下了一种可能性，即口语（当然还有手语）可能在更早的时候就出现了（L. J. Boë, T. R. Sawallis, J. Fagot, P. Badin, G. Barbier, G. Captier et al., "Which Way to the Dawn of Speech? Reanalyzing Half a Century of Debates and Data in Light of Speech Science," *Science Advances* 5 [2019]: eaaw3916）。此外，任何与语言相关的适应性的推定进化，无论如何都需要一种预先存在的提高口语能

力的压力，可能是通过第一章讨论的那种声音猜谜游戏。

30. 一些物种确实表现出了一定程度的文化进化，比如虎鲸、类人猿甚至蜜蜂，但与人类文化的进化相比，其广度和复杂性都相形见绌。相关讨论请参阅：A. Whiten, "Cultural Evolution in Animals," *Annual Review of Ecology, Evolution, and Systematics* 50 (2019): 27–48。

31. 为了实验设计的目的，研究人员还测试了相反的颜色和味道——美味的粉色玉米和苦味的红色玉米——并得到了相同的结果。E. van de Waal, C. Borgeaud, and A. Whiten, "Potent Social Learning and Conformity Shape a Wild Primate's Foraging Decisions," *Science* 340 (2013): 483–485.

32. L. V. Luncz and C. Boesch, "Tradition over Trend: Neighboring Chimpanzee Communities Maintain Differences in Cultural Behavior Despite Frequent Immigration of Adult Females," *American Journal of Primatology* 76 (2014): 649–657.

33. Tomasello, *Cultural Origins of Human Cognition*.

34. R. Kaplan, *The Nothing That Is: A Natural History of Zero* (New York: Oxford University Press, 2000); C. Seife, *Zero: The Biography of a Dangerous Idea* (New York: Viking, 2000).

35. P. Gordon, "Numerical Cognition Without Words: Evidence from Amazonia," *Science* 306 (2004): 496–499.

36. P. Brown, "How and Why Are Women More Polite: Some Evidence from a Mayan Community," in *Women and Language in Literature and Society*, ed. S. McConnell-Ginet, R. Borker, and N. Furman (New York: Praeger, 1980), 111–136; S. C. Levinson and P. Brown, "Immanuel Kant Among the Tenejapans: Anthropology as Empirical Philosophy," *Ethos* 22 (1994): 3-41; S. C. Levinson and P. Brown, "Background to 'Immanuel Kant Among the Tenejapans,'" *Anthropology Newsletter* 34 (1993): 22–23.

37. S. C. Levinson, "Yélî Dnye and the Theory of Basic Color Terms," *Journal of Linguistic Anthropology* 10 (2000): 3–55.

38. 参阅：N. B. McNeill, "Colour and Colour Terminology," *Journal of Linguistics* 8 (2008): 21–33; T. Regier, C. Kemp, and P. Kay, "Word Meanings Across Languages Support Efficient Communication," in *The Handbook of Language Emergence*, ed. B. MacWhinney and W. O'Grady (Hoboken, NJ: Wiley-Blackwell, 2015), 237–263。

39. G. Thierry, P. Athanasopoulos, A. Wiggett, B. Dering, and J. R. Kuipers, "Unconscious Effects of Language-Specific Terminology on Preattentive Color Perception," *Proceedings of the National Academy of Sciences* 106 (2009): 4567–4570.

40. M. Maier and R. Abdel Rahman, "Native Language Promotes Access to Visual Consciousness," *Psychological Science* 29 (2018): 1757–1772.

41. 这些实验的特别之处在于，测量完全与语言无关，而且相较于人们被分配的任务（报告形状而非颜色的变化）而言完全是非主要的。

42. E. Sapir, "The Status of Linguistics as a Science," *Language* 5 (1929): 207–214; B. L. Whorf, "Science and Linguistics," in *Language, Thought, and Reality: Selected Writings of Benjamin Lee Whorf*, ed. J. B. Carroll (Cambridge, MA: MIT Press, 1956), 207–219.

43. 萨丕尔和沃尔夫似乎不太可能合作。耶鲁大学的爱德华·萨丕尔是当时最杰出的语言学家之一。他的博士生本杰明·李·沃尔夫最初是一名化学工程师，语言学只是他的副业。沃尔夫在耶鲁大学进行开创性研究的同时，还在哈特福德火灾保险公司担任全职防火官员。

44. J. Maynard Smith and E. Szathmáry, *The Origins of Life: From the Birth of Life to the Origin of Language* (Oxford: Oxford University Press, 1999).

45. 许多真核生物通过无性繁殖，而许多有性繁殖的物种群体中也有一些无性繁殖的物种（例如，不同种类的蝾螈采用不同的繁殖策略）。包括科莫多巨蜥在内的一些相当复杂的动物可以进行无性繁殖，但很少见。P. C. Watts, K. R. Buley, S. Sanderson, W. Boardman, C. Ciofi, and R. Gibson, "Parthenogenesis in Komodo Dragons," *Nature* 444 (2006): 1021–1022.

46. 有趣的是，在整个生命进化过程中，多细胞生物似乎至少独立进化了25次。多细胞动植物是在过去7亿年左右才开始出现的。R. K. Grosberg and R. R. Strathmann, "The Evolution of Multicellularity: A Minor Major Transition?," *Annual Review of Ecology, Evolution, and Systematics* 38 (2007): 621–654; J. T. Bonner, "The Origins of Multicellularity," *Integrative Biology* 1 (1998): 27–36.

47. N. Kutsukake, "Complexity, Dynamics and Diversity of Sociality in Group-Living Mammals," *Ecological Research* 24 (2009): 521–531.

48. R. I. M. Dunbar, "The Social Ecology of Gelada Baboons," in *Ecological Aspects of Social Evolution: Birds and Mammals*, ed. D. I. Rubenstein and R. W. Wrangham (Princeton, NJ: Princeton University Press, 1986), 332–351.

49. C. N. Waters, J. Zalasiewicz, C. Summerhayes, A. D. Barnosky, C. Poirier, A. Gałuszka et al., "The Anthropocene Is Functionally and Stratigraphically Distinct from the Holocene," *Science* 351 (2016): 262; M. Subramanian, "Anthropocene Now: Influential Panel Votes to Recognize Earth's New Epoch," *Nature* 21 (2019): https://www.nature.com/articles/d41586-019-01641-5.

后记　语言将引领我们走出奇点危机

1. Y. M. Bar-On, R. Phillips, and R. Milo, "The Biomass Distribution on Earth," *Proceedings of the National Academy of Sciences* 115, no. 25 (2018): 6506–6511.

2. "The Size of the World Wide Web (the Internet)," World Wide Web Size, 2021 年 7 月 26 日访问，网址：https://www.worldwidewebsize.com/。

3. J. McCormick, "Worldwide AI Spending to Hit $35.8 Billion in 2019," *Wall Street Journal*, March 13, 2019, https://www.wsj.com/articles/worldwide-ai-spending-to-hit-35-8-billion-in-2019-11552516291.

4. 根据 S. Ulam 的报告，"John von Neumann 1903–1957," *Bulletin of the American Mathematical Society* 64 (1958): 1–49, https://www.ams.org/journals/bull/1958-64-03/S0002-9904-1958-10189-5/S0002-9904-1958-10189-5.pdf.

5. 马斯克的原话是："我认为我们应该对人工智能非常谨慎。如果让我猜我们最大的生存威胁是什么，很可能就是人工智能。因此，我们要非常谨慎。我们正在用人工智能召唤恶魔。在所有这些故事中，都有一个拿着五角星和圣水的人，就像……是的，他确信自己能控制恶魔。但结果并不理想。"见 "Elon Musk: Artificial Intelligence Is Our Biggest Existential Threat," *The Guardian* (Manchester), October 27, 2014, https://www.theguardian.com/technology/2014/oct/27/elon-musk-artificial-intelligence-ai-biggest-existential-threat。

6. S. Russell, *Human Compatible: Artificial Intelligence and the Problem of Control* (London: Penguin, 2019).

7. "Top 6 Best Chess Engines in the World in 2021," iChess, June 3, 2021, https://www.ichess.net/blog/best-chess-engines/.

8. D. Silver, J. Schrittwieser, K. Simonyan, I. Antonoglou, A. Huang, A. Guez et al., "Mastering the Game of Go Without Human Knowledge," *Nature* 550 (2017): 354–359.

9. AlphaStar Team, "AlphaStar: Mastering the Real-Time Strategy Game Starcraft II," Research (blog), DeepMind, January 24, 2019, https://deepmind.com/blog/article/alphastar-mastering-real-time-strategy-game-starcraft-ii.

10. 有关 GPT-3 功能的非技术性概述，请参阅：W. D. Heaven, "OpenAI's New Language Generator GPT-3 is Shockingly Good—and Completely Mindless," *MIT Technology Review*, July 20, 2020, https://www.technologyreview.com/2020/07/20/1005454/openai-machine-learning-language-generator-gpt-3-nlp/。对早期几代人工智能持怀疑态度的观点，与我们的观点不同，请参阅：H. Dreyfus H. Dreyfus, *What Computers Can't Do: The Limits of Artificial Intelligence* (Cambridge,

MA: MIT Press, 1972)。

11. T. Brown, B. Mann, N. Ryder, M. Subbiah, J. Kaplan, P. Dhariwal et al. "Language Models Are Few-Shot Learners," OpenAI, submitted May 28, 2020, updated July 22, 2020, https://arxiv.org/abs/2005.14165v4. 人类大脑中的突触数量要多得多——例如，仅大脑皮质的突触数量就超过 200 万亿个。C. Koch, *Biophysics of Computation. Information Processing in Single Neurons* (New York: Oxford University Press, 1999), 87.

12. 完整的故事请查看：https://drive.google.com/file/d/1qtPa1cGgzTCaGHULvZIQMC03bk2G-YVB/view。你越往下读，会越觉得不连贯——这种叙事将陈词滥调和词汇模式巧妙地编织在一起，却没有任何叙事线索或总体观点。

13. 采访时间是 2021 年 6 月 2 日，参阅：Umais (@Maizek), "You mention that most of the HENRY prompts are yours," Twitter, July 21, 2020, 9:55 a.m., https://twitter.com/Maizek_/status/1285604281761095685。

14. K. Lacker, "Giving GPT-3 a Turing Test," Kevin Lacker's Blog, July 6, 2020, https://lacker.io/ai/2020/07/06/giving-gpt-3-a-turing-test.html.

15. J. C. Wong, "'A White-Collar Sweatshop': Google Assistant Contractors Allege Wage Theft," *The Guardian* (Manchester), June 25, 2019, https://www.theguardian.com/technology/2019/may/28/a-white-collar-sweatshop-google-assistant-contractors-allege-wage-theft.

插图来源

图 1.1　"A view of Endeavour's watering place in the Bay of Good Success", Tierra del Fuego: f.11 – BL Add MS 23920.jpg. 图片源自 *A Collection of Drawings made in the Countries Visited by Captain Cook in His First Voyage, 1768–1771*，最初出版 / 制作于 1769 年，由大英图书馆保存和数字化，并上传到 Flickr 和维基共享资源库，https://commons.wikimedia.org/wiki/File:Endeavour%27s_watering_place_in_the_Bay_of_Good_Success,_Tierra_del_Fuego_-_Drawings_made_in_the_Countries_visited_by_Captain_Cook_in_his_First_Voyage_(1769),_f.11_-_BL_Add_MS_23920.jpg。图片配文："1769 年 1 月，奋进号在火地岛好胜湾的淡水补给点，与土著人在一起。"

图 2.1　基于 S. C. Levinson 所撰论文 "Turn-Taking in Human Communication—Origins and Implications for Language Processing"中的图 1.C, *Trends in Cognitive Sciences*，20 (2016): 6–14。

图 3.1　源自 J. Wilkins, *An Essay Towards a Real Character and a Philosophical Language*（London: Gellibrand, 1668），第 415 页。

图 3.2　此图片复制自 https://upload.wikimedia.org/wikipedia/commons/e/e7/Booba-Kiki.svg。

表 4.1　图表源自 H. Diessel, "Construction Grammar and First Language Acquisition," in *The Oxford Handbook of Construction Grammar*, ed. T. Hoffmann and G. Trousdale (Oxford: Oxford University Press, 2013), 347–364。原始资料源自 M. Tomasello, *First Verbs: A Case Study of Early Grammatical Development* (Cambridge: Cambridge University Press, 1992)。

表 4.2　图表改编自 H. Hammarström, "Linguistic Diversity and Language Evolution," *Journal of Language Evolution* 1 (2016): 19–29。

表 4.3　改编自维基百科词条 "Old English Grammar"，最后修改于 2021 年 7 月 25 日，https://en.wikipedia.org/wiki/Old_English_grammar。

图 5.1　语言谱系树图源自 A. Schleicher, "Die ersten Spaltungen des indogermanischen Urvolkes," *Allgemeine Monatsschrift für Wissenschaft und Literatur* 3 (1853): 786–787，第 787页。"生命之树"草图源自 C. Darwin, *On the Origin of Species by Means of Natural Selection* (London: John Murray, 1859)，第 116—117 页。

图 5.2　H. Gray, *Anatomy of the Human Body* (New York: Lea and Febiger, 1918)，可通过维基共享资源获取。

图 7.1　图中数据源自 H. Hammarström, R. Forkel, M. Haspelmath and S. Bank, *Glottolog 4.3* (Jena, Germany: Max Planck Institute for the Science of Human History, 2020)，https://doi.org/10.5281/zenodo.4061162。